• 经济管理学术文库 •

东盟汇率安排研究
Exchange Rate Arrangements of ASEAN

刘兴华 / 著

图书在版编目（CIP）数据

东盟汇率安排研究/刘兴华著．—北京：经济管理出版社，2010.12
ISBN 978-7-5096-1199-9

Ⅰ.①东… Ⅱ.①刘… Ⅲ.①汇率—研究—东南亚国家联盟 Ⅳ.①F823.31

中国版本图书馆 CIP 数据核字（2010）第 245432 号

出版发行：经济管理出版社
北京市海淀区北蜂窝 8 号中雅大厦 11 层
电话：（010）51915602　　邮编：100038
印刷：北京广益印刷有限公司　　经销：新华书店

| 组稿编辑：宋　娜 | 责任编辑：杨国强 |
| 技术编辑：黄　铄 | 责任校对：蒋　方 |

720mm×1000mm/16　　11.75 印张　　209 千字
2011 年 5 月第 1 版　　2011 年 5 月第 1 次印刷
定价：38.00 元
书号：ISBN 978-7-5096-1199-9

·版权所有　翻印必究·

凡购本社图书，如有印装错误，由本社读者服务部负责调换。联系地址：北京阜外月坛北小街 2 号
电话：（010）68022974　　邮编：100836

前　　言

经济全球化已成为当今世界社会发展的一个不可逆转的趋势，随着全球化向纵深方向发展，世界各国经贸联系日益紧密，相互依存度迅速增强，不同经济体凸显出同步发展特征，呈现"俱荣俱损"的发展趋势。2007年，当美国逐步摆脱经济衰退、步入"增长性周期"之际，一场发端于次贷偿还困难的危机不期而至，紧接着新世纪金融公司因流动性不足申请破产保护、房地产投资信贷公司利润大幅下滑濒临破产拉开了美国次贷危机的帷幕。这场危机没有得到及时和有效控制，导致美国贝尔斯登、雷曼兄弟、美林、高盛、摩根斯坦利等投资银行纷纷土崩瓦解，并像"瘟疫"一样蔓延到欧洲、亚洲和拉美地区，肆无忌惮地侵蚀着这些地区经济体的肌体，最终演变成震撼世界的全球性金融危机。

东南亚是亚太地区的重要组成部分，在长期的发展进程中，形成了出口导向型的经济发展模式。这一经济模式的特点是东南亚经济体非常依赖对外需求，外部需求的急剧变化可能导致东南亚出口大幅下滑，经济陷入衰退。全球性金融危机爆发后，对东南亚经济前景担忧的悲观论调一度甚嚣尘上。例如，英国《经济学家》2009年1月31日刊载了题为"沉沦的亚洲经济：亚洲的内忧外患"的报道，明确指出亚洲外需、内需同时处于低迷状态，将面临比1997年更严重的经济衰退。当然，这番表述也许有些言过其实，毕竟2008年的金融危机对东南亚的冲击没有对欧美来得那么深刻。

可是，我们应当正视以下客观事实：在美国雷曼兄弟宣告破产之际，东南亚货币汇率出现剧烈波动，印度尼西亚盾名义汇率贬值达30%以上，成为仅次于韩元的贬幅最大的亚太货币；在美国、欧盟、日本调低本国利率进而引领全球同步降息之后，东南亚国家也纷纷减息，与发达国家一同步入"低利率"时代；在西方运用财政政策工具、出台经济刺激计划之时，东南亚国家通过增大政府支出、减税以及向市场注资的方式提升经济景气指数，以应对日益严重的流动性危机。这些事例足以说明，在经济全球化日益增强的今天，东南亚地区的外向经济特征使其不可能置身于事外，它必然要受到这场百年一遇的金融危机的影响。

笔者从事东南亚金融问题研究数年，尤其对东南亚国家的货币汇率走势、货币政策等问题较为关注。这场全球性金融危机会不会对东南亚的汇率安排产生影响？它又是通过怎样的途径影响到东南亚货币当局的汇率政策？金融危机对不同的东南亚成员的冲击会不会出现一定的差异？东南亚与东北亚的货币合作如何，其未来的区域货币合作朝一体化方向的可行性和现实性又是怎样？对于上述问题，有必要从理论层面厘清相互之间的关系，并做出合理的理论阐释。同时，结合当前东南亚的金融政策改革，剖析东盟的货币汇率走势和汇率制度选择问题。这正是本书的目的及意义所在。

本书以现代汇率安排理论为逻辑分析起点，剖析了东盟经济体的实体经济特征和金融经济特征，探讨了东盟现存的"美元本位"及金融危机中的货币财政政策；按照一般意义上的汇率安排所应包括的"汇率水平确定"与"汇率制度的调整"内容，逐一对东南亚的汇率制度选择和货币汇率走势进行个案研究；在分析经济和货币合作的基础上，对未来东亚区域货币一体化进行了展望。研究方法采用理论演绎与个案分析相结合，论据较为充分，论证较严密，得出了一些对东盟乃至有相似特征经济体的金融改革有借鉴意义的研究结论。本书的不足之处在于，未将东盟所有成员的汇率安排纳入分析框架，对中国参与东亚货币合作的讨论应当进一步深入，这也是笔者未来继续从事东南亚汇率安排问题研究需要探讨的内容。

目 录

第一章 导论 ··· 1
  第一节 问题的提出 ·· 1
  第二节 文献综述 ·· 3
  第三节 研究思路与结构安排 ································ 7
  第四节 主要贡献与创新 ··································· 10

第二章 汇率制度安排的理论基础 ····························· 12
  第一节 IMF 对当前汇率制度安排的分类 ···················· 12
  第二节 现代汇率制度选择理论述评 ························· 17
  第三节 汇率制度选择的理论之争 ··························· 24
  第四节 IMF "2007 决定"对金融安全的影响 ················· 33

第三章 东盟的实体经济与金融经济特征 ······················ 42
  第一节 东盟的实体经济个性特征 ··························· 42
  第二节 东盟的实体经济共性特征 ··························· 50
  第三节 东盟的金融经济特征 ······························· 55

第四章 "美元本位"与东盟的货币、财政、汇率政策 ············ 62
  第一节 东盟汇率安排的"美元本位" ························ 62
  第二节 金融危机中的东盟货币政策与财政政策 ··············· 73
  第三节 汇率安排的多样性：基于"三元悖论"的理论分析 ······· 83

第五章 东盟汇率制度选择：马来西亚、新加坡、泰国个案研究 ···· 90
  第一节 马来西亚钉住汇率制：缘起、效果与改革 ·············· 90
  第二节 新加坡汇率安排的动态稳定机制及其绩效 ············· 99
  第三节 从金融震荡看泰国汇率安排的改革模式 ·············· 107

第六章　东盟货币汇率的走势：以菲律宾比索、印度尼西亚盾为例 … 117
　　第一节　菲律宾比索的汇率走势：1999~2008 年 …………… 117
　　第二节　印度尼西亚盾的汇率走势：2001~2010 年 ………… 125

第七章　东盟对外贸易与区域货币合作 ………………………… 137
　　第一节　东盟对外贸易：地缘经济合作视角 ………………… 137
　　第二节　东盟与中、日、韩的金融与货币合作 ……………… 145
　　第三节　东亚区域货币一体化：取向与障碍 ………………… 155

附录　2005 年中国"汇改"的主要内容与人民币的汇率走势 ……… 166

参考文献 ………………………………………………………………… 171

后记 ……………………………………………………………………… 182

第一章 导 论

汇率安排是国际金融领域中的重要理论问题，关乎一国宏观经济的持续均衡发展，对资源在不同行业、不同产业和不同部门之间的配置发挥着重要作用。其间所涉及的"汇率"，是联结一国与外部的纽带和核心变量。不同货币的汇率变动会引发许多经济指标发生改变，任何国家的货币当局均不会对汇率变化掉以轻心。所以，汇率安排问题常常成为从事国际金融研究的学者们的重要研究对象。

第一节 问题的提出

随着全球性金融危机的爆发和传播，世界经济步入自大萧条以来最为深重的衰退。2009年，全球经济的增长率仅为1%，低于2008年的2.5%，也低于过去4年的平均水平；国际贸易和直接投资出现大幅萎缩，分别产生近10%和36%的跌幅。在经济全球化日趋明显的情况下，世界各国经济联系日益紧密，呈现"俱荣俱损"的发展特征。的确，全球金融危机让美国、欧盟和日本等主要发达经济体陷入同步衰退，虽然时至今日这些国家的经济均已触底回升。为了早日复苏经济，世界各国均相继出台救市方案或经济刺激计划。引人注目的是，2008年10月，美国、欧盟、英国和一些亚太国家在没有事先协商的情况下，历史性地进行同步降息，引领其他国家争相调低利率水平，整个世界进入了"低利率"时代。

与发达国家的经济萧条不同，新兴和发展中国家整体保持经济增长，但增长率有所下滑。根据国际货币基金组织（IMF）的数据统计，新兴和发展中国家经济增长率从2008年的6%降至2009年的1.7%。在经济依存度日益增强的今天，这些经济体不能完全置身事外，仍然受到金融危机冲击的影响。2010年，世界经济已经走向复苏，尽管速度还很缓慢，如果比较全球各国的经济表现，我们不难发现，亚洲新兴经济体的增长率最高，对世界经济的贡献最大。更难能可贵的是，亚洲首次引领全球经济复苏，打破以往全球经济衰退由美欧率先复苏，进而带动发展中国家复苏的模式。此次经济复苏归因于三个主要因素：一是及时有力的扩张性财政政策和宽松的货币政策；二是股市大幅反弹和资本流入增加；三是库存调整引发工业生产强劲增长。

在亚洲新兴经济体中，东盟的经济发展值得关注。这是因为：东盟不仅是亚洲经济的重要组成部分，也是世界经济的"三极"之一，在20世纪七八十年代曾取得令人瞩目的高速经济增长；90年代中后期一度遭受金融危机肆虐，却很快走出低迷状态，在新世纪又重新焕发出勃勃生机。对于这两点认识，估计没有人会持怀疑态度。

2000年5月，东盟与中、日、韩签署"清迈协议"。在此框架下，东盟与东亚主要经济体就货币互换、债券基金、区域外汇储备库等货币合作事项达成共识，有关区域货币一体化的问题亦在酝酿之中，东盟的金融深化迈入崭新阶段。2008年，面对百年一遇的全球金融风暴，东盟经济体积极应对，采取了积极财政政策与宽松货币政策并举的政策组合，分别实施不同的财政刺激景气政策，并数次调低国内基准利率。从政策实施效果看，东盟经济体在这场危机中遭受的损失不算太大，马来西亚、菲律宾两国2008年分别取得6.1%、3.4%不俗的经济增长率。2010年1月1日，东盟与中国自由贸易区正式启动，双方相互减让关税，超过90%的产品实行零关税，建成拥有19亿消费者、近6万亿美元国内生产总值和4.5万亿美元贸易总额的全球第三大自由贸易区，关税壁垒的逐步消除为东盟未来的发展创建良好的经济平台。鉴此，笔者选择以东盟作为本书的研究对象。

近年来，世界经济的变化对全球各国的影响远不止这些，它还唤起国际社会对国际货币体系改革的广泛关注。2009年3月18日，为了应对全球化时代最严重的金融危机，美联储宣布收购3000亿美元长期国债以及与"两房"相关的8500亿美元的抵押债券。这一非常规手段在联邦基金利率降至零区间的情况下确属无奈，但"开动印钞机救市"的定量宽松政策就能拯救美国和整个世界吗？答案是否定的。非但如此，此举还可能为其他国家所效仿，引发货币体系出现混乱，全球面临通货膨胀风险，世界金融市场遭受流动性泛滥。对此，欧洲中央银行行长让·克洛德·特里谢尖锐地批评道："美国现在已经失去了市场原则，没有稳定的货币供应量，只有轰鸣的印钞机"。欧洲人对美联储的政策失去了足够的耐心，并表示出极大的不满。

由此衍生出的问题是，目前的国际金融体系是不合理、不公正的，且当下的国际货币体系亟待改革。其中，举措之一是削弱美元的国际货币地位，美元昔日"一币独大"之势或将受到挑战，而提升欧元、日元、英镑、人民币等货币的国际地位，或者以一种超主权货币来取代美元，成为全球储备货币。多极化已成为未来国际货币体系改革的必然趋势，也许这一进程会相当缓慢。若此，这将给东盟的金融发展和金融改革提出新问题：东盟经济体是否应继续保持本国货币与美元的联系，是选择钉住美元或包括美元在内的一篮子货币，还是从挣脱"美元本位"束缚，与其他重要国际货币相挂钩，或是选择实行弹性的汇率安排？东盟经济体是任由本币在市场中自由升贬，还是适度干预使本币具有一定的灵活性，抑或让本币回归严格地钉住？在当前国际货币体系风云变幻的情况下，东盟必须对上述问题做出正面的回答。

布雷顿森林体系崩溃后，各国不再负有保持本币与美元平价的义务，具有了自由定夺汇率安排的权利。的确，1976年签署的"牙买加协议"允许浮动汇率合法化，实际上赋予IMF成员国在汇率制度选择上的自由权。可是，这种自由是建立在"牙买加协议"框架下一种泛指的自由，如果考虑到具体的国家或地区，则必须结合其经济状况、政治环境及社会文化等因素。当前，国际货币体系适逢改革时机，IMF基金份额结构亟待调整，增强发展中国家的话语权成为G20每年峰会的热门话题。东盟能否借此契机推进国内金融改革，调整本国汇率安排，选择合意的汇率制度以避免金融危机的再度发生，提升东盟在东亚及世界经济中的地位，需要从理论层面探究，从中梳理出成功经验并总结出失败教训，用于指导东盟未来汇率安排的改革。鉴此，东盟的汇率安排研究具有重要的理论和实践意义。

第二节 文献综述

汇率安排是国际金融领域引人关注的焦点问题。尽管已有的汇率理论在许多方面还存在争论，仍处于不断发展和完善之中，但是，它对一国经济发展和金融深化至关重要，在开放条件下成为影响一国宏观经济的核心变量，引起多数国家货币当局以及国际组织的重视，而由此引发的热烈讨论从未停止过。亚洲金融危机爆发后，东盟经济体的汇率安排受到国际社会的广泛关注，同时也为检验东盟汇率安排合理与否提供了重要平台。此后,东盟经济体对其汇率制度进行了调整,或增强本国货币汇率弹性,或实行新型的汇率安排。全球性金融危机首先在经济强国——美国爆发,并很快向国际金融市场迅速传播。作为与发达经济体联系紧密的东盟,虽未像美国、欧洲那样受灾严重,但也遭遇相当程度的冲击,表现为货币汇率出现大幅波动。这样,尘封多年的东盟汇率问题又重新浮出水面。近年来,国内外先后涌现出有关汇率安排的大量研究文献,它们主要集中在以下三个方面:

(1) 汇率制度的分类。对汇率制度进行科学、合理的分类,是研究汇率安排问题的前提和基础。布雷顿森林体系崩溃以后,汇率制度的分类标准表现为多种多样。1999年,IMF根据汇率形成机制和货币政策目标差异,将汇率制度细分为无独立法定货币汇率安排、货币局制、传统的钉住汇率制、水平区间钉住汇率、爬行钉住、爬行区间、管理浮动、自由浮动八类。Levy - Yeyati 和 Sturzenegger (2000) 利用聚类方法构造的数据集,通过考察一国汇率变动率、汇率变动标准差和外汇储备变动率,研判该国的实际汇率制度,将汇率制度分为固定汇率、爬行钉住、肮脏浮动、弹性汇率和无法归类的五种。Genberg 和 Alexander (2005) 虑及名义汇率制度和实际汇率制度都未披露一国汇率政策全部信息,但又都含有一定的信息,他们将汇率制度分为名义固定/实际固定、名义固定/实际浮动、名义浮动/实际固定、名义浮动/实际浮动四类。此外,还有一些有代表性的汇率制度分类,例如 Ghosh、Gulde 和 Wolf (2003) 的"一致分类"(Consensus Classification) 数据集、Reinhart 和 Rogoff (2004) 的"自然分类"(Natural Classification) 数据集、Bubula 和 Otker - Robe 的"实际分类"(Real Classification) 数据集等。

(2) 汇率安排的相关影响因素。自 Mundell (1961) 提出"生产要素流动性"作为划分最优货币区标准的理论以来,McKinnon (1963)、Kenen (1969)、Haberler (1971) 先后从经济开放程度、出口商品多样化、通货膨胀相似性等不同经济角度对上述理论进行补充和完善。此后,Agenor 和 Masson (1999) 引入政治变量,从政府声誉角度来研究汇率安排问题,他们以1994年的墨西哥比索危机为例,研究了政府信誉因素在货币危机中的作用,结果表明,几乎没有实证证据能把比索贬值预期归因于经济基本面因素;相反,市场低估了比索贬值的风险,直到货币当局宣布比索贬值15%之后,市场信心似乎才崩溃。Edwards (1996) 将政治稳定性引入汇率制度选择模型,假设货币当局以通货膨胀和失业之间此消彼长的二次损失最小化为目标,货币当局在汇率安排的选择时需要比较每种汇率制度的预期损失以及放弃钉住汇率的潜在政治成本。研究结果发现，影响汇率制度选择的决定性因素包括一国历史上政治不稳定因素、放弃钉住汇率的概率、与货币当局偏好中相对重要实际目标有关的变量等。

实际上，政府信誉本身又与汇率制度的透明度有关。Berthold Herrendorf（1999）研究了浮动汇率和固定汇率的透明度、信誉和可信度问题，如果国外通货膨胀和真实汇率波动输入的成本太高，则一个国家的名义汇率制度均衡在可信度问题上应该采取钉住，其较浮动汇率具有较高的可信度和较低的通货膨胀。Frankel 等（2001）认为，可信度和透明性是汇率制度讨论的焦点，中间汇率制度为什么越来越不受欢迎，其中一个重要原因就是它们不透明且难以核实。

（3）汇率安排的经济绩效，主要是汇率安排的反通胀绩效及其与经济增长之间的关系。Wolf（2001）研究了 1970~1999 年法定分类和实际分类下的汇率安排，发现"两级"汇率制比中间汇率制有更好的反通胀率绩效。在法定分类下，固定汇率制国家的通胀率比浮动汇率制国家的通胀率大约低 3.5%；在实际分类下，两者间的通胀率差距则扩至 15%。Levy-Yeyati 和 Sturzenegger（2001）建立了后布雷顿森林体系 150 多个国家汇率制度的 LYS 数据库，对 IMF 分类和 LYS 分类下汇率制度的反通胀绩效进行了比较研究。结果表明，中间汇率制国家的平均通胀水平是最高的。Coudert 和 Dubert（2004）利用 1990 年第一季度到 2001 年第四季度的数据，研究了 10 个主要亚洲经济体汇率制度对经济增长的影响。鉴于现有的对实际汇率制度的分类忽略了汇率制度的部分重要表征，他们提出将亚洲样本经济体的汇率制度分为浮动汇率、管理浮动、爬行钉住和钉住汇率四类。通过运用这种分类对亚洲样本经济体经济增长的面板数据进行回归，结果发现钉住汇率对应着更低的经济增长。Huang and Malhotra（2004）以 2004 年最新的实际汇率制度 R-R 分类为基础，对 12 个亚洲发展中经济体 1976~2001 年汇率制度与经济增长数据之间的关系进行实证分析。结果表明，经济增长和汇率之间的线性关系在任何置信区间内都不显著，除自由浮动外，其他的汇率机制都对经济增长有显著的正向作用。

国内经济学者也从不同角度对东盟经济体的汇率安排进行了卓有成效的探索，主要研究成果如下：

姚斌（2006）在"新开放经济宏观经济学"框架基础上，建立了基于名义工资黏性的两国一般均衡随机模型，从生产率和货币冲击角度定量分析了国家规模与对外开放度在不同汇率制度下对福利的影响。研究发现，别国相对本经济规模与本国开放度的乘积越大，即本国越小或对外依存度越大，则本国越倾向于选择浮动汇率；反之，则倾向于选择固定汇率。

高海红、陈晓莉（2005）以5个东盟国家和中国、日本、中国香港、韩国、印度等主要亚洲经济体为样本，考察它们在1975~2002年间实际汇率与经济增长之间的双向关系，以及汇率制度的选择是否与经济增长有关。研究结果显示，经济增长是否在长期对实际汇率产生决定性影响与经济发展阶段和经济制度特征有关。除了菲律宾，其他样本经济体中实际汇率错位在长期内对经济增长没有决定性的影响。在对 Huang 和 Malhotra 有关亚洲汇率制度是否影响经济增长的经验研究进行拓展分析后发现，汇率制度的选择是否对经济增长产生影响，取决于经济发展阶段和国内的市场以及价格体系的完善程度。

马君潞、吕剑（2007）以包括泰国、马来西亚、印度尼西亚在内的26个经济转型国家为样本，分别建立 Probit 和 Logit 模型，对这些国家的汇率制度与金融危机发生概率之间的关系进行了实证分析。模型稳定可靠，定量变量、虚拟变量和控制变量均具有较强的显著性，表明汇率制度与金融危机的发生概率之间有显著的相关关系。李扬（2007）则介绍了智利汇率制度从管理浮动汇率制向完全浮动汇率制的嬗变，总结出其成功经验——实现以市场机制为主导、结合政府进行适当干预，并对此进行了理论解释。这一案例对东盟的汇率制度改革具有重要意义。

许少强、庄后响（2007）利用汇率的制度性浮动指数公式，对比研究了亚洲金融危机前后东亚五国的汇率制度。亚洲金融危机前除新加坡外，韩国、泰国、印度尼西亚和马来西亚四国汇率的制度性浮动程度较低。后危机时期，这些国家汇率的制度性浮动程度比危机前要高，并运用多元 OLS 回归方法对每日数据进行验证，认为2004年以后在东亚五国货币汇率决策中，美元的重要性或与美元的联系已经明显减弱了。

周继忠、金洪飞（2008）分析了发展中国家汇率制度安排名实不符现象的分布特征，提出"汇率制度差异成因"假说，并通过面板数据多元混合 Logit 模型计量分析验证假说，得出较高的通货膨胀导致恐惧浮动现象，而较高外汇储备或严格的资本管制则导致恐惧固定现象的结论。

邝梅、王杭（2007）采用新政治经济学的方法，分析了利益集团、民主化程度、选举制度和政党等政治因素对新兴市场国家汇率安排的影响。选取印度尼西亚、泰国和马来西亚等代表性国家，运用1990~2005年的相关数据，通过建立计量经济学模型，对其汇率制度选择的政治因素进行了实证分析。

第三节 研究思路与结构安排

汇率是开放经济条件下国际金融和宏观经济学的核心变量,对一国对外经济关系的发展显得非常重要,成为从事国际金融问题研究的学者的重要选题。综观国内外文献,近年来有关汇率制度选择的研究或与汇率相关的著述可谓不少。它们主要聚焦于汇率制度选择的理论阐释,或某一种(几种)货币的汇率走势分析,抑或两者兼而有之。这些已有成果得出了一些有益的结论,对后续研究而言也具有一定的参考价值。笔者在借鉴上述研究成果的基础上,一直致力于东南亚金融问题的研究,尤为关注东盟的汇率政策和汇率安排改革。本书总体研究框架如图1-1所示。

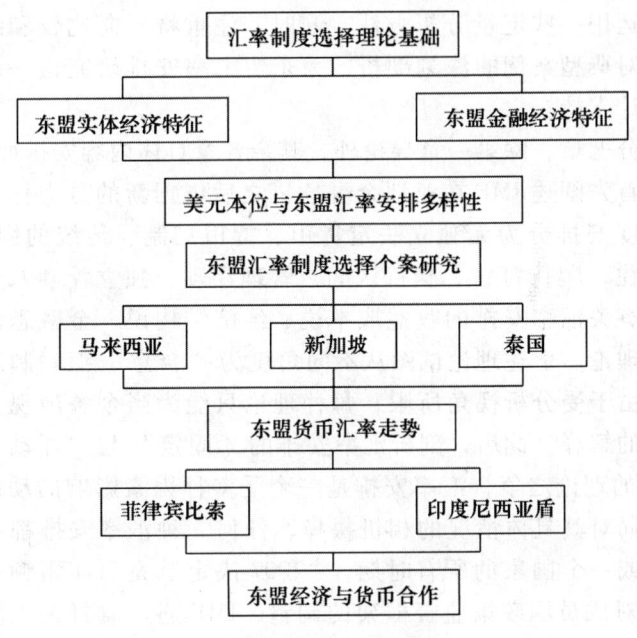

图1-1 本书研究框架

由框架结构可知,本书的研究思路遵循"理论基础—个案研究—政策实践"的逻辑顺序,首先阐释汇率制度选择的有关理论,其次作东盟汇率安排的个案剖析,最后提出东盟汇率改革的相关政策建议。具体而言,在理论基础部分，对汇率制度选择理论的研究现状进行述评，重点梳理关于小型开放经济体的汇率安排理论；分析影响东盟汇率安排的实体经济与金融经济因素，阐述东盟的"美元本位"困境及汇率安排选择的多样性，为东盟汇率安排个案研究提供坚实的理论架构。在个案研究部分，以东盟五国为例，按照汇率安排所包含的内容，确立"先汇率制度调整、后汇率水平决定"的研究次序，分别分析马来西亚、新加坡和泰国现实的汇率制度，菲律宾比索、印度尼西亚盾的汇率走势，研究这些国家后危机时期的汇率制度变迁动因与趋势。在政策实践部分，运用地缘经济合作理论，探究东盟成员之间的区内经济合作与东盟和其他经济体的区外经济合作，研究东盟与东亚成员近年来的货币合作实践，以及上述经济体展开区域货币一体化的可能性及可行性，总结东盟汇率安排的经验，以期对中国的人民币汇率制度改革提供可资借鉴之处。就研究结构而言，三个部分相互有机结合，层层递进和深入，前面是后面研究的前提和基础，后面是前面研究的归纳、总结、延伸和深化。在研究方法上，主要以此理论研究和定性分析为主，在部分章节运用一些定量分析方法，同时，注重将横向比较和纵向对比相结合，增强对典型案例的深刻剖析，为东盟汇率安排研究这一课题提供多层次的方法论支持。

本书共分七章，除第一章导论外，其余各章具体内容安排如下：

第二章首先阐述IMF在亚洲金融危机之后依据新的分类标准，将世界各国汇率制度安排分为无独立法定货币、货币局制、传统的固定汇率制、水平区间钉住、爬行钉住、爬行区间、管理浮动、独立浮动八类。在此基础上，评述有关汇率安排的收益成本说、经济结构说、金融恐慌说和政府声誉说四种理论。上述理论试图从不同角度为"合意"汇率制度选择提供理论依据。由于受分析视角所限，每种理论只能为当今各国现实的汇率安排提供局部的解释。此后，剖析汇率安排的"固定"与"浮动"、"两极"与"中间"的理论之争，汇率安排是一个受多种因素影响的动态体系，是一国货币当局对其具体情况的相机抉择，任何一种汇率安排都不可能适合于所有国家或一个国家的所有时期。"2007决定"是后布雷顿森林体系时期IMF首次对成员国政策监督框架的调整，IMF通过监督条款的修正扩大了自由裁量权，有可能沦为大国干预新兴市场国家的工具。

第三章剖析东盟五国的实体经济与金融经济的特征。在研讨东盟的实体经济特征时，分别从经济总量、产业结构和对外贸易角度对印度尼西亚、马来西亚、菲律宾、新加坡、泰国进行比较研究。同时，通过分析这些经济体的贸易依存度、资本账户开放指标，概括出它们所具有的小型开放体的共性特征。在讨论东盟的金融经济特征时，简要回顾东盟经济体的金融深化发展历程，利用 M_2/GDP 指标探究东盟的货币化水平，发现东盟成员具有超过经济发展水平的高货币化比重；东盟依靠国内存款市场的扩张来支撑其经济的快速发展；东盟建立以间接融资为主的"银行型"金融体系。从动态角度看，马来西亚、菲律宾金融体系呈现出从银行型向市场主导型转变的趋势，新加坡则接近于发达国家所实行的市场主导型金融体系。这种差异化的金融体系将影响东盟经济体的融资效率及其货币政策对经济的传导作用。

第四章分析当今国际货币体系变革背景下，美元无论从记账单位、交换媒介抑或价值储藏职能中依然发挥重要作用，东盟经济体在国际贸易和跨国投资中大都以美元计价或结算，与美元保有紧密联系。近年来，东盟经济体因"美元本位"现象而导致其外汇储备数量迅速增长。2008年，全球性金融危机爆发，美国、欧盟和日本等发达国家纷纷降低利率，整个世界迎来了"低利率"时代。东盟虽未与发达国家步调一致，但也先后数次调低国内基准利率，试图运用价格型货币政策工具，实施扩张性的货币政策，以避免国内经济走向衰退。同时，辅以财政刺激景气政策，通过扩张财政支出、减税及经济刺激计划，积极应对金融危机可能带来的冲击。拓展克鲁格曼的"三元悖论"，运用中央银行的损失成本模型，建立汇率安排的理论分析框架，通过寻求模型的最优解，为多元化的汇率制度选择提供理论依据。这从理论层面解析具有相似经济特征的东盟仍可选择不同的汇率制度，东盟不存在"统一"的汇率安排模式。

第五章主要研究马来西亚、新加坡、泰国三国的汇率制度选择问题。亚洲金融危机以来，马来西亚选择林吉特钉住美元的汇率安排，资本管制、强政府所具有的政策公信力和日元未现大幅升贬是马来西亚实施钉住汇率制的主要原因。随着资本管制的放松，东盟国家贸易竞争的加剧、日元汇率走势的不确定性使林吉特钉住美元变得不可维持，钉住汇率制必然向更具弹性的汇率制度转变。新加坡则选择了参考货币篮子和区间管理的汇率安排，它内生出新元动态稳定调节机制；货币发行准备制、谨慎的货币国际化策略、平衡财政政策、中央公积金计划、弹性工资制等政策的协调是新元保持动态稳定的主要原因；新元贸易加权汇价的趋稳促使经济快速增长，对于保持金融稳定起了重要的作用。泰国是小型开放经济体，拥有较少的国际储备，优先考虑资本自由流动与货币政策独立性目标，后危机时期实行管理浮动汇率制；泰铢持续升值削弱出口产品的国际竞争力，资本管制的非对称性增加了金融市场的不确定性，凸显管理浮动汇率制的局限性；未来的汇率制度改革可采取动态稳定汇率安排与重视汇率政策协调两种模式。

第六章以菲律宾比索、印度尼西亚盾为例，研究东盟经济体的货币汇率走势，两种货币的汇率运行状况存在一定的差异。后危机时期，菲律宾以低汇率促进经济复苏，受美国经济衰退、国际油价飙升及本国不安定因素的影响，比索一路走低。在世界经济好转和菲经济改革良好的带动下，比索从2006年开始便升势不断。全球性金融危机影响菲律宾的美好前景，美国经济不振削减菲对外出口，菲律宾面临的高通胀、高失业率、高贫困率都将促使比索未来一段时期内持续跌势。2001年以来，印度尼西亚盾兑美元汇率或升或贬，经历了震荡、贬值、平稳、升值四个发展阶段。印度尼西亚国内的经济政治发展是这一时期盾汇率变化的内因，美国经济波动、国际油价涨跌是印度尼西亚盾汇率走势变动的外因，偶然性因素的突发使印度尼西亚盾的运行变得更加复杂。由于印度尼西亚强劲的经济发展、稳定的政治环境以及美国经济恢复乏力，"美元趋弱、印度尼西亚盾走强"成为未来汇率走势的主线。

第七章探讨东盟对外贸易与区域货币合作。20世纪90年代中期以来，东盟对外贸易总体呈增长趋势，区内贸易是东盟对外贸易的核心，东盟对美、欧、日贸易超过东盟对华贸易，但东盟与中国的合作利益巨大。受东盟与不同国家间经济合作差异的影响，未来东盟对美、日贸易增速可能较缓，东盟区内贸易及对华贸易增速较快。东盟共同的利益取向及与中、日、韩的互补性是东亚在金融领域合作的理论基础，"清迈协议"下货币互换机制是双边性质的合作形式，在救援资金数额、形式及贷款条件上仍然存在不足。亚洲债券市场一定程度上降低东亚"银行主导"下的期限错配与货币错配，其功效发挥仍然受到限制。外汇储备库开创了多边形式的货币合作，但仍处于建设和完美的进程之中。东亚货币合作历来强调"非正式"与达成共识，由于东盟和中、日、韩对东亚货币一体化的态度暧昧，目前各方还不具有较高的积极性。货币一体化虽然能使参与方获得利益，但也需要其让渡货币主权，并对国内财政政策的依赖性更高，在东盟财政没有趋同的情况下，东亚暂不具备货币一体化的现实条件。

第四节 主要贡献与创新

本书的贡献或曰创新之处主要体现在以下四个方面：

第一，梳理已有的汇率安排理论，介绍国内外有关汇率制度选择问题的前沿及新理论、新动态，展现出当前汇率安排理论的多元性；多角度地分析影响汇率制度选择的宏观经济和政策因素，尤其是引入可能对东盟经济体汇率安排产生重要影响的政治因素。比较东盟经济体的实体经济和金融经济特征，成员间经济特征的不同导致其选择的汇率制度存在差异，从理论层面剖析为什么东盟经济体的汇率安排不存在所谓的"单一模式"，并呈现出丰富多彩的汇率制度形式，且这一状况并没有明显的收敛迹象。

第二，在对东盟汇率安排的个案研究中，将所选的研究对象——印度尼西亚、马来西亚、菲律宾、新加坡、泰国五国分为两组，分别对汇率制度调整方式、货币汇率走势两大主题进行比较研究。研判东盟经济体的汇率调整绩效时，主要基于宏观视角，将其与物价稳定、经济增长和危机规避等联系在一起；探究东盟经济体的货币汇率走势时，则选择具有代表性的货币，将其置于长期角度考虑，这样能更全面地把握东盟货币汇率的运行规律。在此基础上，剖析后危机时期东盟经济体的汇率体制差异以及在因应全球性金融危机之际的汇率政策，具有很强的指向性和时效性，也使这一部分内容值得品读。

第三，拓展国际经济学的"三元悖论"，将其"三元"要素界定区间化，构建中央银行成本最小化模型，作为东盟汇率安排问题的理论分析框架。在不同的资本流动条件下，各经济体因货币政策独立性损失指数、损失成本与汇率风险成本间相对权重等经济参数的差异而选择不同的汇率制度。在东盟经济市场化、资本开放程度增强的进程中，决定汇率制度选择的各种因素不断地冲撞和耦合，东盟汇率制度处于动态变化之中。该分析框架不但合理地解释了东盟多种汇率制度形式同时并存，而且为东盟汇率安排的动态变迁提供了理论依据。笔者觉得，基于"三元悖论"视角对东盟汇率安排的选择及动态变迁所做的理论分析具有一定新意。

第四，探究东盟的"美元本位"问题，分析东盟经济体国际收支顺差与外汇储备增长之间的相关性，推介东盟管理外汇储备的成功经验。在面对全球性金融危机袭扰时，分别剖析东盟经济体货币政策、财政政策的调整及其效果，并与欧美经济体的政策变化进行对比，这是以往有关东盟的著述所很少论及的。同时，尝试性地探讨东盟的对外经济合作与货币合作问题。东盟对外贸易合作发展迅速，具有在东亚进行区域金融合作的理论基础，已有的货币合作取得了一定成效，也存在诸多缺陷和不足，货币一体化的条件却还不成熟，依然滞存货币主权让渡与财政趋同尚未达标的巨大障碍。

第二章 汇率制度安排的理论基础

汇率制度是指一国货币当局对本国汇率水平的确定、汇率的变动方式等问题进行的一系列规定和安排，或国际社会对于确定、维持、调整与管理汇率的原则、方法、方式和机构等所做出的系列规定。在该定义中，前者基于某一国家层面，后者基于对汇率的国际协调层面。本章主要研究汇率制度选择的相关理论，首先介绍国际货币基金组织对汇率制度的分类，然后对现代汇率制度选择理论进行阐述和评论，最后以20世纪90年代以来频发的金融危机为背景，讨论汇率制度选择问题的有关争论。

第一节 IMF对当前汇率制度安排的分类

亚洲金融危机之后，国际货币基金组织（IMF）一改汇率制度固定、浮动的简单两分法，按照汇率的形成机制和汇率政策目标差异标准，对全球各国的汇率制度进行了重新划分。从1999年1月开始，IMF根据全球各国事实上的汇率制度进行了分类，但分类不完全等同于成员国官方宣布的汇率制度安排。新的分类方法根据各国汇率弹性（Flexibility）的程度，以及是否存在对某些汇率路径的正式或非正式承诺来对汇率安排进行分类。2001年，IMF将汇率制度分类与货币政策框架联系在一起，[①] 不同汇率制度的划分有助于评价汇率制度选择对于货币政策独立性程度的含义，拓宽了汇率安排问题的研究视角。大体而言，IMF将汇率安排分为"硬钉住"汇率制、"软钉住"汇率制和浮动汇率制三大类。

---

① 2001年，IMF对成员国货币政策框架进行分类，主要目的在于成员国采用何种名义锚来约束本国的货币政策，提高本国货币政策的可信度。从总体看，对货币的名义锚的分类包括两大类：一类是针对货币的数量，即货币供应量的年增长率；另一类是针对货币的价格，又可细分为货币的对内价格和对外价格，前者是通货膨胀率或预期的通货膨胀率，后者是本币兑外币的汇率。

一、"硬钉住"汇率制

1. 无独立法定货币的汇率安排

无独立法定货币的汇率安排（Exchange Arrangements with no Separate Legal Tender），是指以其他国家的货币或某种共同货币作为法定货币流通汇率制度。在这一汇率制度下，本国货币的流通域面较窄，一般为他国货币所替代，或者让渡货币发行主权而没有本国货币流通，有美元化（Dollarization）[①] 和货币联盟（Currency Union）两种情形。

在实施"美元化"汇率安排的国家，所有的政府和私人部门的债务都以美元计算，公共和私人账户都必须转换为美元标价的账户，因此实施这种汇率安排的国家必须为转换原有资产与负债，确定本币与美元之间固定的兑换比率。货币联盟是指参加货币联盟的国家不再拥有独立的货币，而是将货币主权让渡给"联盟"，由联盟一层的中央银行统一发行共同货币供成员使用。那么，联盟成员之间的货币兑换可看成实行永久性的固定汇率制，当今欧元区 17 个国家采用单一货币欧元就是最为典型的货币联盟。[②]

实行无独立法定货币汇率安排的国家，可以减少汇率波动对经济的不利影响，降低国际借款的风险补偿率，不会再对货币"错误管理"。但是，这些收益似乎不能弥补此种汇率安排可能招致的损失，不再拥有独立的货币意味着放弃了国内货币政策的独立性，以及中央银行可从货币发行中获得的大量铸币税收益，甚至必须对财政政策进行约束以提高政策组合效率。而且，这种汇率安排一旦实施就难以回头，它通常只能作为最后的政策救助行动。

2. 货币局安排

货币局安排（Currency Board Arrangements）是当今世界小型经济体偏爱的汇率制度类型，它是以法律承诺形式规定本币与锚币之间的兑换比例，对本币发行作某种特殊限制以保证法定义务履行的货币制度。货币局安排的本质特征是保证本币的汇率稳定，货币当局只有在拥有一定的锚币作为后备时，才可以发行相应的本国货币，这种法律规定被称作货币发行的

[①] "美元化"泛指本国使用其他国家货币，使他国货币在货币职能上替代本国货币的一种状况。

[②] 2007 年 4 月 1 日，IMF 调整了对货币联盟成员国汇率制度的分类，新的分类方法是基于整个货币联盟对其他货币的波动率，而不是基于货币联盟成员国和货币联盟之间的关系。按照此标准，欧元区国家的汇率制度被归为独立浮动汇率制度。

"后备规则"（Backing Rule）。中国香港现行的联系汇率制是货币局安排的一种"衍生品"，港币发行的先决条件是指定发钞银行必须以美元作为发行准备。从这个意义上说，港币与美元是相"联系"的。可是，这种以锚币作为发行条件的汇率安排，使得该国货币供应量将随着官方所持国外资产被动地扩张和收缩，进而损害货币政策的自主性，货币当局的货币控制和最后贷款人的传统职能也不复存在。

在严格的货币局制度下，后备货币的准备率为100%，即货币当局资产负债表的资产方只有外汇资产，负债方只有流通中的货币，这两者按官方承诺的固定比率兑换。相对于采用其他汇率制度的中央银行而言，资产方没有对本国政府债权项目，即货币当局不存在向本国政府的融资；资产方没有对本国金融机构债权项目，即货币局不发挥"最后贷款人"职能。货币当局不向本国政府和金融机构提供融资，意味着不存在货币扩张，只有在官方外汇资产增加时才能增加流通中的货币（汪洋，2009）。在现实世界中，实行货币局制的国家并不会把后备货币的准备率设为100%，通常定于60%~90%。由于后备货币的部分准备制，这些国家的货币当局事实上仍然保留了部分中央银行职能。例如，货币当局所持有的那些尚未用做货币发行准备的外汇储备，可为处于流动性危机中的商业银行提供最后贷款。

二、"软钉住"汇率制

1. 传统的固定汇率制

传统的固定汇率制（Conventional Fixed Pegs）是一种典型的"软钉住"汇率制度，指一国将货币以固定比例的形式钉住某一外国货币或一篮子货币，汇率在±1%或更小的范围内波动。一篮子货币可以是汇率合作安排（如第二阶段的欧洲汇率机制）的形式，也可以是标准化（如特别提款权）的形式。篮子货币主要由贸易、金融伙伴国的货币或指定的货币组成，其权重反映贸易、服务或资本流动的地理分布。换言之，本币钉住一篮子货币实际上就是一个以篮子货币为样本的加权汇率。

在采取传统的固定汇率制的国家中，货币当局虽为稳定本币汇率而钉住其他货币或货币篮子，却没有不可更改地维持汇率平价的承诺。因此，货币当局可以调整汇率平价，现实中此种调整并不是非常频繁的。货币当局的任务是，在新的汇率平价形成之前，确保汇率在3个月内围绕中心汇率在±1%的狭窄区间波动，或者最高汇率与最低汇率保持在2%的幅度之内。货币当局通过直接干预（如在市场上买卖外汇）或间接干预（如运用利率政策、实行外汇管制或运用道义劝告限制外汇活动,或者通过其他公共机构干预)维持汇率的窄幅波动。由于要维持汇率稳定,货币政策的灵活程度受到一定限制,但还是要强于硬钉住的汇率制度,中央银行仍可以行使最后贷款人的职能。

2. 水平区间的钉住汇率

水平区间的钉住汇率(Pegged Exchange Rates within Horizontal Bands)与传统的固定汇率制有些相似,两者均将本币钉住某一货币、货币篮子或汇率合作安排。不同之处在于前者所允许的汇率波动幅度大于后者,其汇率围绕中心汇率上下波动,其幅度一般大于±1%,或者最高汇率与最低汇率之间的差幅超过2%。与传统的固定汇率制相比,水平区间的钉住汇率具有更高的汇率弹性,其货币政策具有一定的自主性,自主性的强弱取决于水平区间的宽窄程度,与区间的宽窄正相关。

3. 爬行钉住

爬行钉住(Crawling Pegs)是"钉住"与"爬行"相结合的汇率安排,既强调本币与某一外币或一篮子货币之间保持一定的平价关系,又可对汇率平价进行小幅、频繁的调整,这是为了弥补双边通货膨胀率差异,使本币与关键货币的购买力平价保持不变。货币当局调整的依据或是定期按固定幅度调整,或是根据某些量化指标(如与主要贸易伙伴过去的通货膨胀率差异或预期通货膨胀率的差异等)的变化进行调整。爬行幅度的确定可以事先对外公布以合理引导民众预期,也可以针对选定的通货膨胀率或其他指标进行调整。如果按时间轴考察此种汇率制度下的汇率平价,它在短期内可以保持不变,但会在更长的时期内发生小幅变动,整个过程犹如爬行中的"洞中之蛇"。货币当局维持汇率平价会对货币政策自主性产生影响。

4. 爬行区间的汇率

与爬行钉住汇率相比,爬行区间的汇率(Exchange Rates within Crawling Bonds)的波动幅度更大,一般围绕中心汇率在一个至少为±1%的区间内波动,或者最高汇率和最低汇率之间的波动幅度超过2%。在该汇率制度下,中心汇率或波动区间定期按固定幅度调整,或者根据一些量化指标的变化进行调整。汇率弹性大小与汇率波动区间有关,区间要么对称地围绕中心汇率,要么选择不对称的上限和下限并逐步扩大(在这种情况下可能没有事先宣布中心汇率)。中心汇率和波动区间的设置会削弱货币当局货币政策的独立性,即区间范围越大,对货币政策的制约性相对越小。

三、浮动汇率制

1. 没有预先宣布汇率路径的管理浮动

在没有预先宣布汇率路径的管理浮动（Managed Floating with no Predetermined Path for the Exchange Rate）下，货币当局试图在没有明确的汇率路径或目标的情况下影响汇率。对汇率进行管理所依据的指标也较为宽泛，可以是国际收支、国际储备和外汇平行市场的发展等，而且汇率的调整并不一定是自动的。汇率干预可以采取直接或间接的方式，一般采取逆风干预形式。如果市场中本币汇率产生升值压力时，由于没有设定明确的汇率路径或目标，货币当局没有必要对汇市进行完全的冲销式干预，其汇率管理只是平抑小部分的升值压力，而其余的绝大部分则通过市场释放出来。

2. 独立浮动

在独立浮动（Independently Floating）汇率制度下，汇率由外汇市场供求关系决定，官方不设定本币与外币的兑换比例，对经常账户和资本账户交易没有任何或仅有名义的限制，无需进行外汇市场干预。这并不意味着货币当局绝对地不干预，只是相对前面七小类汇率制度而言，干预的范围和程度都有所减少，且干预的目的在于缓和汇率的波动幅度并防止汇率的急剧变化，而不是为了达到某一汇率水平。Frankel 认为，不存在目标汇率水平的汇率安排就可看做是独立浮动。美国被认为是采取独立浮动汇率制的国家，较少对外汇市场进行干预，但即使这样，美国也不是完全地放任市场。例如，1985 年，西方 5 国签署"广场协议"，实际上是美国联合英国、法国力压日本和德国，要求日元、马克兑美元升值。2002 年，美国奉行"强势美元政策"，我们仍可从中看出联储的汇率干预迹象。

从"硬钉住"到"软钉住"，再到浮动汇率制，不同汇率安排下的货币汇率弹性在不断增强，亦可理解为中央银行的汇率干预程度在不断降低。IMF 对汇率安排的分类展示了各国在不同货币政策框架下的汇率制度安排，从而使得分类方案更具透明性。"软钉住"汇率制区别"硬钉住"汇率制之处在于前者没有维持固定汇率的机制和法律保障。在有关汇率安排的研究中，我们通常将"硬钉住"汇率制归为固定汇率制度，它与浮动汇率制一同被称为"两级"汇率制。介于上述两者之间的"软钉住"汇率制则被称做"中间"汇率制度。

第二节 现代汇率制度选择理论述评

汇率制度的选择是国际金融领域中长期争论不休的问题。对于每个国家而言，选择合意汇率制度的重要性是不言而喻的。然而，在当今多种汇率制度形式并存的汇率体系中，如何选择最优的汇率安排，以及在条件发生变化时如何对其进行重新选择，是一个似易实难的问题。正因为如此，寻求汇率制度选择的理论依据就显得十分重要。本节主要评析当今国际上四种具有代表性的理论学说，并比较它们在各国实际汇率制度选择中的适用性。

一、汇率制度选择的"收益成本说"

"收益成本说"是通过比较不同汇率制度形式对一国经济发展的收益和成本来阐述其选择取向的。传统的观点认为，汇率制度选择对于经济发展至关重要，固定汇率制下的汇率水平是相对稳定的，它能锁定货币汇兑风险而有利于国际贸易、国际投资的增长，对经济发展产生正面效应。汇率过度波动是浮动汇率制的常态，它增加了经济活动的不确定因素，不利于国际贸易和投资，进而阻碍经济发展。对于经济发展而言，固定汇率制带来的是收益，浮动汇率制带来的则是成本。持这种观点的经济学家认为，固定汇率制常常是合意的选择。Kindleberger（2003）是固定汇率制的推崇者，他试图用"霸权稳定"来剖析汇率制度的自然选择。汇率是可调整的变量，汇率水平的锚定可将须调整的负担像输出通货膨胀一样转移出去，而这种负担的承受者只能是居于经济"霸权"的国家，因为它能够对其他伙伴国实施某种合作，同时承担绝大部分成本，具有非对称成本分担功能。只要霸权国家推行固定汇率制，就能保持世界经济的"相对稳定"。Kindleberger甚至用反例来论证其观点，20世纪30年代的"大萧条"（The Great Depression）以及汇率制度体系急剧动荡的主要成因是当时英国已经衰落，美国尚未崛起，整个世界缺乏"霸权"主导国。

以Friedman（1953）、Haberler（1971）为代表的经济学家并不赞同上述观点。他们认为，在国际资本流动性日益增强的条件下，浮动汇率制可通过汇率的有效波动、偏好的改变来规避输入型通货膨胀等外部干扰，促使国际贸易倾于自由，为经济发展提供动态的国际调节体系。更为重要的是，浮动汇率制下，汇率较其他经济指标具有更好的可测性和可控性，成为政府收支转换政策的传导工具和中介目标，因而浮动汇率制的收益是非常明显的。相反，在外部条件发生变化的情况下，固定汇率制由于无法采取适时纠偏行动而使汇率错误定值，即使定值准确也往往是滞后的，不可避免地造成国际收支失衡。因此，固定汇率制带来的是显著的成本，常为他们所摒弃。对此，固定汇率制的拥护者是这样辩驳的，政府的有限理性常常使政府政策的随意性较强，固定汇率制或"硬"钉住汇率制有助于对政府宏观经济政策形成外部"硬"约束，可大大降低政策不稳定的负面效应。

事实上，上述论断都试图从经济学最基本的收益成本分析来判定汇率制度的优劣，但其共同的缺陷是：①两者在论及汇率制度的选择问题时，或只言及固定汇率制的收益与浮动汇率制的成本，或只讨论浮动汇率制的收益与固定汇率制的成本，而未看到固定、浮动汇率制两者同时存在的成本和收益，在方法论上具有一定的片面性。②现实生活常常如此，对立物之间具有内在的统一性，选择不同的汇率制度形式都是有收益和成本的，但两者均未对汇率制度选择的收益和成本进行量化分析，这也是两者的论证说服力不强以致观点相左的重要原因。循此思路，Edwards 于1996年提出一个关于通货膨胀与失业间替代关系的损失最小化模型，货币当局通过比较各种汇率制度产生的预期损失来进行汇率制度的优选。由于货币政策独立性损失指数、央行权重等经济参数无法估测和计量，该模型缺乏现实的操作性。

在汇率制度选择问题上，"收益成本说"遵循经济学中收益成本分析的规范，这在方向上无疑是正确的，也成为经济学家乃至各国选择现实汇率制度的分析工具。Black（1976）曾明确指出，无论选择何种汇率制度都必须在汇率制度的成本和收益之间进行权衡。尽管如此，笔者仍对此说的一些观点持不同看法。例如，Kindleberger 所持的霸权主导国的存在是选择固定汇率制和维系国际货币体系稳定的观点并不符合事实。在当今一超多强的国际政治格局中，可能处于"霸权"主导地位的国家应该也必然是世界第一强国——美国。但是，美国并未如 Kindleberger 所言的那样承担固定汇率制的非对称成本，也没有在国际舞台上扮演拯救者的角色。美国于1971年单方面宣布停止美元黄金间的兑换，2002年3月又置WTO（世界贸易组织）游戏规则于不顾，启动令欧盟、中、日、韩等国颇为不满的201条款，对进口钢铁制品单边征收保护性关税①即是明证。2002年5月，美国又拟

---

① 美国于2003年12月4日宣布取消此项保护性关税。

在未来10年内向本国农民提供近1900亿美元的农业补贴，显然与其倡导的自由贸易精神是相背离的。克林顿政府的财政部长Summers更是毫不讳言："应该懂得，（美联储的）货币政策将继续由美国本着美国的利益制定。"因此，那种寻求"霸权"下稳定的固定汇率制的观点是不切实际的。随着欧元启动及对美元分庭抗礼之势的逐步形成，国际汇率制度体系必然朝多极化的方向发展。

二、汇率制度选择的"经济结构说"

正当人们陷入对不同类型汇率制度的收益与成本的争辩之时，一些经济学家另辟蹊径，开始重新反思汇率制度的选择问题。汇率制度本身可能并无优劣之分，关键是固定汇率制或浮动汇率制分别适合于哪些国家，这些国家具有实行某种汇率制度的哪些经济特征，由此产生汇率制度选择的"经济结构说"理论。

Mundell（1961）最早提出以"生产要素流动性"作为汇率安排的判定标准，在他看来，需求转移是一国外部失衡的重要原因，生产要素的流动可以抑制或消除这种需求转移。在生产要素自由流动的区域内，要素的自由流动可以消除需求转移引起的冲击，这个区域就是所谓的"最优货币区"（Optimum Currency Areas），货币联盟或单一货币形式的固定汇率制是合意的。如果存在生产要素流动的阻碍因素，固定汇率制将变得不再可行，需要通过浮动汇率制下的汇率波动去促进生产要素流动，消除需求转移冲击。McKinnon（1963）分析了发展中国家的经济开放性对其汇率安排的作用。他认为，一个经济高度开放的小国不宜采取浮动汇率制，因为在浮动汇率制下，汇率波动可能导致进口品价格上升，进而引发国内物价水平剧烈波动；如果实施价格限制，又可能引发需求收缩和失业率上升。况且，经济高度开放条件下的商品需求弹性是较大的。汇率波动对居民实际收入的影响非常明显，这使居民货币余额效应倾于减弱，相应地降低汇率在调节国际收支平衡的作用效率。为此，McKinnon强调，相互间贸易关系密切的国家适于组成"共同货币区"，选择具有"固定"性质的汇率安排。另一位美国发展经济学家Shaw也得出了相近的结论，如果经济开放度较低的小型经济体想比外部世界更好地对付通货膨胀，那么唯有浮动汇率制才是正确的选择。此后，Kenen（1969）、Ingram、Haberler（1971）分别以产品多样性、国际金融一体化程度、通货膨胀率的相似性等经济结构特征为标准，详细阐述了汇率制度的最优选择。这些理论从不同角度丰富和发展了经济结构说。

Heller 在综合前人研究的基础上，系统地将影响汇率制度选择的经济结构因素归纳为以下五种：经济规模、经济开放度、进出口贸易的商品结构与地域分布、相对通货膨胀率和国际一体化程度。大体而言，如果一国具有经济规模较小、经济开放度较高、进出口集中度较高等经济结构特征，倾于选择固定汇率制或钉住汇率制，甚至可能参加货币联盟；如果一国具有经济开放度较低、进出口商品多样化或地域分布分散化、国际资本流动较为频繁、国内通胀与其他主要国家差异殊为明显等经济结构特征，则倾于选择更具弹性的浮动汇率制。Poirson（2001）在一份 IMF 的工作报告中提出，除了 Heller 论及的五个结构性影响因素之外，一国的外汇储备、外币定值债务等指标也会对当今世界各国汇率制度选择产生重要影响。一般来说，一国的外汇储备水平越高，其对外汇市场的干预力越强，越易于选择固定汇率制；一国的外币定值负债越多，汇率变动可能引起的风险效应越大，也易于选择固定汇率制。

"经济结构说"从一国的经济结构特征来分析汇率制度的适用性，对于指导各国现实的汇率制度选择具有重要意义："经济结构说"已经（至少是部分）得到了实践检验，如欧盟货币一体化进程中统一大市场的建立、四项标准趋同①等实现单一货币目标的"中间"步骤，恰恰是与"最优货币区"所要求的经济结构特征相一致的。事实上，综观当今世界各国的汇率制度选择，不难发现"经济结构说"的些许痕迹。笔者认为，"经济结构说"理论对于一国合意汇率制度的选择具有很强的指导意义。根据"经济结构说"理论，由于不同国家的经济结构特征存在差异，因而其选择的汇率制度形式也是千差万别的，在一定程度上为世界上多种汇率制度形式并存的现实提供了局部的理论解释。需要指出的是，"经济结构说"认为各种经济结构性因素对于汇率制度的选择是极为重要的，它的高低强弱差别可能导致一国选择不同的汇率制度形式，但对于这些影响因素在选择不同汇率制度的"临界值"，"经济结构说"却没有给出明确答复。因而，各国根据自身的经济结构特征来选择合意的汇率制度时，更多的是凭借操作性并不太强的"经验"而已。所以，在解释有些国家的汇率制度选择时，经

---

① 《马斯特里赫特条约》对欧盟成员国在实行单一货币时的经济状况进行严格限定，要求拟加入欧元区国家的通货膨胀率最多只能比欧盟 3 个最低国家的平均水平高 1.5 个百分点；政府长期债券利率最多只能比欧盟 3 个通货膨胀率最低国家的平均水平高 2 个百分点；财政赤字占国内生产总值的比重必须不高于 3%；公共债务累计额必须不高于国内生产总值的 60%。

济结构说可能会出现"悖论":日本的外汇储备存量居世界第二,理应选择具有固定性质的汇率制度,但其采取了让日元自由浮动的汇率制度;新加坡的外贸依存度高达250%以上,堪称世界上最为"开放"的国家,其选择的是较具弹性的管理浮动汇率制。

三、汇率制度选择的"金融恐慌说"

20世纪90年代以来,新兴市场国家频繁爆发以汇率制度崩溃为主要特征的金融危机,使汇率制度选择再度引起金融界的广泛关注。"金融恐慌说"是在这一背景下兴起的一种汇率制度选择理论。正如经济学家Mishkin(1999)所分析的,固定汇率制或钉住汇率制所确定的汇率锚对于抑制通货膨胀可能是成功的,但如果一国存在银行体系不良资产庞大并伴有大量外币定值债务等金融脆弱特征,那么钉住汇率制度将不再是合意的。因为在国际资本高度流动条件下,即使是经济表现较好的新兴经济体也无法可靠地预防决意的投机攻击,大量的国外资本流入使金融体系对金融恐慌变得极度脆弱。当外币定值短期债务大量增加、外汇储备减少时,投机者预期"钉住"汇率将变得不可维持而产生心理恐慌,结果市场出现本币贬值预期,造成资本流动逆转而引发"预期自致性货币危机"(Expectations Self-fulfiling Currency Crisis)。在Calvo和Reinhart(2000)看来,钉住汇率制不仅因货币汇率严格钉住而缺乏足够的灵活性,而且本身就是金融危机的"罪魁祸首"。

笔者并不完全赞同这种观点。资本高度流动与钉住汇率制之间可能是一种不稳定的组合,因为在经济基本面稳定且能保证外币定值长期债务不违约的情况下,一国也可能无法避免金融危机的发生。中、东欧经济转轨国家汇率制度选择的实践对于澄清这一问题是有帮助的。与许多新兴市场经济体一样,中、东欧转轨国家也存在银行不良资产数量巨大、外债数额日益增多的金融脆弱特征,资本流入和所实行的钉住汇率制使这些国家实际汇率升值,竞争力下降,经常账户倾于恶化。然而,这些经济转轨国家却没有像其他新兴市场经济体那样频繁地爆发金融危机,Roubini和Wachtel(1998)的解释是,在这些转型经济中,短期资本投资即所谓的"热钱"流入相对较少,限制了投机性资本突然逆转产生危机的可能性。相反,金融危机之前的泰国、印度尼西亚、马来西亚、菲律宾经济发展势头良好,其金融体系的稳定性也好于转轨经济国家。由于过早地放开资本管制并招致外部投机攻击,那些曾创造"经济奇迹"的东南亚国家在危机到来时也不能幸免,以至于经济学家所津津乐道的"21世纪是太平洋世纪"如今不再有人提及，代之而来的是"亚洲需要多长时间来复苏"。由此可以看出，金融脆弱性本身并不是发生金融危机的主要原因，而是危机产生的一个必要条件。在"金融恐慌说"理论中，钉住汇率制下的投机资本作祟才是金融危机产生的真正原因。

既然如此，在资本流动性日益增强的情况下，"金融恐慌说"是如何阐述汇率制度选择的？一种显而易见的思路是，新兴市场似乎应该选择更为灵活的浮动汇率制来预防投机性货币攻击所引起的金融恐慌。但问题恐怕不会这么简单，因为与发达国家相比，新兴市场国家在汇率制度选择的许多重要维度上是明显不同的，新兴市场中的货币冲击是收缩的，经常账户调整更为剧烈，信用等级和利率水平也易受汇率变动的不利影响。汇率失调对其贸易损害相对更大，汇率波动也更易传递通货膨胀。所以，对于新兴市场国家而言，浮动汇率制也不是汇率制度选择问题的"灵丹妙药"。倘若如此，"金融恐慌说"的一个潜在政策含义是，新兴市场国家汇率制度的选择取向可能是"硬"钉住汇率制：实行美元化或类似于单一货币欧元的汇率制度。

客观地说，"金融恐慌说"从发展中国家普遍存在的金融脆弱性出发，以国际资本流动性日益增强这一基本事实可能导致的资本投机攻击，进而引发金融危机来分析汇率制度的选择具有一定的合理性。一国的外币定值债务、外汇储备对于避免投资者心理恐慌，增进汇率制度的可维持性是极为重要的，这给予我们如下启示：发展中国家的汇率制度选择必须在正确分析自身金融特征的同时，考虑外币定值债务、外汇储备等因素的影响。即使选择了合意的汇率制度后，也必须将外币定值债务（尤其是短期债务）、外汇储备指标控制在适度的范围内。但是，该论认为新兴市场国家汇率制度的选取是"硬"钉住汇率制度的结论却基本上是不正确的，因为无论选择货币局制还是美元化的"硬"钉住汇率制，都意味着一国放弃货币主权——丧失汇率的宏观调节功能和货币当局"最后贷款人"职能，甚至可能激起"民族主义"情结，其代价是极其昂贵的。事实上，货币局制和美元化的汇率制度形式也只适用于小型经济体，那些饱受金融危机之苦的新兴市场国家在后危机时期也并没有完全选择所谓的"硬"钉住汇率制，如墨西哥选择了浮动汇率制，大多数东南亚国家也都增大了汇率制度的弹性。

四、汇率制度选择的"政府声誉说"

政府声誉说（Theory of Government Reputation）是近年来兴起的一种汇率制度选择理论。该理论是以合理预期为基础，认为在不同的汇率制度形式下，公众对汇率水平形成不同的预期，进而对政府的"公信力"效果产生重要影响。政府为了合理引导公众预期、增强"公信力"以获得良好的声誉，不得不"选择"恰当的汇率制度。实际上，汇率制度成为政府提高其声誉的手段，因而汇率制度的选择本身是政府虑及声誉而派生的一种需求。那么，什么样的汇率制度形式有利于提高政府声誉呢？

美国经济学家、哈佛大学的 Frankel（2000）教授等人新近的研究表明，汇率制度的"可核验性"（Verifiability）对于政府获得良好声誉非常重要。汇率制度的"可核验性"是指公众能够通过所观察到的数据来判断货币当局是否守信，其实际实行的是否是货币当局宣布要实行的汇率制度。根据 Montecarlo 的仿真检验结果，检验汇率制度所需要的信息是随汇率制度的复杂程度而变化的，与复杂的汇率制度相比，简单透明的汇率制度更易于被检验。例如，检查汇率制度是否简单钉住，市场参与者只需核实昨日汇率与今日是否相同；检查汇率制度是否自由浮动，市场参与者只需核实外汇储备的变动，看货币当局是否动用外汇储备干预汇市；而对于其他的汇率制度形式，公众则必须检验诸如爬行速度、波动幅度、货币篮子中各货币所占比重等相关系数，这种检验常常缺乏现实的操作性而变得极为困难。因此，政府声誉说认为，在长期，自由浮动汇率制或"硬"钉住汇率制应是未来汇率制度选择的发展趋势。

在各国现实的汇率制度选择中，除了美国、欧盟、日本对其货币汇率干预较少，实行真正意义上的自由浮动外，其他国家包括那些声称实行自由浮动制国家都不同程度地对外汇市场进行干预，以将汇率维持在可控的固定水平上，这些国家似乎对大幅的汇率波动存在一种长期的"害怕"。尽管自由浮动制具有易于检验的特点，有助于提高政府声誉，但实际上，截至 2001 年 3 月 21 日，在 IMF 的 186 个成员国中，有 47 个实行货币局或货币联盟的固定汇率制，47 个实行自由浮动制，其余的 92 个实行不同形式的"中间"汇率制。如果虑及部分声称允许货币自由浮动的国家"害怕"浮动的因素，实行"中间"汇率制的国家无疑将会更多，浮动汇率制无论如何也未成为当今世界各国汇率制度选择的"时尚"。对于这一现实，Reinhart（2000）曾经指出："如果一国缺乏信誉是一个严重的障碍，那么同时避免浮动汇率和信誉问题的唯一方式可能是完全美元化，一个真正的角点解。"据此可知，在一个政府声誉并不太高的国家，看似极端的固定汇率制常常成为一种最优的选择。也许是一种巧合，"政府声誉说"与"金融恐慌说"分别从不同角度分析汇率制度的选择问题，但都得出非常相近的结论。遗憾的是，这一结论并未得到各国汇率制度现实选择的支持。

作为汇率制度选择的一种理论，"政府声誉说"在分析视角上有一定的新颖性。其分析逻辑大致是，合意的汇率安排对于政府确立良好的声誉十分重要，因而政府虑及声誉，必然去选择最优的汇率制度。然而，除了汇率制度因素之外，诸如稳定的财政计划、独立的货币政策等因素对政府获得良好声誉可能更为重要。因此，将汇率制度作为一个因素甚至一个并不重要的因素纳入政府声誉的分析中，其说服力是十分有限的。因而，"政府声誉说"在解释各国的汇率制度选择问题并不全面，难免出现纰漏。在判定自由浮动汇率制是否具有较易核实的特质时，"政府声誉说"认为可以通过外汇储备是否变动来判断。然而，货币当局干预外汇市场的手段绝不仅仅是外汇储备一种方式，它还可以借助利率变动、加强或放松外汇管制等方式对汇率进行间接干预。事实上，与发达国家相比，发展中国家名义、实际短期利率的变化频率和幅度都相对较高，就能很好地说明这一点。在这个意义上，仅以外汇储备是否变动来断定浮动汇率制具有较好的"可核验性"显然不够准确。基于以上分析，笔者认为，"政府声誉说"在分析汇率制度的选择时具有有限的适用性，它还有待于进一步补充和完善。

以上的分析表明，"成本收益说"、"经济结构说"、"金融恐慌说"、"政府声誉说"分别从不同角度阐述了当今世界各国的汇率制度选择问题。然而，正如本书所评述的那样，这四种理论学说在诠释部分国家和地区的汇率制度选择问题时可能是行之有效的，但在剖析有些国家的情况时却不尽如人意，甚至出现"悖论"。这是因为，无论何种汇率制度选择理论都具有一定的适用性，它只能为现实的汇率制度选择提供局部的解释。在可预见的未来，汇率制度选择理论是一个动态发展的理论体系，而且它本身处于不断丰富和完善的过程之中。

第三节 汇率制度选择的理论之争

国际汇率体系的演变历程表明，汇率制度的选择问题是一个不断变化的动态体系：布雷顿森林体系降生时，为避免汇率波动和第二次世界大战前泛滥的竞争性货币贬值，第二次世界大战后重建的构筑者们偏爱的是固定汇率制。随着20世纪60年代美国国际收支逆差的不断扩大，越来越多的经济学家转而青睐于浮动汇率制。20世纪80年代，名义锚（Nominal Anchor）理论的盛行将学术界的目光再次聚焦固定汇率制以治理全球性通货膨胀。20世纪90年代新兴市场国家频繁爆发以汇率制度崩溃为主要特征的金融危机，使长期争论不休的汇率制度选择问题再度成为焦点。本节主要讨论汇率制度选择问题相关的争论。根据汇率制度的分类，笔者将它大体分为"固定"与"浮动"之争和"两极"与"中间"之争。

一、汇率制度的"固定"与"浮动"之争

早期的汇率制度选择的理论之争是与一国实现内外均衡的自动调节机制相关的，主要表现为固定汇率制与浮动汇率制孰优孰劣的争论。

Kindleberger认为，固定汇率能够规避汇率风险、促进国际贸易和投资增长而带来显著利益；浮动汇率制则因汇率的不稳定而增大经济活动不确定性，从而产生负面的风险效应，因而他极力推崇固定汇率制。Friedman（1953）却持与之相反的观点，"浮动汇率不必是不稳定的汇率，即使汇率不稳定，也主要是因为主导国际贸易的经济条件的基础是不稳定的。固定汇率尽管名义上是稳定的。但它可能使经济中其他因素的不稳定性变得持久和强化"。而且，"汇率不稳定是基本经济结构不稳定的一种表象，通过官方固定汇率来消除这种表象是无助于治愈任何基础性结构失衡的，并只会使调整变得更加痛苦"。也就是说，当外部经济条件已经发生变化时，固定汇率制由于无法采取适时的纠偏性行动而使汇率错误定值，这为投机活动的产生提供了可能。所以，在浮动汇率制的支持者看来，固定汇率制往往是最不稳定的。

固定汇率制的拥护者对此给予了鲜明的回击。他们认为，市场投机者的心理预期常常是非理性的，[①] 缺乏承诺机制的浮动汇率制下盛行的是非稳定性投机（Destabilizing Speculation）。在"羊群效应"驱动下，投机者往往采取追涨杀跌的投机策略（Baumol, 1957），实力较强的投机者甚至蓄意制造汇率大幅波动以从中获利，其结果必然增大浮动汇率制的不稳定性。相反，固定汇率制下政府的干预至少使投机者心理上存有"名义锚"（具有强承诺机制的"硬"固定汇率的名义锚作用更为明显），这使投机者预期汇率将向锚点水平调整，从而有助于缩小现实汇率水平与平价之间的差异。因此，其拥护者认为，固定汇率制并不是最不稳定的，却是恰恰相反。

---

① 凯恩斯曾将投机市场运作机制比作一场选美比赛，参加者为使自己的选择与最终结果相符，往往并不根据自己的真实意见做出决策，而是试图揣摩别人的心理并依此进行投票。

"固定"、"浮动"之争的另一个表现是汇率制度能否隔绝外部通货膨胀的影响。浮动汇率制的支持者认为，在固定汇率制下，购买力平价使本国的物价水平随外国物价水平的上升而上升。换言之，实行固定汇率制的国家存在通货膨胀传导机制，一国会因承担维持汇率水平不变的义务而从国外"引进"通货膨胀。浮动汇率制可以通过汇率波动隔绝外部通货膨胀，这成为浮动汇率制优于固定汇率制的重要理由。McKinnon（2002）在分析美国 1950～2000 年的通货膨胀后得出这样的结论：一向以反通胀著称的德国在 1969 年不再愿意保持马克旧的美元平价的原因是不想被"传染"哪怕是"温和"的通货膨胀。

对于上述批评，固定汇率制的支持者从两个方面给予了回答。

（1）企业的定价策略是与政府所选择的汇率制度之间的一种博弈。在浮动汇率制下，政府往往为扩大出口和改善国际收支而采取贬值措施。相应地，企业为避免贬值给其带来的损失而将商品价格定在较高水平上，其结果是形成"价格高原"（Price Plateau）。相反，固定汇率制可为企业设立一个清晰的、可监督的目标，政府虑及"声誉"，通常不会轻易对其进行突然或未预计到的升贬，因而它具有较强的刚性，可起驻锚作用。基于这种考虑，企业在确定价格时，就不需把价格故意定高以抵消可能的贬值后果，从而产生"公信力效应"（Credibility Effect）。通过这种效应，政府实际上是发出一种可信的反通胀信号，公众会由此降低通货膨胀预期，从而引发通货膨胀下降。

（2）不同汇率制度下的实际货币余额效应是有差异的。在固定汇率制下，产生于国外需求的实际货币余额转回国内时可与本币按一定比例兑换，存在企业和居民重新确定货币余额的调节机制。而浮动汇率制下，货币间兑换具有一定的汇率风险，因而企业、居民实际货币余额调节机制的作用效率较低。事实上，实际货币余额调节机制是有助于抑制通货膨胀的，那种认为固定汇率制会引进外部通货膨胀的观点是值得怀疑的。Jeffrey D. Sachs（1996）将实行固定汇率制的爱沙尼亚和实行浮动汇率制的拉脱维亚进行了对比，两个国家在转轨期间都成功治理了高通货膨胀，但拉脱维亚付出长期经济衰退的沉重代价，1993～1995 年的 GDP 增长率分别为 -15%、2% 和 1%，而同期爱沙尼亚的 GDP 增长率则为 -7%、6% 和 6%。

新兴市场国家 20 世纪 90 年代爆发的金融危机使这场争论的焦点发生了改变。以 Chang、Velasco（2000）为代表的浮动派认为，新兴市场国家应当与美国以及其他工业国一样，允许其货币自由浮动；新兴市场经济面临的"已不再是浮动或不浮动的问题，而是如何浮动的问题"。另一派以

Calvo 和 Reinhart（2000）为代表，他们利用月度数据对 155 个国家汇率制度的研究显示：①新兴市场国家货币汇率（不管是对美元还是欧元）的月度变化远低于工业化国家，那些声称允许汇率浮动的新兴市场国家，实际上其货币并未真正浮动，似乎"害怕"浮动（Fear of Floating）。②这些国家名义和实际短期利率的月度变化远高于真正实行浮动的国家，这表明这些国家利用利率变动来干预外汇市场，所谓的汇率稳定常常是有意识的政策行动的结果。一种较为主流的解释是，新兴市场国家在情况有利时不愿名义和实际汇率升值，其原因是害怕"荷兰病"，①担心竞争力下降和出口多样化受挫；当情况不利时，这些国家会强烈抵制货币大幅贬值，因为这些国家的政府和私人部门债务大部分是以硬外币来定值，贬值具有紧缩效应而导致经济衰退。所以，在 Reinhart 看来，如果一国缺乏信誉，那么同时避免浮动汇率和信誉问题的唯一方式可能是完全美元化。

正当这场汇率制度之争尚无明确定论时，一些经济学家另辟蹊径，开始对布雷顿森林体系进行反思：固定汇率制的难处也许不在于汇率制度本身，而在于固定汇率制是不是适合于所有国家？哪些国家之间应实行固定汇率制？对这些问题的探讨衍生出最优货币区（Optimal Currency Areas）理论及其争论。这场争论的焦点是"欧盟到底是不是一个最优货币区"。以 62 位德国经济学家的一派主张：①各成员国经济趋同是 EMU（欧洲经济货币联盟）正常运行的前提条件，这是一个渐进的发展过程，不宜设立"时刻表"。②在价格稳定方面应实行严格的绝对值，而不是宽松的相对值。②③不同成员国之间的利益差异决定了欧洲中央银行（ECB）缺乏足够的动力从制度上确保欧盟的价格稳定。④德国将稳定价格作为首要目标，其他成员国因工资弹性、公共财政政策差别之故并未达成这点共识。⑤欧盟各国在经济、社会和政治利益上均未达成足够的统一性，尚未有足够的证据表明欧盟应该实行单一货币。可以看出，这一学派并未对货币联盟作为一项长期目标提出质疑，而只是对欧盟的货币一体化速度表示怀疑。

---

① 1960 年，荷兰发现大量的天然气储备。天然气的大量出口刺激荷兰经济增长迅速和荷兰盾升值，但由于政府未采取相应降低汇率措施，其他出口商制成品的国际竞争力下降，导致 20 世纪 70 年代荷兰经济增长减缓并出现严重通货膨胀。有的经济学家将这种自然资源的发现和随之而来的出口剧增所带来的暂时繁荣但又不能持续的现象称为"荷兰病"。

② 《马斯特里赫特条约》规定：成员国加入欧元区的趋同标准之一是，通货膨胀率不能高于欧盟 3 个最低国家平均水平的 1.5%，但在 1996 年评估成员国是否达标时采用意大利的"动态趋势"方案。所谓动态趋势指通货膨胀的变动趋势是否多年来一直朝向马约规定的绝对值标准。显然，动态趋势的相对值标准确实"宽"了不少。

以 Triffin、Goodhart 为代表的 70 位欧洲经济学家则提出以下抗辩理由：一是欧洲中央银行委员会成员任命和任期的独立性决定 ECB 比德国中央银行具有更大的宪政上的独立性，唯一值得怀疑的是各国政策执行中的通胀和就业偏好；二是稳定价格的价值取向并不是德国所特有的，况且德国在控制通胀方面并不一直比其他国家好，马约中的通胀趋同标准直接强化各成员国"通货膨胀得不偿失"的理念；三是20世纪60~80年代的经验数据表明，汇率浮动和高通胀没有为南部欧洲提供高增长，未加入 EMS "汇率走廊"的国家在90年代初竞争力下降较快；四是单一货币可以降低交易成本，推进货币联盟优于"维持现状"，那种基于国家主义的观点是目光短浅的。显然，这一派认为"欧盟是最优货币区"和主张实施单一货币。一项资料表明，1990年，时为欧共体的12国对单一货币的平均支持率为55%，远高于反对率23%，除英国、丹麦外，其余成员国支持单一货币的呼声也日益高涨。① 无论这场论争结果如何，欧元的如期启动的确给欧盟的政治、经济带来深刻影响。Mundell 的话也许有一定道理，"美国原来也不是一个最优货币区，而是美元的产生推动其成为最优货币区。那么，欧元单一货币的启动也可以推动欧盟成为最优货币区。"②

二、汇率制度的"两极"与"中间"之争

20世纪90年代，金融危机在经济发展表现良好的新兴市场国家的爆发，引发经济学家从不同角度对危机原因进行检讨。其中，对国际资本高度流动条件下新兴市场国家汇率制度的讨论显得十分激烈。在这一背景下，出现了关于新兴市场国家汇率制度的所谓"新共识"（New Consensus）：③

---

① 姜波克：《国际金融》，高等教育出版社，1999年，第376页。
② 姜波克、罗得志：《最优货币区理论综述兼述欧元、亚元问题》，《世界经济文汇》2002年第1期，第79页。
③ Edwards 将国际学术界对新兴国家汇率安排的研究归纳为四点"新共识"：（1）以汇率作为名义锚的固定汇率制度会造成实际汇率的升值，因而固定汇率制只能作为一种短期的、过渡性的制度选择。（2）无论在何种情况下采用汇率名义锚政策，都应同时准备好一个退出战略。（3）汇率高估的代价非常昂贵，研究和发展判断汇率是否高估的方法十分重要。（4）在长期，各国最优的汇率制度选择是浮动汇率制或具有强硬承诺机制的固定汇率制（张志超，2002）。比较流行的观点在前三点"新共识"达成一致，在最后一点上则有差异。如 Chang 和 Velasco 提出以实行浮动汇率制度来预防投机性货币攻击所导致的深重危机和经济衰退，而 LeBaron 和 McCulloch 则认为越来越受关注的预防危机的方式是货币局或美元化这样的严格固定汇率制。这是因为，对于多数国家，"浮动汇率提供的积极的货币政策带来的价值与严格固定汇率制提供的增强的价格稳定性相比是较小的"。本书主要讨论最后一点"共识"。

长期而言，唯一可以维持的汇率制度是自由浮动制和具有"强"承诺机制的固定汇率制；介于两者之间的所谓"中间"汇率制是不可维持的，它正在消失或应当消失。① 新共识从汇率制度可维持性的视角出发，认为汇率制度选择问题的最优解是"两极"：自由浮动汇率制或"硬"固定汇率制。

事实上，20世纪90年代感染金融危机多为"中间"汇率制国家，"两极"汇率制国家大多有效防止了金融危机。一个直观的猜测是，可以维持的汇率制度是"两极"汇率制，而不是"中间"汇率制。Eichengreen（1994）在分析1992年的ERM（欧洲汇率机制）危机后，认为通过分步缩小汇率目标区过渡到欧洲货币联盟的策略并不可行。他指出："在21世纪，为达到特定汇率目标而酌情处置的政策规则将不再可行，各国将不得不在浮动汇率和货币统一之间作一选择。"Obstfeld和Rogoff（1995）以资本高度流动使得汇率承诺变得脆弱为基础，提出"'中间'汇率消失论"假说（The Hypothesis of the Vanishing Intermediate Regime）。在他们看来，"浮动汇率和采用共同货币之间不存在一条舒适的中间地带"，"跨过峡谷深渊的最好办法，就是简单一跳"。Fischer（2001）则分析过去10年的汇率制度分布，得出"'中间'汇率制度的空洞化趋势对于所有国家都是真实的"的结论。

尽管经济学家分析问题的角度不尽相同，但大体而言，他们赞同"两极"汇率制。理由是：

（1）资本自由流动下的"三元悖论"，即一国不可能同时实现汇率稳定、货币政策独立性以及资本自由流动三大金融目标。一般而言，资本流动性强弱是国际资本的趋利性、国内资本管制共同作用的结果，具有很强的外生性。因而，"三元悖论"的政策含义是，在汇率稳定和货币政策独立性之间的权衡中，保证货币政策独立性必须选择浮动汇率制；如果选择较为稳定的固定汇率制则将付出丧失货币政策独立性的代价。汇率制度的选择本身类似于寻求运筹学单纯形法中的"端点解"（张志超，2002）。基于这一原理，Summers（2000）认为合意的汇率制度越来越倾向于从"中间"汇率制度转向两个"角点"。

（2）"中间"汇率制遭到责难的原因是它的"软"特征。在"软"汇率制下，银行和企业往往低估货币贬值风险而过分持有未对冲的外币债务，汇率的变动将产生"资产平衡表效应"（The Balance Sheet Effect），本币贬

---

① 有的学者将这一理论称为"'两极'汇率制度论"（The "Two Poles" Theory of Exchange Rate Regime）、"'中间'制度消失论"（The Hypothesis of the Vanishing Intermediate Regime）。

值使资产负债表中负债的本币数额增加,那些未对冲的外币债务可能使银行和企业立刻变得资不抵债、甚至破产,这对经济造成极大的破坏。因此,Eichengreen 提出,采用偏执的"两极"来规避这种"软"特征,一种是如阿根廷、中国香港货币局式的硬固定;另一种是像美国、日本那样让货币自由浮动,因为这使银行、企业具有对冲外汇风险的动机。

(3)无论何种类型的"中间"汇率制,本质上都是在中央银行的控制下允许汇率在一定范围内波动,也是行政部门的相机政策而非立法部门制定的法律。"两极"之一的货币联盟(如欧洲货币联盟)的形成需经极为复杂的政治程序,货币局制甚至需要通过立法程序确定为法律。同样,放弃它们也要通过复杂的政治程序和各利益相关主体艰苦的讨价还价才能做到。所以,与"中间"汇率制相比,"两极"中的固定汇率制具有较高的"退出"成本,它具有较好的"公信力"而成为汇率制度选择的取向。Wolf(2001)的研究发现,从 1975~1999 年各种汇率制度实际维持的时间看,"硬"固定汇率制的维持时间最长,均值为 14.9 年;单一货币钉住和货币篮子钉住的时间次之,均值为 9~10 年;而浮动汇率制则最短,均值为 5~6 年。

(4)有关汇率制度选择,最新文献用"可核验性"(Verifiability)为"两极"汇率制提供理论依据。该理论认为,汇率制度要具有公信力,就必须使这种制度简单、透明而且具备较高的可核验性。公众可从观察到的资料中判断所实行的汇率制度确实是一国宣布要实行的制度,较高的可核验性有利于提高公信力和增强投资者的信心。Frankel 认为,简单的"两极"汇率制比"中间"汇率制具有更易核实的特点。检查汇率制度是否简单钉住,市场参与者只需核实昨日的汇率与今日是否相同;而检查汇率制度是否完全浮动,市场参与者只需每日核实外汇储备的变动,看央行是否动用外汇储备干预市场;"中间"汇率制则因受爬行速率、波动幅度、货币篮子中各货币权重等参数的制约而不宜核实。所以,"两极"汇率制具有较好的可核验性,各国最终会选择完全固定或完全浮动的汇率制度,而不是难以核实的"中间"汇率制。

"两极"汇率制因得到较多的经济学家的支持而颇受推崇,但与之相伴的质疑和批评也日趋激烈。"两极"汇率制的第一条理由——"三元悖论"只从宏观上揭示资本高度流动条件下汇率稳定和货币政策独立性之间的制衡关系,却未论及有关介于两极之间所谓的"'中间'汇率制度"的选择问题。因此,Frankel(1999)在他的一篇文章中反诘道:[①] "……并没有令

---

① 有趣的是,Frankel、Fajnzlber、Schmukler、Serven 等经济学家试图以"可核验性"为两极汇率制提供理论依据,但事实上,Frankel 是对"'中间'制度消失论"持不同意见的著名经济学家。

人信服的理由说明，为什么不可以在货币政策独立性和汇率稳定两个目标的抉择中各放弃一半，从而实现一半的汇率稳定和一半的货币政策独立性。"Krugman 的论证支持了这一观点，他认为，一国可以实行这样的管理浮动制度：对其货币需求的变动，政府可用外汇市场干预来吸收其中的一半，另一半则可让它反映在汇率中（1991）。在"软"汇率制下，那种认为"银行和企业会低估贬值风险而过分持有未对冲外币债务"的观点隐含经济主体的非理性假设，事实上并无证据表明爆发危机的东南亚国家的经济主体没有关注汇率风险，这种"弱"的分析方法在逻辑上不能成立，第二条支持理由显得有失偏颇。而支持"两极"汇率制的第三、四条理由的逻辑是，处于两极的固定、浮动汇率制具有较好的"可核验性"而较具公信力，并且固定汇率制还具有较高的退出成本，因而这种汇率制度下的投资者具有较好的信心，不会引发汇率制度的崩溃。但在"两极"汇率制的反对者看来，投资者的信心并非只源于汇率是否浮动以及浮动程度如何，事实上，诸如经济基本面的一些因素对于树立投资者信心可能更为重要。在分析方法上，"两极"汇率制的第三、四条支持理由只是考虑了诸多影响因素中的一种而已，不具充分的说服力。而且，他们并不赞同"两极"制的主要原因是，"可核验性"与"公信力"之间实际上并无明显相关性。布雷顿森林体系下的可调节钉住汇率制是较易核验的，它并不具有多少公信力。德国中央银行宣布的政策，一般被认为较具公信力，但外人对其决策过程往往不得其详。美联储联邦基金利率的确定是通过某种公式计算而成还是参照其他指标，外人是不知道的，但这并不妨碍多数人认为，美联储的货币政策是有公信力的。

按照 IMF 的统计，实行"两极"汇率制国家的比例的确存在增长趋势：1988~1999年，硬固定、自由浮动汇率制度国家的比例分别由 2.1%、12.7% 上升到 10.7%、32.7%，而实行"中间"汇率制国家的比例尽管有所下降，但仍占 56.6%。[①] 这表明"中间"汇率制仍为许多国家"钟情"，而并未如"两极论"的推崇者所言的那样"消失"。Hernandez 和 Montiel（2001）研究了金融危机后亚洲国家的汇率制度走向，马来西亚重返资本管制而实行较强"固定"性质的汇率制度；韩国和泰国则在 1999~2000 年进入了后危机的宁静期，保持或扩大与世界经济的联系，其汇率制度趋于较高的弹性；印度尼西亚和菲律宾也都增加了汇率制度的弹性。这些国家的

---

① 沈国兵：《汇率制度的选择：理论综述及一个假说》，《世界经济文汇》2002 年第 3 期，第 76 页。

汇率制度都未表现出向两极汇率制转变的趋势。因此，以上的经验证据并未对"中间制度正在消失"的论断给予断然的支持。相反，它却表明"中间"汇率制仍将是国际货币体系中重要的汇率制度形式。

需要指出的是，"中间"汇率制的支持者提供诸多的理论或经验证据，只是试图论证"中间"汇率制正在消失或应当消失的所谓"新共识"是不能成立的，他们并没有像他们的反对者那样，得出"两极"汇率制应当消失那种绝对的结论。

三、简要评析与结论

上述争论表明，汇率制度的选择问题是受政治、经济、文化等诸多因素影响的。对于经济发展水平不同的国家而言，这些影响因素之间存在较大差异，每一个国家都应根据自己的实际情况去选择适合自身经济发展的汇率制度。换言之，汇率制度的选择是一国具体情况的相机抉择。不可否认的是，正是这些具有较大差异的影响因素，内在地决定当今汇率制度的选择必然出现多种汇率制度形式并存且呈多样化趋势。前文论及的"固定"与"浮动"、"两极"与"中间"的汇率制度选择之争的共同点是，争论双方均假定其他影响因素不变，从某一角度（即某一影响因素）来分析汇率制度的选择问题，因而具有明显的缺陷：在方法论上，他们所谓的"最优"汇率制度选择往往是基于有限影响因素的局部均衡解，这与考虑全部影响因素的汇率制度选择的真正最优解是有差异的。在这个意义上，笔者认为，汇率制度选择问题理论之争产生的原因是分析问题的方法论和视角差异所致，因而争论双方得出的"最优解"不可避免地具有一定的片面性。

汇率制度的选择不仅仅是一个静态问题，更重要的是一个动态问题。因为汇率制度选择的影响因素本身随着政治、经济和文化的变化而变动，因而作为这些因素"合成"的结果——汇率制度必然不断发生，表现为汇率制度退出及重新选择的动态调整和变迁，其结果必然导致多元化汇率制度形式之间的相互转化。巴西 20 世纪 90 年代中期的"雷亚尔"计划（The Real Plan）是一个典型的例子，在成功抑制超级通货膨胀后，巴西将雷亚尔缓慢爬行钉住美元制转为具有弹性的汇率制。随着汇率制度选择的多因素差异性不断地冲撞和耦合，汇率制度选择的动态转换过程具有两个特征：在短期，汇率制度的影响因素是既定的，因而最优汇率制度表现为一种外生制度安排；在长期，汇率制度的影响因素的动态变化相应地决定最优汇率制度的动态变迁，汇率制度的选择具有内生性。事实上，除 Frankel 和

Masson 外，大多数经济学家都是从静态角度研究既定条件下的汇率制度选择问题，而没有考虑在条件发生变化时汇率制度的动态调整问题，这在分析方法上具有一定的局限性。

总之，现代汇率制度体系并非如所争论的那样非此即彼，而是一个多种汇率制度形式并存和相互转化的动态体系，一国汇率制度的选择是其具体情况的相机抉择。事实上，正如 Frankel 所说，"没有一种汇率制度是'万灵药'（Panacea）"，任何一种汇率制度都不可能适合于所有国家和一个国家的所有时期。

第四节 IMF "2007 决定" 对金融安全的影响

2007 年 6 月，国际货币基金组织（IMF）执董会通过了《对成员国政策双边监督的决定》（New Decision on Bilateral Surveillance over Members' Policies，又称"2007 决定"），以替代实行了 30 年的《1977 年汇率政策监督决定》（又称"1977 决定"）。"2007 决定"是 IMF 首次对汇率政策监督框架进行调整，虽一经推出就备受争议，却被看成是国际货币体系的一次重大变革，对世界各国颇为关注的金融稳定与金融监管产生了深远影响，学界将其称作国际货币基金组织的"汇改新政"。

一、IMF "2007 决定" 的出台背景

近年来，受全球经济失衡、美国次贷危机、国际油价波动等不确定性因素的交互影响，发达国家的经济增长速度出现减缓的趋势。据《2007 年世界经济展望》报告，2006 年，世界三大经济体——美国、欧盟、日本的经济增长率分别为 2.9%、3.2%、2.2%（宿景祥，2007），均低于同期世界经济 5.4% 的平均增长率以及发展中国家 8.1% 的平均增长率。不仅如此，有的发达国家还甚至出现国际收支失衡现象，如美国经常账户近年来一直处于赤字状态且日益扩大，2006 年，美国的经常账户逆差扩至 8688 亿美元，占了当年 GDP 的 6.6%。发达国家的内外经济失衡促使国内贸易保护主义抬头，认为此种境况主要是由于发展中国家实施货币贬值的政策所致。其逻辑是低估的货币导致发达国家大量进口商品和劳务，发展中国家廉价劳动力的对外输出挤占了发达国家国内的就业岗位，进而引起失业率

骤然攀升。发达国家解决这一问题的途径是，除单方面制造贸易摩擦或寻求世贸组织的贸易仲裁外，还试图通过其货币金融领域的"代言人"——IMF，采取某种立法的形式监督发展中国家的汇率政策，迫使其对本国货币升值。

然而，并不是仅有发达国家对汇率政策监督有着这样迫切的诉求，发展中国家对 IMF 在金融危机期间开出的"紧缩"药方——大幅提高短期贷款利率、限制贷款和削减政府支出等——持怀疑态度，也对其在危机救助时表现出来的无能为力和明显的政治利益倾向表示失望。因为 IMF 常常出于风险控制的考虑制定较为苛刻的贷款条件，以致贻误"受灾国"救治危机的良机。发展中国家转而希望作为重要国际经济组织的 IMF 能扭转全球失衡，在汇率监督方面承担更多的责任，避免货币危机的再度发生。

既然发达国家和发展中国家都不满足于现行汇率政策监督框架，并且均有改变汇率监督规则的愿望，那么基金组织对这个问题是如何考虑的呢？在 2005 年制定的中期战略中，IMF 明确提出，随着经济全球化和金融一体化的加强，基金组织需要重新审视自身发展方向，对汇率监督政策的改革是未来发展战略的重要组成部分。况且，"1977 决定"形成于布雷顿森林体系崩溃后的 1977 年，汇率政策监督规则已经不能适应当前全球金融体系的发展现状。它存在两个方面的缺陷：①"1977 决定"的监管范围过于狭窄。该决定更为关注汇率政策监管，却忽略了对成员国其他经济政策的监督。事实上，此后 IMF 的实际监管范围已经扩至货币、财政、金融等领域，可是条款本身仍未作相应修订，这必然造成监管法规与具体实践的相互脱节，因此，IMF 应当对"过时"的汇率政策监督规则进行修正。"2007 决定"的推出在某种意义上也是为了给缺乏法律依据的监管事实"正名"。②由于没有提出明确的监管要求和具体的实施标准，使得"1977 决定"不具现实的可操作性。

由于以上两点缺陷，IMF 终于在历经艰难的抉择和权衡之后，宣布改革汇率政策监督框架，制定汇率监督新规则，实施"汇改新政"。有意思的是，在"2007 决定"的英文名称中，没有使用"汇率"限定一词，是善意忽视还是别有用意，我们不得而知。笔者揣测，它应当隐指 IMF 力图借此汇率监督规则修正之机强化其监管职能，寻求新的管辖权，不再将监督范围仅仅限于成员国的汇率政策，而是扩大到其他所有的宏、微观政策和经济结构等方面。

由此看来，"2007 决定"的出台有着深刻而复杂的国际背景，发达国家希望监督规则能成为影响别国汇率政策的工具，发展中国家期盼汇率监管能有效防范金融危机，IMF 则出于中期战略和扩充管辖权限的考虑，修订越来越变得不合时宜的汇率监督框架。一言以蔽之，"2007 决定"实际上是上述三方为寻求所谓的金融稳定"合力"作用的结果。

二、汇率政策监督新规则："2007 决定"的调整内容

与沿用了 30 年的"1977 决定"相比，"2007 决定"对汇率政策监督的最大调整事项是，在保留 IMF 协定第四条款三项汇率监督规则①的基础上，新增了"成员国应避免采取导致外部不稳定的汇率政策"规则。虽然只是对原有监管规则做了一点补充，新规则的颁布还是在一些国家掀起了不小的波澜。根据 IMF 公布的官方文件和相关解释，我们可以将 IMF 的汇率政策监督新规则解为：

（1）"2007 决定"注重对成员国汇率政策的监督，强调一国汇率政策应当以不损害"外部稳定"为条件。在修订后的监督框架中，IMF 引入"外部稳定"（External Stability）概念并对其内涵进行界定。按照 IMF 的解释，所谓的"外部稳定"应当涵括一国经常项目、资本和金融项目两个一级账户的稳定，以及该国的国际收支状况不会对别国的国际收支稳定产生实质性的影响。从这一表述可以看出，"外部稳定"是基金组织此次"汇改新政"的重要原则，在第四条款中居于核心地位。IMF 在裁定成员国的汇率政策是否合规时，以该国汇率政策是否损害了他国的金融安全作为主要判定依据。

为了便于考量成员国的汇率政策是否遵循新规则，"2007 决定"提出了七项具体的观测指标：①在外汇市场进行持续、大规模的单向干预。②以国际收支为目的、不可持续的或带来高流动性风险的官方或准官方借款，或过度的、长时间的官方或准官方外国资产的积累。③出于国际收支的目的，实行或大幅度强化或长期维持对经常交易或支付的限制性或鼓励性措施。④出于国际收支的目的，实行或大幅度修改对资本流入或流出的限制性或鼓励性措施。⑤出于国际收支的目的，实行非正常鼓励或阻止资本流动的货币和其他国内金融政策。⑥根本性的汇率失衡，大量和持续的

---

① IMF 协定第四条款的三项原则是：（1）成员国应避免为阻止有效的国际收支调整或取得对其他成员国不公平的竞争优势而操纵汇率或国际货币体系。（2）成员国在必要时应干预外汇市场，对付失序状况，例如对付本币汇率破坏性的短期变动等。（3）成员国在采取干预政策时应考虑其他成员国的利益，其中应顾及本币被干预的国家的利益。

经常账户逆差或顺差。⑦私人资本流动导致的对外部门显著脆弱性,包括流动性风险(IMF,2007)。

以上七项指标明确具体,有助于IMF监督成员国的汇率政策与维护国际金融稳定,但较之"1977决定"确立的监管框架,监督重点发生了明显的变化。"2007决定"不再仅仅监督逆差国及其可能存在的货币高估,而是明显增强了对顺差国和货币低估现象的监督力度,以弥补将国际收支失衡责任主要归咎于逆差方的不足,让顺差方在维护金融安全中承担相应的调节责任。IMF制定此项汇率政策监督规则的初衷也许无可厚非,但笔者认为,在未经所有成员国认可的情况下,IMF匆忙出台"2007决定",时机显得不够成熟。因为考量指标中引入的"持续、大规模的单向干预"、"官方或准官方外国资产的积累"、"根本性的汇率失衡"、"大量和持续的经常账户顺差"等,基本涵盖了当今亚洲国家外向型经济的重要特征,新规则指代的应承担调节责任的顺差方自然对号入座地到了这些国家。从这个意义上说,"2007决定"的新规则似乎具有很强的指向性。

(2)正如称谓所指明的那样,"2007决定"主要是一个具有"双边"性质的汇率政策监督框架。在这个框架下,IMF将继续通过与各成员国之间的单独磋商、对话方式来影响它们的汇率决策,进而提高对汇率变动的监督成效。"2007决定"虽没有赋予基金组织对违规国家实行强制改正的权力,但强调成员国的自觉行为和公众压力,以求"被公开点名的国家会因为羞愧而改变其做法"(张明,2007)。按照IMF此次"汇改新政"的提法,对话要坦率和公正,要考虑成员国国情,并基于中期视角考虑。实际上,新规则要求成员国"避免采取导致外部不稳定"的汇率政策,也就是成员国的汇率政策不仅要保证本国金融安全,还要避免引起被干预货币国家的"不稳定"。这反映了当前国际社会对全球经济潜在风险的担忧,也使"2007决定"的双边监督在某种意义上具有了一定的多边色彩。

尽管新规则对汇率监督性质做了潜在的延伸,IMF前经济主管兼研究局长M. Mussa(2007)仍批评"2007决定"只是一个双边的汇率监管框架,而不是多边性质的框架。他期望通过IMF规则修改契机,建立起一个发达国家(特别是美国)充分参与的汇率监督体系,以便它们能在裁定发展中国家汇率政策时有更多的话语权。我们目前尚不能对Mussa的多边设想有过多的期待,但可以肯定,未来的IMF汇率政策监督框架将会沿着增加多边约束的方向前进,成员国会被要求承担更多的义务,进而削弱自牙买加体系以来各国拥有的汇率制度的选择权。

(3)长期以来,基金组织为了防止成员国利用汇率工具谋取不正当的竞争优势，制定了"货币操纵"（Currency Manipulation）条款。"2007决定"在秉承此项监管原则的基础上，即以"长期、单向、大量干预外汇市场"作为裁定成员是否进行"货币操纵"的标准，新增"根本性的汇率失衡"、"长期的巨额经常项目顺差或逆差"两个判定标准。如果IMF认为某成员国的有关政策无论是造成汇率变动或阻止这种变动，还是"为了造成汇率低估的根本性汇率失调"从而"增加净出口"，则该成员国即违反了第四条款，构成了规则层面上的货币操纵。显然，新判定标准的增设使IMF对汇率操纵的界定依据拓展，并且监督成员国汇率政策的自由裁量权不断扩大。

在原有的法律框架下，IMF在执行汇率政策监督时，一般会考虑和关注成员国的国情及国内政策。在实际监督中，基金组织的态度灵活，懂得尊重东道国的意见，在国际货币体系中扮演着"救火员"和"调解者"的角色。"2007决定"将IMF的汇率政策监督权限扩充，使得"成员国是否故意实施货币操纵"的裁定由基金组织决定，这必然遭到来自多方的指责和批评。当下，发展中国家最大的疑虑是，IMF颁布汇率政策监督新规则的内在逻辑是：一国如果出现"根本性的汇率失衡"则是货币当局实行"货币操纵"的结果。然而，"根本性的汇率失衡"本身就颇具争议，判定"根本性的汇率失衡"的依据是什么？有没有可计量的参考数据？倘若IMF不能给出一个令人信服的理由，那么由IMF来履行证实一国是否汇率失调的职责是值得怀疑的。也许IMF最初的考虑并非如此，但稍欠缜密的"货币操纵"条款有可能会被别有用心的国家所利用。这也就部分解释了为什么"2007决定"在酝酿之时曾经遭到一些发展中国家的强烈反对。

三、"2007决定"的实施对金融稳定与监管体系的影响

"2007决定"是IMF制定的一个旨在寻求全球金融安全的政策监督框架。"2007决定"自面世以来，新规则就受到学界的广泛争议，包括中国、印度、伊朗在内的发展中国家先后表示出强烈的反对，连从中获得巨大利益的美国都"可能发现不喜欢这项新规则"（Krishna Guha 和 Richard McGregor，2007）。客观而言，我们难以完整地评价新规则长期内可能取得的成效，但它的颁布和实施在短期内却对国际金融的稳定产生了不可忽视的作用。

经济全球化和金融一体化是当今世界经济发展的重要特征，亚洲金融危机的爆发及迅速传播，强化了人们对这一问题的认识。正是在这一背景下，以及亚洲金融危机10年祭时期，IMF试图继续深化成员国的金融安全

理念，以法规形式引入"外部稳定"作为考核成员国金融安全的重要指标。具体措施有二：其一，IMF一如既往地巩固和改革其传统的汇率政策监管，重点放在维持国际金融稳定，建立 IMF 与成员国之间的双边磋商协调机制，保证汇率监管的透明公正、市场化和流动性，对国际汇率稳定具有一定的积极作用。其二，延展基金组织的监督范围，强化基金组织的监管职能，发挥 IMF 捍卫全球金融体系卫士的作用。当前，世界经济形势发生了巨大而深刻的变化，国际资本流动日益频繁且规模剧增，远远超过了世界贸易的增长，扩大监督范围与拓展监管权限成为 IMF 适应时代潮流发展的现实需要。一国经济政策产生的溢出效应必然影响他国的宏观经济运行，仅仅依靠汇率监督往往难以发挥监督效果，IMF 必须将监管范围扩大到其他可能影响外部稳定的宏观经济政策。

需要指出的是，并不是所有国家都对成员国政策监督新规则拍手叫好，一些国家认为"2007 决定"仍然存在缺陷和不足，主要表现在：

(1) 新规则框架下的政策监督未能体现"对称性"和"公平性"。发达国家大多实行自由浮动汇率制，本币汇率波动常常被认为是市场机制作用的结果，不可能与影响外部稳定联系起来。也就是说，新规则的约束对发达国家影响不大。而发展中国家将面临更大的压力，基金组织将更有理由敦促发展中国家改革汇率机制，如果发展中国家完全按照 IMF 的规则行事，则必然影响本国汇率制度的选择以及汇率形成机制的建立，进而对其货币主权产生冲击。倘若发展中国家没有"照章办事"，又会招致 IMF 的不满，有可能为有关国家加大对发展中国家的贸易制裁提供口实。因此，笔者认为，新规则对发达国家和发展中国家形成的约束是非对称的，其公正性也是令人怀疑的，正如泰国财政部长查隆坡所言："IMF 应该一碗水端平，过分关注汇率并把它当做宏观经济调整的主要变量可能会没有结果。"（张礼卿，2008）况且，各成员国对一些重要问题和基本概念认识上的不一致，以及某些指标的可操作性还不太强，会导致对政策评估和政策建议的认同出现较大差异，从而削弱 IMF 的监督作用。"2007 决定"如不能成为树立自身权威的工具，极有可能稀释 IMF 自布雷顿森林体系以来建立的公信力。

(2) 汇率监督新规则在扩大 IMF 监管权限的同时，也为大国借基金组织干预新兴市场国家成为可能。"2007 决定"能在一片异议声中出台，某种程度上迎合了唯一具有单边否决权的美国的意愿，可美国对此仍然觉得"不过瘾"。例如，时为美国财长的保尔森强调，在一个固定汇率和浮动汇率共存的世界，IMF 如何有效监管成员国的汇率政策至关重要；前国际货币基金组织官员莫里斯·戈尔茨坦曾明确地表示："'2007 决定'的关键问题是执行。"（方华，2007）从表面上看，似乎是美国对 IMF 的监督成效有一定的"担心"，实际上是为了给自己未来干预别国的汇率政策寻找借口。事态的发展证明了这一点，就在新规则颁布后不久的 7 月，美国参议院财政委员会（U.S. Senate Finance Committee）颁布"货币汇率监督改革法案"（Currency Exchange Rate Oversight Reform Act of 2007），规定如果一国货币汇率被认定为有"根本性偏差"后未作重估，美国可对其实施反倾销惩罚；参议院银行委员会（Senate Banking Committee）也提出一个"竞争性法案"，该法允许美国向汇率偏差国施以反补贴的惩罚性措施。这些相关法规也许是为了与"2007 决定"保持一致，但显然是受了"2007 决定"的蛊惑。在可预见的未来，美国有可能绕开 IMF 的汇率监管框架，单方面裁决新兴经济体的货币汇率走势，一旦认定为货币操纵，便会被国内的贸易保护主义势力所利用。

（3）当今国际货币体系呈现多元化的发展趋势，对全球金融稳定具有决定性影响的仍是美元、欧元、日元、英镑等主要国际储备货币。早在 20 世纪 60 年代，经济学家 Triffin 就提出了著名的"特里芬难题"（Triffin Dilemma），即为了提供国际流动性，客观上需要储备货币发行国增发货币。但货币发行过度，不仅会造成全球流动性过剩，而且还会导致货币贬值，引发国际货币体系动荡，布雷顿森林体系的崩溃就是典型例证。所以，笔者认为，IMF 对成员国的政策监督框架应着力于加强主要储备货币发行国的监督，以此促进金融稳定及经济繁荣，而不是过分关注非储备货币，政策法规的失当可能使其在不经意之间沦为大国操控的工具。同时，全面深化 IMF 的份额改革，使其真正能够反映各国在世界经济格局中的实力和地位。完善基金组织的结构治理，确保高层管理者遴选的透明度和公正性，督促发达国家履行应尽的义务，切实反映广大发展中国家的利益，建立起稳定全球汇率和促进世界经济增长的新型国际货币体系。

四、"2007 决定"后的 IMF 基金份额改革

"2007 决定"出台之后，有关国际货币体系改革的讨论日渐热烈，笔者不求对上述问题的分析面面俱到，而是独辟蹊径，选择 IMF 基金份额改革进行探讨。2010 年 10 月 23 日，在韩国庆州召开的 20 国集团（G20）财长和央行行长会议上，讨论了全球的经济形势问题，就 IMF 份额改革达成"历史性协议"，确认 2012 年之前向包括中国在内的新兴经济体转移超过 6% 的投票

权。但生效还须满足一些条件,如获得与会方财长和央行行长同意以及通过多数成员国国内立法机构的审批等。尽管这份协议姗姗来迟,却是新兴经济体和发展中国家争取自身权益和发挥更大影响力的历史性一步。

11月5日,IMF执行董事会通过了份额改革方案,等到份额改革完成后,中国所持份额将从目前的3.72%升至6.39%,投票权也由现在的3.65%升至6.07%,超越德国、法国和英国,仅次于美国和日本,大体相当于中国GDP在全球经济中的位置。还有一些新兴市场国家和发展中国家也从改革方案中受益,譬如印度、俄罗斯和巴西,根据此项改革方案,印度基金份额增长0.309个百分点至2.751%,从第11位跃居第8位;俄罗斯增加0.212个百分点至2.706%,从第10位升至第9位;巴西提高0.533个百分点至2.316%,从第14位飙升第10位。至此,"金砖四国"①所持基金份额均位居十甲之列,在一定程度上改变了IMF原有的份额结构,增强了发展中国家在基金组织的发言权。同时,欧洲国家将在IMF执行董事会让出两个席位,提升新兴经济体和发展中国家在执行董事会的代表性。按照IMF总裁多米尼克·斯特劳斯·卡恩(Dominique Strauss Kahn)的说法,这是IMF成立以来最重要的治理改革方案,也是针对新兴市场和发展中国家最大的份额转移方案。

正如每位撰著者对其著述内容自我感觉良好一样,IMF官方自然对其推出的份额改革方案奖掖有加,否则不会也不该拿一个自己都不满意的计划示人。可是,这项份额改革方案是不是真的能做到令各方感到满意呢?它肯定不能只由IMF单独说了算。对于发达国家而言,基金份额向发展中国家的让渡,意味着话语权的转移以及所代表的未来利益的丧失,这使习惯于执掌基金组织权力的发达国家感觉"别扭",并对基金份额的让渡表示出相当的"不情愿",否则也不会让呼喊了多年的基金份额改革迟至今天才达成妥协。

发展中国家似乎对所转移的份额并不满足。例如,菲律宾人口为卢森堡的200倍左右,但其份额还不如卢森堡多。在重大议题决定权方面,发展中国家仍不具有与发达国家相抗衡的优势,需要改革IMF的有效性、可信性和合理性以完善IMF的内部治理问题。发展中国家的"不满"显然不

---

① "金砖四国"是指巴西(Brazil)、俄罗斯(Russia)、印度(India)和中国(China)四国,最早由高盛证券公司首席经济学家吉姆·奥尼尔于2001年提出。上述四国英文名称的首字母组成"BRICs"一词,发音与"砖块"(Bricks)非常相似,故巴西、俄罗斯、印度、中国被称作"金砖四国"。

是指责份额改革方案本身，而是怀疑份额转移力度还仍然不够，因而将此次份额改革视为一个开端而不是结束。虽然卡恩一再表示，IMF 份额和投票权改革是"动态"的过程，并预计中国、印度等新兴经济体有可能因经济发展良好而在 2014 年的下一轮份额和投票权改革中得到更多话语权。但是发展中国家又要等待漫长的四年，且未来结果难以预料，殷切之心可见一斑，谁不希望"鸟在手中"（Bird in the Hand）① 呢？

2010 年 11 月 12 日，G20 领导人首尔峰会通过《首尔宣言》，有关汇率问题的讨论一度出现争执，最终同意采用 G20 财长会议的"庆州版本"，允许成员实施市场决定型汇率制度，避免竞争性货币贬值。但在宣言中使用"提高汇率弹性"的文字描述，间接要求中国等经常项目顺差过多的新兴市场国家改善结构，并商定 2011 年的法国峰会将解决经常项目的设限问题。"汇率"是一个极为敏感的话题，牵扯各方经济利益，G20 首尔峰会在这一问题上没有取得实质性的成果。从国际货币体系的改革实践看，成绩固然可喜，隐忧依旧存在，已经达成的协议能否落到实处有待时间检验；美国仍然拥有单边"否决权"，IMF 未来的许多重大决策还需美国"点头"；发展中国家要摆脱"弱势地位"，取得相对平衡的权力和机会，任重而道远。

五、小结

"2007 决定"是后布雷顿森林体系时期 IMF 首次对成员国政策监督框架进行修正。发达国家试图运用新规则影响其他国家汇率政策的决策，发展中国家企盼能降低金融风险和防范金融危机的法规，IMF 则借此条款修改之机扩大自由裁量权和实施中期战略。该决定是具有"双边"性质的汇率政策监督框架，强调成员国的汇率政策不应当以损害"外部稳定"为前提，为防止成员国利用汇率工具谋取不正当的竞争优势，IMF 重新界定了"货币操纵"的裁定标准及罚则。新规则建立了 IMF 与成员国之间的双边磋商协调机制，对稳定国际货币体系具有一定积极的作用。但新法律框架下的政策监督不能完全体现"对称性"和"公平性"，甚至为大国借基金组织干预新兴市场国家成为可能。2010 年的 IMF 份额改革方案增加了新兴市场国家和发展中国家的份额比例，但各方对这一方案评判不一，G20 首尔峰会在汇率问题上出现争执，最终未取得任何实质性成果。

---

① "鸟在手中"源于西方谚语"A bird in the hand is worth two in the bush"，也就是"双鸟在林不如一鸟在手"。

第三章 东盟的实体经济与金融经济特征

在区域经济合作中，东南亚国家联盟（Association of Southeast Asian Nations，简称东盟）是令人关注的区域经济一体化组织，不仅经济、贸易往来日益紧密，而且货币合作亦取得重大进展。毫不夸张地说，东盟是除欧盟外区域经济一体化程度最为出色的典范。

经历20世纪90年代的扩大，东盟迄今共有文莱、印度尼西亚、马来西亚、菲律宾、新加坡、泰国、柬埔寨、老挝、缅甸、越南十位成员，[①] 按经济发展水平分为较高的老六国和较低的新四国。本书研究的东盟，主要包括印度尼西亚、马来西亚、菲律宾、新加坡、泰国五位成员国。之所以选择它们作为研究对象，其缘由为：一是上述五国为东盟的初始成员国，其市场体制、经济增长模式乃至金融体系相似却又存在一定差异。而柬埔寨、老挝、缅甸、越南等新成员国的经济状况与老成员国相去甚远，将其一并进行比较研究逻辑上稍欠缜密。二是在东盟老成员国中，本书未将文莱经济体包括在内，因文莱经济规模太小，对东盟经济的影响力较小，况且，有关文莱的许多经济数据难以查询或者缺失，笔者只好将文莱剔除在外。本章主要研究东盟五国的实体经济与金融经济特征。

第一节 东盟的实体经济个性特征

经济学研究中，常常将经济活动分为实体经济和虚拟经济（又称金融经济）两类。实体经济是指经济运行过程中用于描述物质生产、销售以及

[①] 1995年7月28日，越南加入东盟；1997年7月23日，老挝、缅甸加入东盟；1999年4月30日，柬埔寨加入东盟。至此，东盟共有十位成员。2006年7月，东帝汶提出申请加入东盟；巴布亚新几内亚为东盟观察员。

直接为此提供劳务所形成的经济活动，它包括农业、工业、交通运输业、商业、建筑业、邮电业等产业部门。金融经济则是指相对独立于实体经济的金融资本的经济活动。本节分国别地概述东盟经济总体情况，剖析其经济增长、对外贸易及产业结构等实体经济特征。

一、印度尼西亚的经济特征

印度尼西亚是东南亚最大的国家，由太平洋和印度洋之间17508个大小岛屿组成，其中约6000个岛屿有人居住，故又被称为"千岛之国"。在东盟，印度尼西亚的经济规模最大，2004~2009年，印度尼西亚的国内生产总值（GDP）从2391亿美元增长到5465亿美元，印度尼西亚经济几近占东盟经济总量的1/3，与东盟五国的占比最高则达40.5%（见表3-1）。印度尼西亚是世界第四大人口国，其人均国内生产总值为2332美元，依照世界银行的标准①被确认为中低收入国家。

表3-1　2004~2009年印度尼西亚的宏观经济指标

项目 \ 年份	2004	2005	2006	2007	2008	2009
国内生产总值（亿美元）	2391	2848	3644	4310	5130	5465
与东盟GDP占比（%）	30.2	31.8	33.9	33.3	33.9	36.4
与东盟五国GDP占比（%）	33.2	35.0	37.3	36.6	37.6	40.5
经济增长率（%）	5.0	5.7	5.5	6.3	6.1	4.5
通货膨胀率（%）	6.4	17.1	6.6	6.6	11.1	5.0
M_2增长率（%）	8.1	16.4	14.9	16.6	18.7	12.0
货币汇率	8985	9733	9168	9164	9691	10370

资料来源：ASEAN Statistics，http://www.aseansec.org.

在渡过亚洲金融危机之后，印度尼西亚政府加大对金融和企业的整改力度，大力扶持中小企业，并重启一批大型基建项目。同时，实施经济刺

---

① 世界银行（The World Bank）认为，国民总收入是度量一国经济能力与经济进步最好的单一指标。根据人均国民总收入，世界银行将经济体划分为低收入、中等收入（细分为中低收入和中高收入）和高收入国家。根据2006年世界银行国家分类标准的数据，人均国民收入≤875美元为低收入国家，人均国民收入在876~3465美元区间为中低收入国家，人均国民收入在3466~10725美元区间为中高收入国家，人均国民收入>10726美元为高收入国家。

激计划,提升出口竞争力,扩大国内有效需求,增强经济复苏的动力,这一时期印度尼西亚的经济运行总体较为平稳。2004~2009年,印度尼西亚的平均经济增长率为5.5%,特别是在遭受全球性金融危机的2008年,多数东盟成员的实体经济受到冲击,而印度尼西亚的经济增速达到6.1%,高出其他经济体1~2个百分点,居东盟五国之首。

与尚可的经济增长率相比,印度尼西亚货币的表现则就差强人意了,印度尼西亚盾不仅对内贬值,出现高达8.8%的平均通货膨胀率,而且对外也出现走低趋势,2008年、2009年印度尼西亚盾兑美元汇率的贬幅分别为6.1%、6.5%,堪称东盟币值最不稳定的货币。居高不下的通货膨胀率,使印度尼西亚国内的实际利率较低甚至出现负值,产生所谓的"金融抑制"现象。这相当于金融市场中资金融出方免费为融入方提供利率补贴,紊乱了信贷体系中的借贷关系,进而扭曲资源的有效配置。

对外贸易是印度尼西亚国民经济的重要组成部分,政府先后采取一系列政策措施推动印度尼西亚经贸关系的发展。印度尼西亚主要的出口产品有石油、天然气、纺织品和成衣、木材、藤制品、手工艺品、鞋、铜、煤、纸浆和纸制品、电器、棕榈油、橡胶等资源密集型或劳动密集型产品;主要进口产品有机械运输设备、化工产品、汽车及零配件、发电设备、钢铁、塑料及塑料制品、棉花等。2007年,印度尼西亚出口1141亿美元,进口745亿美元,进出口总额占东盟五国对外贸易的12.8%;2008年,印度尼西亚出口额、进口额分别升至1370亿美元、1292亿美元,同比增长20%、73.4%,进出口总额占东盟五国对外贸易的17.3%。从动态角度看,尽管近年来印度尼西亚对外贸易发展较快,与东盟贸易的权重有了提高,但与东盟第一大经济体的地位还不匹配。加大区内贸易和区外贸易是印度尼西亚增强在东盟影响力的重要一环。

二、马来西亚的经济特征

马来西亚是东盟仅次于印度尼西亚、泰国的第三大经济体。2004~2009年,马来西亚的国内生产总值分别为1247亿美元、1380亿美元、1572亿美元、1871亿美元、2227亿美元、1931亿美元,占东盟经济总量的15%左右(见表3-2)。自20世纪70年代以来,马来西亚经济开始起飞,获得了快速发展。2008年,马来西亚人均国内生产总值达到8500美元,进入了"中高收入国家"行列。

表 3-2 2004~2009 年马来西亚的宏观经济指标

项目＼年份	2004	2005	2006	2007	2008	2009
国内生产总值（亿美元）	1247	1380	1572	1871	2227	1931
与东盟 GDP 占比（%）	15.8	15.4	14.6	14.4	14.7	12.9
与东盟五国 GDP 占比（%）	17.3	16.9	16.1	15.8	16.4	14.3
经济增长率（%）	7.2	5.3	5.8	6.6	4.7	-1.7
通货膨胀率（%）	2.1	-5.5	3.6	2.0	5.5	0.5
M_3 增长率（%）	12.4	8.9	13.0	9.5	11.9	9.2
货币汇率	3.8	3.8	3.7	3.4	3.3	3.5

资料来源：ASEAN Statistics, http://www.aseansec.org.

从地理位置看，马来西亚分为东马、西马两个部分。西马位于马来半岛南部，北与泰国接壤，南与新加坡相望；东马位于加里曼丹岛北部，与印度尼西亚、菲律宾、文莱互为毗邻。马来西亚海岸线全长 4192 公里，港口数量多且设备齐全，便于开展对外贸易，这样的区位状况使马来西亚具有实行出口导向型经济的天然地理优势。在这种经济发展理念下，马来西亚不断调整产业结构，大力推行出口导向经济，重视外部需求在经济发展中的作用，电子业、制造业、建筑业和服务业逐步成为国内具有国际竞争力的支柱产业。

马来西亚现为世界第 18 大贸易国，主要出口电子电器、棕榈油、化学产品、机械仪器和木材产品等，进口机械运输设备、食品、烟草和燃料等。1998~2005 年，马来西亚将林吉特严格钉住美元，即便在汇率弹性有所增强的当前，林吉特兑美元汇率的年均升幅约为 3%，本币汇率的相对稳定降低了经贸活动的汇率风险，导致后危机时期马来西亚对外贸易取得较快的增长。2007 年，马来西亚对外出口 1762 亿美元，进口 1469 亿美元，与东盟五国对外贸易占比为 21.9%；2008 年，马来西亚出口、进口额分别升至 1945 亿美元、1443 亿美元，产生 502 亿美元的贸易顺差。在东盟五国对外贸易中，马来西亚所占份额也有不俗的 22.1%。

如果考察东盟经济体后危机时期的宏观经济指标，可以发现，马来西亚是东盟最早走出危机阴霾的国家。时任总理巴达维继任后推行改革，在确保经济持续稳定增长的同时，致力于财政重建，财政赤字占比逐年下降；取消一批耗资巨大的形象工程，将重点转向农业等基础产业建设；积极推动消费和投资，将私营经济作为经济增长的新支柱；鼓励发展旅游、教育事业,实现经济多元化。经过多年的发展和建设,马来西亚的经济表现较为出色,2004~2009年平均经济增长率达到4.7%。

三、菲律宾的经济特征

与印度尼西亚、马来西亚隔海相望的菲律宾,在第二次世界大战后走上了一条与其他东盟经济体不同的发展道路,其经济发展模式呈现出二元断裂性特征(沈红芳,2002)。菲律宾是东盟五国中最小的经济体,2004~2009年国内生产总值为869亿美元、988亿美元、1175亿美元、1468亿美元、1664亿美元、1614亿美元,约占东盟五国的12%左右(见表3-3),被世界银行列为"中等收入国家"。尽管1997年的金融风暴对菲律宾冲击不算太大,但菲律宾的经济增速明显减缓,财政赤字、通胀率、比索汇率等多项宏观经济指标表现欠佳。

表3-3 2004~2009年菲律宾的宏观经济指标

年份 项目	2004	2005	2006	2007	2008	2009
国内生产总值(亿美元)	869	988	1175	1468	1664	1614
与东盟GDP占比(%)	11.0	11.0	10.9	11.4	11.1	10.8
与东盟五国GDP占比(%)	12.1	12.1	12.0	12.5	12.3	12.0
经济增长率(%)	6.4	4.9	5.3	7.4	3.4	4.9
通货膨胀率(%)	8.6	7.6	6.3	2.8	9.3	3.3
M_4增长率(%)	9.4	9.0	21.9	10.5	30.6	6.7
货币汇率	56.0	55.1	51.3	45.7	44.5	47.6

资料来源:ASEAN Statistics,http://www.aseansec.org。

阿罗约总统执政后,将发展经济和消除贫困作为施政核心,加大对农业和基础设施建设的投入,扩大内需和出口,国际收支得到一定的改善,经济保持平稳增长。2004~2009年,菲律宾经济的平均增速达到5.4%。然而,由于菲律宾货币当局担心流动性不足问题,加快了菲律宾国内的货币化进程,其货币供应量的增长率基本在9%以上,导致菲律宾比索对内对外价值极不稳定。2008年,菲律宾货币投放量(M_4)的增速为30.6%,居东盟五国之首,其直接后果是菲律宾当年的通胀率居高不下,处于高达9.3%的"领先"位置。

与其他东盟成员国一样,菲律宾也是典型的出口导向型经济体,较为重视外部需求对本国经济发展的作用,积极吸引外资,扩大对外贸易,促进出口商品多样化和外贸市场多元化。其主要出口产品为半导体、电动机械、铜棒（条）、精制糖、传送设备等；主要进口产品为电动机械、饲料、纺织品等。2007年，菲律宾出口、进口额分别为505亿美元、555亿美元，出现50亿美元的小额贸易逆差；2008年出口、进口额则为491亿美元、566亿美元，逆差呈继续扩大之势。从动态角度看，菲律宾对外贸易占东盟五国贸易的份额已从2007年的7.2%降至2008年的6.9%，也低于菲律宾的相对经济规模占比，这表明菲律宾不仅是东盟的小型经济体，也是东盟的贸易小国，其贸易总量还不足以影响东盟对外贸易的整体水平。

另一个隐忧是菲律宾政府的"财政赤字"问题。虽然政府采取了一系列促进经济发展的措施，菲律宾取得了不低的经济增长速度，但财政状况并未得到明显改善。除2007年外，菲律宾政府其他年份的公共财政一直处于赤字状态，甚至一度对外宣称陷入严重的"财政危机"，这极大地限制了政府灵活运用财政政策的可能性。

四、新加坡的经济特征

新加坡是经济总量并不太大的国家，扼守太平洋与印度洋之间的交通要道——马六甲海峡，地理位置十分险要。新加坡的经济规模在东盟五国中位居第四，2004~2009年的国内生产总值分别为1075亿美元、1166亿美元、1323亿美元、1672亿美元、1935亿美元、1827亿美元（见表3-4），呈现快速稳步增长的势头，2009年是个例外。如果按均值计算，新加坡2009年的人均国内生产总值达到37293美元，[①] 远远高出其他东盟经济体的该项指标，甚至不逊于世界上多数发达国家，新加坡因此也被归为"高收入国家"之列。

表3-4 2004~2009年新加坡的宏观经济指标

项目 \ 年份	2004	2005	2006	2007	2008	2009
国内生产总值（亿美元）	1075	1166	1323	1672	1935	1827
与东盟GDP占比（%）	13.6	13.0	12.3	12.9	12.2	12.2
与东盟五国GDP占比（%）	14.9	14.3	13.5	14.2	13.6	13.6

---

① 2009年，新加坡人均国内生产总值列世界第20位，在亚洲仅次于卡塔尔、阿联酋和日本，居第4位。

续表

项目 \ 年份	2004	2005	2006	2007	2008	2009
经济增长率（%）	8.8	6.6	8.6	8.5	1.8	-1.3
通货膨胀率（%）	1.3	0.5	1.0	2.1	-4.0	0.6
M_2 增长率（%）	6.2	6.2	19.4	13.4	12.0	11.3
货币汇率	1.7	1.7	1.6	1.5	1.4	1.4

资料来源：ASEAN Statistics, http://www.aseansec.org。

作为外贸驱动型经济体，新加坡以电子、石油化工、金融、航运、服务业为主，制造业和服务业是新加坡经济增长的主要动力，对美国、日本、欧盟及周边市场的依赖性很大，外贸总额几乎是国内生产总值的3倍。客观而言，1997年的亚洲金融危机对新加坡冲击不大，但在2001年，受全球经济放缓和国际市场电子产品需求下降影响，新加坡经济陷入自独立以来最严重的经济衰退，全年出现2%的负增长。之后，新政府提出"打造新的新加坡"，制定从传统经济向知识经济爬坡的战略规划，经济重新获得高速发展，2004~2007年的平均增长率达到惊人的8.1%，居东盟首位。

在对外贸易方面，新加坡充分利用了其得天独厚的区位优势，大力开展对外交流，发展成为世界主要转口贸易的集散地。其主要出口品有电子真空管、数据处理机、加工石油产品和电讯设备等，进口品则包括电子真空管、办公及数据处理机零件、原油、加工石油产品等。同时，为进一步扩大与其他国家经济合作的力度，新加坡对所有进入"共同有效优惠关税协定"（CEPT）的商品实行"零关税"政策，从而刺激了近年来新加坡对外贸易的迅速发展。按照东盟贸易统计库的数据测算，2007年，新加坡对外贸易额达5624亿美元，占东盟五国对外贸易的比重为38.2%。2008年，受全球性金融危机影响，新对外贸易额有所减少，但相对占比还保持在30.7%。由此可见，虽然新加坡经济总量不算太大，但仍可堪称东盟的"贸易大国"。

此外，新加坡的诸多经济表现令人津津乐道。例如，后危机时期，新加坡的总体物价出现超强稳固势头，通胀率一直控制在2%的较低水平内；新元兑美元汇率保持动态稳定，且呈平缓的升值之势；最值得骄傲的是，新加坡的预算平衡型财政政策收到成效，2006年、2007年两年均再现财政盈余，为政府继续实施扩张性财政政策提供了广阔的空间。

五、泰国的经济特征

泰国是东盟重要的经济体，经济规模约占东盟五国总量的1/5。自20世纪80年代以来，泰国的制造业尤其是电子工业获得快速发展，经济驶上持续增长的"快车道"，1990~1995年的平均增速达到9.1%，[①] 泰国也荣膺亚洲"四小虎"之列。在金融危机爆发之前，谁都不会怀疑表现良好的泰国经济会出"乱子"，经济学家一度将泰国树为亚洲经济发展的"榜样"。然而，无情的现实粉碎了这种一厢情愿的猜测，泰国股市、汇市遭受重创，宏观经济指标大幅下滑，成为受金融危机影响最深的国家之一。

经过多年的恢复和发展，泰国开始实行扩张性财政政策，强化基础经济，增加公共投资和支出，扶持弱势群体，着力解决贫困问题。至此，泰国经济逐渐走出低谷，摆脱挥之不去的危机阴影。到2004年，泰国国内生产总值为1614亿美元，基本达到危机前的水平。之后，泰国经济发展稳步递增，到2009年，泰国经济总量高达2642亿美元（见表3-5），位居东盟第二，这一时期泰国经济的年均增长率亦为3.6%。可是，泰国的物价水平却表现出大幅变动，中央银行一度较好地控制了货币供应量的过度增长，泰国的通胀率由2004年的6.3%降至2007年的2.2%。受全球性金融危机的影响，泰国于2008~2009年转而进入了通货紧缩，其物价水平分别出现9.8%、2.4%的下降。泰铢在经历2006年底的大幅动荡后，出现较为平缓的升值走势，到2008年已升至1美元兑33泰铢。

表3-5 2004~2009年泰国的宏观经济指标

项目\年份	2004	2005	2006	2007	2008	2009
国内生产总值（亿美元）	1614	1763	2075	2471	2728	2642
与东盟GDP占比（%）	20.4	19.6	19.2	19.0	18.2	17.6
与东盟五国GDP占比（%）	22.4	21.6	21.1	20.9	20.2	19.6
经济增长率（%）	6.3	4.7	5.1	4.9	2.5	-2.2
通货膨胀率（%）	6.3	4.5	4.6	2.2	-9.8	-2.4
M_2增长率（%）	5.8	6.1	8.2	6.3	9.2	6.5
货币汇率	40.2	40.2	37.9	34.5	33.3	34.3

资料来源：ASEAN Statistics, http://www.aseansec.org.

---

① The ASEAN Secretariat, ASEAN Statistical Yearbook 2005, p. 37. www.aseansec.org.

泰国虽是金融危机的"重灾国",其对外贸易遭受一定程度的破坏,但近年来,政府先后制定了一系列旨在促进出口增长的经济政策,积极参与湄公河次区域经济合作,使泰国对外贸易总量在东盟中名列第三位。泰国的出口品主要有电脑及零配件、集成电路板、汽车及零配件、成衣、橡胶、电视接收器及零配件、珠宝首饰、海产品加工及罐头、初级塑料、钢铁及制品等,进口品主要有机电产品及零配件、工业机械、原油、化工产品、集成电路板、电脑设备及零配件、钢铁、汽车零配件、珠宝金饰、金属制品等。2007~2008年,泰国进出口总额分别为2936亿、3526亿美元,与东盟五国贸易总量占比达到骄人的19.9%、23%,这也展示出泰国在东盟对外贸易中所具有的强大的影响力。

第二节 东盟的实体经济共性特征

在上一节,我们从经济总量、增长率、通胀率、汇率等宏观经济指标,分别剖析了亚洲金融危机以后印度尼西亚、马来西亚、菲律宾、新加坡、泰国五国的经济特征,着眼于不同东盟经济体之间的横向比较,本节则将上述五国作为一个整体进行考察,对比其与中国、日本和韩国等经济体的差异,并概述东盟经济体的共性特征,为后危机时期东盟经济体的汇率制度选择研究奠定一定的理论基础。

一、东盟成员的小型经济体特征

在东亚,东盟无论在政治、经济、文化方面的合作均发展较为迅速,是亚洲最为引人关注的经济体。但凡有关东盟问题的研究,一般都通常与地处东北亚的中国、日本和韩国进行比较。虽然东盟不同经济体的经济差异较大,甚至同一经济体不同阶段的情况也不尽相同,但如果将东盟看作一个区域化的合作组织,便可以与亚洲的经济大国中国、日本、韩国相提并论了。

从总量上看,东盟五国是与韩国规模相仿的经济体。2000年,东盟五国的国内生产总值为5523亿美元,稍高于同期韩国的5334亿美元,远低于中国、日本,且分别为两者的1/2、1/9左右。之后接连遭遇地震及海啸等不利因素的影响,经济增长减缓。2005年,东盟五国国内生产总值为

8245亿美元，不如韩国的8449亿美元，也低于中国、日本的22569亿美元、45522亿美元。2006年，东盟加强了经贸往来联系，经济出现较快增长，经济总量达9912亿美元，超过韩国的9518亿美元，仍低于当时世界上第二、第三大经济体日本和中国。2007～2008年，全球遭受金融危机的袭扰，东盟经济体仍显示出极强的增长势头，保持了约19.8%、15.1%的平均增长率，经济规模分别为11872亿美元、13667亿美元，远远超过韩国，相当于中国、日本的30%、28%。2009年，东盟经济处于衰退后的复苏之中，经济总量与上年基本持平，而韩国则从2008年的9314亿美元锐减至2009年的8325亿美元（见表3-6）。由于印度尼西亚、马来西亚、菲律宾、新加坡和泰国是东盟主要的经济体，如果拿东盟十国与中国、日本、韩国进行比较，不影响上述结论的正确性。

表3-6 2000～2009年东盟五国与中、日、韩国内生产总值

（单位：亿美元）

国家与地区\年份	2000	2001	2002	2003	2004	2005	2006	2007	2008	2009
印度尼西亚	1655	1607	1956	2348	2570	2859	3644	4322	5115	5394
马来西亚	938	928	1008	1102	1247	1380	1571	1870	2223	1930
菲律宾	759	712	768	796	869	988	1175	1441	1672	1612
新加坡	943	877	906	960	1127	1254	1451	1768	1933	1822
泰国	1227	1155	1269	1426	1613	1764	2072	2471	2724	2640
东盟五国	5523	5279	5908	6633	7427	8245	9912	11872	13667	13397
中国	11985	13248	14538	16410	19316	22569	27129	34942	45200	49847
日本	46674	40955	39183	42291	46059	45522	43626	43780	48870	50689
韩国	5334	5046	5759	6438	7220	8449	9518	10492	9314	8325

资料来源：International Monetary Funds, http://www.imf.org/external/datamapper/index.php.

在经济学中，"小国"假定可能司空见惯，出于分析问题的需要，常常假设所分析对象为"小国"，即它不会对其他国家的经济产生太大的影响。譬如，在蒙代尔—弗莱明模型中，我们探讨财政政策与货币政策在开放经济中的作用机制和政策效果时，研究对象就是一个"开放的小型国家"。可是，如果我们仔细考究到底什么样的经济体符合"小国"假定时，却缺乏一个清晰的标准来进行界定，也就难以回答清楚上述问题了。

鉴于此，笔者采用国内生产总值指标来分析东盟单个经济体的特征。由表3-6可知，2000～2009年，无论印度尼西亚、马来西亚、菲律宾还是

新加坡、泰国，其经济规模都远远低于韩国，更不用说当今世界第二、第三大经济体日本和中国了。以东盟最大经济体——印度尼西亚为例，2009年印度尼西亚国内生产总值大约为中国、日本、韩国的1/9、1/10、1/2，其他经济体就更无法与其相提并论。在这个意义上，我们认为东盟成员具有"小型经济体"的特征。如果从纵向比较，2009年，经济规模最大的日本的GDP总量为50689亿美元，是东盟五国最小经济体——菲律宾的31倍左右，2000年该值为61倍左右，表明东盟与发达国家的经济发展水平差距在缩小。从人均GDP来看，这种相对差距也在不断减小，进一步表明东盟与中国、日本、韩国的经济发展水平有一定的趋同特征。

二、东盟经济体的开放特征：贸易依存度指标

随着经济全球化的发展，世界各国逐步加大了对外开放的力度。1963年，麦金农提出以经济开放度作为划分最优通货区的标准，其核心观点是在外部价格稳定的前提下，贸易关系密切的经济体适于组成货币区，区内采用固定汇率以实现价格稳定。那么，经济开放度的内涵是什么，如何衡量一国经济的"开放度"？

通常情况下，经济"开放度"有两个层面的内涵：一是本国经济以何种方式或付出何种代价进入世界；二是允许别国经济渗透本国经济的方式和程度。这种认识在学术界基本是一致的，但在衡量开放度的方法和指标上却众说纷纭，大体有五种：一是采用对外贸易比率、外贸依存度来衡量；二是基于国际收支角度，采用自主性交易借方额和贷方额占GDP的比重来衡量；三是采用名义汇率与实际汇率的差异程度来衡量；四是基于金融角度，采用资本账户的开放来衡量；五是采用一国平均关税税率，非关税覆盖面来衡量（方霞，2009）。每种衡量方法和指标互有优劣，具体运用时需灵活结合。这里，笔者从贸易、金融角度探讨东盟的开放经济特征。

诚如前面所述，东盟经济体在各自的经济发展中，几乎无一例外地选择了外向型发展战略。由于经济规模较小，国内市场容量有限，东盟非常重视区内、区外对外关系的发展。在对外贸易方面，东盟确立建成自由贸易区的目标，签署区域经济合作协定，采取逐步降低关税、消除非关税壁垒的政策措施，实现贸易自由化。的确，东盟近年来的区内外经济合作不断增强，对外贸易亦取得重大进展，各国不但继续扩大CEPT的覆盖范围，还向其他成员国开放尚存争议的农产品市场。对于处于不利竞争地位而不得不实施贸易保护的"例外产品"，也做出了将在未来5年内分阶段进入

CEPT 清单的决定，降低了东盟区内贸易的成本，产生正向贸易效应。

在国际经济学中，常常将一国进出口总额与其国内生产总值之比定义为一国的外贸依存度。对于规模相差不大的经济体，外贸依存度是衡量一国经济开放程度较好的指标。一般而言，一国外贸依存度指标越高，表明该国的开放性较高；反之，表明该国开放性较低。表3-7揭示了东盟五国近年来外贸依存度指标的变化情况。

表3-7 2007~2008年东盟五国对外贸易依存度 （单位:%）

年份	印度尼西亚	马来西亚	菲律宾	新加坡	泰国
2007	43.8	173.2	72.2	336.4	119.3
2008	52.1	152.5	63.4	256.4	128.8

资料来源：根据 ASEAN Statistics 提供的资料整理得出，http://www.aseansec.org/13100.htm。

2007~2008年，新加坡的进出口额为其国内生产总值的2.5倍以上，堪称世界上最为开放的经济体；马来西亚的外贸依存度保持在150%~175%，仅次于中国香港位居世界第三；泰国每年的进出口总量均超过其国内生产总值，外贸依存度指标出现上升的势头；菲律宾的外贸依存度与中国大陆相差不大，只有印度尼西亚的这一指标稍稍偏低，但也呈现逐步提高的态势。

三、东盟经济体的开放特征：资本账户指标

虽然东盟经济体规模大小不同、发展速度存在差异，在市场化程度、社会医疗、养老保险制度等方面也相去甚远，但从其对外贸易总体状况看，东盟经济体基本实现了经常账户的完全开放。那么，它们资本账户的开放情况如何呢？

经典的排序理论认为，由于经济体是路径依赖的，政策行动的先后次序会影响这些政策行动本身的效果。McPherson（1996）则指出，任何国家的政府，都不可能有无限的能力，掌握所有的政策变动，政府对所要采取的政策行动将不得不分步或分阶段实行。而且，也需要一定的时间来观察所做变动的结果。也就是说，政策行动的效果依赖于政策行动的次序和速度，如能按"最优"的次序、速度逐步实行，便会使政策行动的成本最小、风险最低。这种理论应用于对外开放问题，实际上是"经常账户与资本账户之间孰先孰后、资本账户内部孰先孰后以及资本开放的速度问题"。

对于第一个问题的回答，多数经济学家主张资本账户的开放应在经常

账户开放之后进行，原因是政策工具之间具有竞争性。经常账户开放内在地要求实际汇率贬值，以促进出口和抵消关税保护的降低对国际收支产生的负面影响；资本账户开放则常带来资本流入的增加导致实际汇率升值，这将使经常账户自由化变得不可维持。由此之故，经常账户开放先行被认为是较优的次序安排。在资本账户内部，短期资本的波动性和顺周期（Pro-cyclical）特征，往往使其在繁荣期大量流入、一有风吹草动集中撤离而出现"超调"流动。Johnston（1998）提出资本账户开放的简单规则是，先开放长期资本流动，后开放短期资本流动。任何早期的短期资本流动，都必须伴有充分的谨慎性管制或选择性管制。显然，Johnston 的简单规则在资本账户开放速度上颇具渐进色彩。笔者以泰国、印度尼西亚、菲律宾为例剖析东盟经济体的资本账户开放问题。

泰国资本账户开放的最大特点是其过快的开放速度。为弥补发展中国家经济增长存在的所谓储蓄、外汇"双缺口"，泰国于 1990～1996 年几乎取消所有对资本流入的管制，[①] 但对资本流出限制的放松则稍显谨慎。资本流入、资本流出之间管制程度的不对称促使资本净流入迅速增长。但由于泰国对外资结构缺乏合理引导和有效监管，致使资本来源中有近一半的私人资本流入是短期资本，这必然对金融市场和外资的可持续性产生负面影响。资本运用中证券投资的比重逐渐超过 FDI（外商直接投资），而 FDI 中也有相当部分进入泡沫颇浓的房地产行业，最终进入实际生产部门的只占 57%。泰国资本账户开放给予的教训是，在缺乏有效金融监管的条件下，采取不合理的开放次序和激进的开放速度是十分有害的。

印度尼西亚是最早开始、也是最早完成资本账户自由化改革的国家之一。1970 年"第 16 号法规"（Government Regulation No.16）的颁布确立了印度尼西亚资本账户的开放模式：在资本流出方面，允许个人、企业自由从商业银行购汇，商业银行可以不受限制地从中央银行购汇；在资本流出方面，该法规规定，除了银行和国有企业之外，私营企业和个人可以自由从海外借款。至 1971 年，印度尼西亚的资本流出几乎完全开放，资本流入管制逐步放松，但对以下三方面实行严格管制：①FDI 的投资领域、产业和股权比例方面的限制。②对银行和国有企业借入外债的限制。③外国投资者不得购买印度尼西亚上市公司的股票。与其他国家不同的是，印度尼西亚选择"先资本账户，后经常账户；先资本流出，后资本流入"相对激

[①] 泰国取消 FDI 的相关审查要求；证券投资除投资所获利息、股息及本金汇回母国仍保留部分管制外，可以自由流入；对借外债除要求在泰国银行（BOT）登记以外基本可以自由进行。

进的资本账户开放模式,这是印度尼西亚资本流动性高于其他国家的制度诱因,甚至被主流排序理论认为是一种错误的"安排"。[①] 但不可否认的是,印度尼西亚资本自由化进程中长期保留对银行举借外债的限制避免了类似泰国20世纪90年代中期银行体系"过度借贷综合症"的出现。

菲律宾在1992年开放资本项目后,对于资本市场上的外汇管理较为宽松,尤其放松了对短期资本的监管。例如,按照资本管理的有关规定,非居民购买证券须在菲律宾中央银行(或指定管理银行)登记,经登记的外国投资者,在政府债券、菲律宾股票交易所挂牌的证券、货币市场工具或银行存款形式上没有强制性投资指令。非居民从政府主管部门获得允许在菲律宾境内从事证券交易的正规执照后,即可出售或发行证券。[②] 事实上,这样的政策规定降低了资本流动的成本,诱使大量短期套利资本涌入菲律宾。随着经济环境的变恶,短期资本出现大量抽逃,导致菲律宾比索贬值和货币当局外汇储备急剧减少,由此引发金融市场崩溃和经济衰退。

马来西亚在资本账户开放的次序与速度上与泰国、菲律宾较为接近,只是在1998年遭受危机后逆历史潮流重返资本管理,尔后才又逐步放松。只有新加坡对资本账户的开放较为谨慎,对新元的国际化进程则控制得相当严格,这或许能部分地解释新加坡为什么能在1997年的亚洲金融风暴中独善其身。综上所述,东盟五国在贸易和资本账户上都表现出较强的外部依赖性,在这个意义上,笔者认为东盟经济还具有明显的开放性特征。

第三节 东盟的金融经济特征

在比较了东盟成员实体经济的差异后,我们再来看看东盟经济体的金融发展状况。这是因为,金融体系和制度的差异常常是影响东盟汇率安排的前提条件,也是影响东盟区域货币合作的重要因素。本节在阐述东盟金融体系深化历程的基础上,分析东盟经济体的货币化水平,并比较"银行型"金融体系与"市场型"金融体系的差异。

---

① 多数经济学家认为,资本账户开放应该安排在经常账户和国内金融自由化之后。麦金农(1997)甚至认为,资本账户开放是经济市场化最优次序的最后阶段。
② 肖巍:《从东南亚国家金融风波看资本项下的外汇管理》,《国际金融研究》1997年第10期,第43页。

一、东盟金融体系深化的历程

现代意义上的东盟金融体系是第二次世界大战后伴随着各国政治独立和经济发展而逐步建立起来的,最初主要由政府统一管理,对利率、汇率等经济杠杆实行严格管制,市场化程度较低,缺乏有效的竞争机制和监管制度,虽曾促进过经济增长,但后来却成了阻滞金融中介和金融市场发展的因素。经济学家爱德华·肖和罗纳德·麦金农研究了发展中国家这种政府干预导致金融市场不发育的"金融抑制"现象,提出了以金融自由化为导向的金融深化理论。

金融深化理论认为,发展中国家货币化程度较低,金融宏观调控能力不强,市场信号传递不畅,现代金融与传统金融并存的"二元结构"以及政府对金融的过度干预,使金融市场难以有效组织多渠道和大规模的资金融通。因此,该理论提出实施金融自由化改革以实现金融深化的政策主张。利率市场化就是其中的一项重要举措。作为资金要素价格的利率理应反映市场资金供求关系,利率市场化改革就是使利率水平能够真实反映储蓄与投资的关系,优化资金配置结构,提高资金使用效率。除此之外,金融自由化改革的措施还包括放松金融管制、培育和发展资本市场、加大金融市场的对外开放等。

金融深化理论立足于发展中国家的实际情况,受到这些国家金融改革家的普遍欢迎。20世纪70年代以来,东盟的金融发展正是循着这一理论思路进行改革的。大体而言,东盟经济体的金融改革发展历程经历了两个阶段:第一阶段是20世纪70年代末至80年代初,各经济体在封闭条件下实施促进金融深化的改革措施,包括在一定程度上放松利率管制和信贷管制、促进资本市场和货币市场发展等。第二阶段是20世纪80年代末至90年代初,经济全球化成为世界经济发展的潮流,东盟经济体的金融自由化改革进入对外开放阶段,虽然各经济体的措施不尽相同,但开放资本账户、放松对资本流动的限制、放松金融领域的业务限制和地理限制等措施,是各经济体改革的主要内容(杨权,2008)。这一时期,东盟经济体完成了发达国家耗费数十年才得以完成的金融开放进程,受到经济学家的赞誉和世界的广泛关注。如果没有爆发亚洲金融危机,也许今天听到关于东盟金融改革的评价不乏褒奖之词,很难会对东盟金融自由化的政策效果进行反思。

二、东盟经济体的货币化水平

判定一国金融经济的一个重要特征是其经济的货币化水平。所谓货币化,是指货币经济向非货币化经济领域(如实物经济和易货贸易领域)的扩张,货币化进程是检验发展中国家经济发展水平的重要标志。麦金农(1989)曾运用 M_2/GDP 比率[①]来分析发展中国家与发达国家在金融发展程度的差距,并以其作为探究发展中国家金融深化过程的指标,这也成为国内外学者研究一国货币化程度的标准范式。笔者遵循这一研究思路来分析东盟新兴经济体的货币化水平。2000~2009 年,印度尼西亚、马来西亚、菲律宾、新加坡、泰国东盟五国的 M_2/GDP 比率见表 3-8。

表 3-8 2000~2009 年东盟五国 M_2/GDP 比率 (单位:%)

年份 国家	2000	2001	2002	2003	2004	2005	2006	2007	2008	2009
印度尼西亚	53.2	51.3	48.5	47.5	45.0	43.4	41.4	41.8	38.3	38.1
马来西亚	100.0	103.4	100.9	102.5	113.4	118.9	126.7	124.1	121.9	145.6
菲律宾	42.4	46.2	46.6	44.4	43.3	42.5	46.9	47.1	48.7	50.6
新加坡	105.1	115.1	111.1	116.5	108.7	105.3	113.8	111.7	121.9	140.0
泰国	102.2	102.1	98.7	119.3	115.1	111.8	109.2	106.8	109.6	117.2

资料来源:Asian Development Bank:"Key Indicators for Asian and the Pacific", August 2010, p.191.

从总体上看,东盟经济体的货币化程度存在较大差异。马来西亚、新加坡、泰国三国的 M_2/GDP 比率大都在 100% 以上,表明这些国家货币供应量的增长超过了经济增长的速度,它们有着较高的货币化程度,特别是新加坡的该指标与其他发达国家差别不大;印度尼西亚、菲律宾的 M_2/GDP 比率则基本保持在 30%~50%,表明这两国的货币供应量的增速慢于经济增速,其货币化程度还处于较低水平。如果从动态的角度看,在上述五国中,马来西亚、菲律宾、新加坡和泰国的 M_2/GDP 比率总体呈逐步扩大的趋势,只有印度尼西亚是个例外,昭示着东盟经济体的货币化水平正在不断提升,金融深化程度日趋明显。尤其需要关注的是 2009 年,马来西亚、

---

① 有的学者选择其他指标作为衡量一国货币化程度的指标,如戈德史密斯(1990)采用金融相关比率,即一国全部金融资产价值与其 GNP 或 GDP 之比,来衡量一国金融深化和金融改革的指标。

菲律宾、新加坡和泰国的货币化指标较2008年均有提高，分别提高了23.7个、1.9个、18.1个、7.6个百分点。究其原因，除了这些国家长期以来致力于加快金融开放进程以外，还与2008~2009年这些国家纷纷出台降息举措有关。① 显然，低利率降低了私人部门的融资成本，刺激国内信贷扩张，进而增强市场流动性，导致货币化指标出现大幅攀升。

值得注意的是，在东盟经济体中，马来西亚、新加坡的货币化进程明显快于印度尼西亚、菲律宾和泰国，且其 M_2/GDP 比率超过100%，理论上会对国内经济产生巨大的通胀压力。可是，马来西亚、新加坡两国2004~2009年通胀率的最高值分别为5.5%、2.1%，物价水平表现相当稳定，两国并没有出现明显的通货膨胀，这的确是一个令人难以置信的"货币奇迹"。

通过上述分析我们知道，2000~2009年，东盟经济体 M_2 层次上的货币供应量的增速超过了经济本身的增速。那么，货币供应量的快速增长又能揭示东盟的金融状况具有什么样的特征呢？我们可以从分析 M_2 层次货币供应量入手。

货币理论认为，伴随现代科学技术的不断发展，各种货币的表现形态多种多样，这给货币的统计带来一定的难度。为了便于计量货币，通常按照流动性标准对不同层次的货币进行划分。虽然目前各国在具体的划分口径上还未达成统一，但一般认为，M_1 层次的货币供应量包括流动性极强的现金（Cash）和现金等价物，例如活期存款（Demand Deposit），可得：

$$M_1 = C + DD \tag{3-1}$$

M_2 层次的货币供应量则包括 M_1 以及各种形式的存款，例如定期存款（Time Deposit）和储蓄存款（Savings Deposit），可得：

$$M_2 = M_1 + TD + SD \tag{3-2}$$

将式（3-1）代入式（3-2），化简得：

$$M_2 = C + DD + TD + SD \tag{3-3}$$

由式（3-3）可知，M_2 货币供应量实际上由流出银行体系的现金及银行体系中的各类存款货币构成。② 随着当前支付体系的演进和发展，许多经济交易无需通过携带大量通货来完成。加之互联网的普及降低了电子支付的成本，使得当今经济生活中，现金在整个货币供应量中所占的比重较小，那

---

① 关于2008~2009年东盟经济体降息政策的详细内容可参见本书第四章。
② 美联储的货币总量计量指标为：M_1 = 现金 + 旅行支票 + 活期存款 + 其他可开具支票的存款；$M_2 = M_1$ + 小额定期存款（100000美元以下）+ 储蓄存款和货币市场存款账户 + 货币市场共同基金份额。

么 M_2 层次的货币存量变化很大程度上是由各类银行存款货币的变动引起的。

2000~2009 年，东盟经济体的 M_2/GDP 比率出现稳步提高，表明东盟有着超乎经济发展水平的高的货币化比重。由于东盟在这一时期的经济增长不菲，上述命题就隐含着东盟 M_2 层次的货币存量也在快速增长。如果这种增长是由存款货币快速扩张引起的话，那么一个潜在的结论是，相对于自身经济而言，东盟成员国存在着巨大的银行存款市场，存款货币的扩张支撑了这一时期东盟的经济发展。由于东盟金融体系具有以银行为中介、间接融资为主体的特征，故常常被称为银行主导型的金融体系（Seiichi Masuyama，1999）。

三、东盟的"银行型"与"市场型"金融体系

判断一国是否为银行主导型金融体系的另一项指标是，比较该国国内信贷与股票资本化市值的相对强弱。信贷是以银行为媒介的间接融资方式，股票则是典型的直接融资，如果一国融资总量中国内信贷占了较大比重，该国为银行主导型金融体系；若股票融资所占比重较高，则为市场主导型的金融体系。[①]

随着金融改革的逐步推进，东盟经济体资本市场和货币市场得到迅速发展，其融资结构呈现多元化的特征。2000~2009 年，印度尼西亚、马来西亚、菲律宾、泰国四国的国内信贷/GDP 占比不断下降，而股票资本化市值/GDP 占比则基本处于上升之势，两者之间表现出明显的此消彼长的趋势。就静态比较看，上述四国的信贷融资比重大都高于股票融资比重，其中泰国间接融资是直接融资的 2~5 倍，（见表 3-9），表明这四国高度依赖银行融资，其金融体系属于银行主导型。从动态角度看，近年来，马来西亚、菲律宾信贷融资与股票融资之间差额越来越小，呈现出由银行主导型向市场主导型转变的趋势。新加坡显然与上述四国不同，其资金融通渠道主要依托资本市场中的股票融资，国内信贷规模所占比重较小。例如，2005 年，新加坡的股票资本化市值/GDP 占比为 261.8%，同期的国内信贷/GDP 占比则只有区区 64.3%，两者相差了近 4 倍，反映出新加坡的金融体系属于市场主导型。

[①] 市场化融资应该包括股票融资和债券融资两部分，受数据可得性的限制，笔者没有将东盟经济体债券市值计入直接融资总量，相对于股票市值而言，东盟债券市值不大，未将债券计入不影响结论的正确性。

表3-9 2000~2009年东盟五国国内信贷、股票资本化市值与GDP占比

（单位:%）

年份	印度尼西亚		马来西亚		菲律宾		新加坡		泰国	
	信贷比	市值比	信贷比	市值比	信贷比	市值比	信贷比	市值比	信贷比	市值比
2000	60.7	16.3	179.2	124.7	66.9	34.2	79.2	164.8	138.3	24.0
2001	54.5	14.3	189.2	129.3	63.3	58.3	94.2	137.0	128.6	31.5
2002	52.4	15.3	184.8	122.8	61.4	50.8	76.7	115.2	127.8	36.4
2003	49.2	23.3	180.9	152.8	60.1	29.6	82.5	246.0	130.7	85.0
2004	49.6	28.5	149.5	152.3	58.1	33.3	74.4	252.6	124.5	72.3
2005	46.2	28.5	136.5	131.4	50.6	40.6	64.3	261.8	119.2	70.8
2006	41.7	38.1	119.2	150.5	48.6	58.2	64.7	198.5	108.9	68.1
2007	40.6	49.0	113.4	174.4	46.0	71.7	72.0	211.7	131.5	79.3
2008	36.7	19.3	115.2	84.2	—	31.2	77.7	98.9	130.6	37.7
2009	—	33.0	—	132.7	—	49.8	93.9	170.5	—	52.3

资料来源：Asian Development Bank："Key Indicators for Asian and the Pacific"，August 2010，p.196, p.200.

需要关注的是全球性金融危机爆发的2008年。在这一年，东盟五国的股票资本化市值/GDP比率均较2007年出现大幅下滑，印度尼西亚、马来西亚、菲律宾、新加坡、泰国的股票市值缩水至上年的39.4%、48.3%、43.5%、46.7%、47.5%；其国内信贷/GDP比率下滑幅度不大，有的经济体（如新加坡）的这一比率反而有所提高。笔者认为，这种情况可以解释为，金融危机对信贷融资、股票融资的影响存在差异：信贷融资是与实体经济相联系的金融活动，当实体经济境况不佳时，银行在审慎经营理念下收紧贷款标准，谨慎发放贷款，但贷款规模减少的速度不会太快；股票融资较易吸引资金滞留于虚拟经济领域进行投机活动，如果投机过度，就会引致虚拟经济过度膨胀，当它远远超过实体经济的增长需求，就会产生泡沫，一旦突遇金融危机冲击，泡沫便会破裂导致股票市值迅速缩水。

2007~2008年，新加坡的股票资本化市值/GDP比率从211.7%降至98.9%，国内信贷/GDP比率则从72.0%升到77.7%。两者的反向变动关系表明，全球性金融危机虽然极大地冲击了新加坡私人部门的股票融资渠道，但它仍然可以通过另一渠道——银行信贷来获得资金支持，而没有像印度尼西亚、菲律宾两国的银行在危机来临之际就收紧了信贷致使国内出现信用短缺和流动性不足。这是我们从东盟经济体应对全球性金融危机中得到的启示。

东盟经济体金融体系融资方式之间的差别，是经济历史和现实的反映，影响了各类主体的投融资效率，也使东盟各国货币政策对经济具有不同的作用机制。在银行主导型金融体系中，私人部门的融资决策高度依赖银行，股票、债券等直接融资手段供给不足，那么，贷款可得性和银行可贷资金数量就成为影响货币政策效果的决定性要素。扩张性货币政策将通过货币供应量增加来扩大银行准备金及可贷资金数量，若银行的信息熵既定，会扩大对消费者、企业的贷款，导致消费支出、投资支出增加，进而扩张总产出水平。

在市场主导型金融体系中，货币政策的传导机制则是通过"财富效应"对经济产生影响。根据弗朗哥·莫迪利亚尼（Franco Modigliani）的消费生命周期假说（Consumer Life-cycle Hypothesis），消费者按照时间均匀地安排其消费支出，消费支出取决于消费者毕生财富这一存量因素，而不是消费者的当期收入这一流量因素。[1] 扩张性货币政策将增加经济中的货币供应量，导致股票价格上涨，消费者金融财富增值，扩大消费者用于非耐用品和服务的支出，进而提高总产出水平。

---

[1] 美国经济学家弗朗哥·莫迪利亚尼运用消费生命周期假说研究了消费者的资产负债情况，进而研究了货币政策对消费支出的作用机制。莫迪利亚尼区分了消费（Consumption）与消费支出（Consumer Expenditure），将消费界定为消费者对非耐用品和服务的支出。消费支出的外延则更为宽泛，包括非耐用品支出和耐用品支出两部分。

第四章 "美元本位"与东盟的货币、财政、汇率政策

后布雷顿森林体系时期,美元依然是东盟对外贸易和国际投资中的计价、结算的主要货币,东盟成员国长期保持本币对美元的"钉住",其外汇储备呈现快速增长之势。全球性金融危机爆发后,整个世界出现罕见的国际"协同降息",东盟经济体采取怎样的货币政策与财政政策来因应这场危机?"三元悖论"揭示了货币政策独立性、汇率稳定以及资本自由流动之间的冲突,本章拓展了"三元悖论",建立一个汇率安排的理论分析框架,为东盟多样化的汇率安排提供理论依据和解释。

第一节 东盟汇率安排的"美元本位"

在当今国际货币体系中,美元是使用最广泛的一种货币,日益成为各国保有储备的货币选项及本币钉住的对象,这是由美元的国际货币职能所决定的。亚洲金融危机之后,东盟成员国选择了不同的汇率安排,但其本国货币仍然与美元保持着紧密的联系。

一、美元在国际货币体系中的地位:货币职能视角

布雷顿森林体系时期,国际货币体系实行美元—黄金本位制。就美元与其他货币比较而言,美元处于中心货币地位,成为最主要的国际储备货币;其他货币则处于美元的"外围",由其发行国宣布与美元之平价,发行国确保本币汇率围绕中心平价在1%的狭小范围内波动。[①] 布雷顿森林体系

[①] 1971年,在美国华盛顿的史密森学会大厦举行"十国集团"财政部长和中央银行行长会议,签署了"史密森协议"(The Smithson Agreement),主要内容是调整美元与各国货币的比价和扩大汇率波动范围,将各国货币对美元的波幅从±1%扩大到±2.25%。

崩溃后，世界进入浮动汇率制时代，每个国家有选择汇率制度的自由。随着马克、英镑、日元等货币的崛起，美元的国际货币地位有所削弱，国际金融体系迎来了货币多元化发展的时代。

与其说美元的国际货币地位受到削弱，不如说是其他货币在母国经济走强背景下地位得以顺势提升的结果。这种货币间相对地位的变化对美元而言只是"小伤"，还远未到"伤筋动骨"的地步。伴随国际货币体系向多极化方向演变和发展，昔日权贵马克黯然退出舞台，英镑亦垂垂老矣，日元则因国际化进程受阻而低迷，今朝新宠欧元尚处"幼年期"，只有美元依然活跃于国际金融领域，无可争辩地成为"第一位"的国际货币。

为什么美元长期以来经久不衰，堪称"长寿"的国际货币，它具有适于充当国际货币的什么样的特征？按照弗里德里克·S. 米什金（2009）的理论，货币是一种被普遍接受的、可用于商品和劳务支付或贷款偿还的物品。① 货币是一般化的购买力，对经济的作用主要通过其货币职能来实现。因此，我们可从货币职能视角来分析美元的国际货币地位。在任何经济中，货币都具有三项基本功能：记账单位、交换媒介和价值储藏；某种货币作为国际货币，其实就是该种货币国内职能的对外延伸，或者说主权货币在世界范围内发挥上述职能（汪洋，2009）。如果一种货币在国际上被普遍接受和认可，它将在不同部门之间履行不同的职能或者发挥不同的作用，如表 4-1 所示。

表 4-1　国际货币的职能

职能	产生于	在私人部门的作用	在官方部门的作用
国际记账单位	信息成本	发票货币（Invoicing Currency）	钉住货币（Pegging Currency）
国际交换媒介	交易成本	基准货币（Vehicle Currency）	干预货币（Intervention Currency）
国际价值储藏	价值稳定	银行货币（Banking Currency）	储备货币（Reserve Currency）

资料来源：Micheal Melvin, "International Money and Finance", 7th Edtion, Addison Wesley, 2004.

在许多国际贸易中，美元充当国际记账单位，主要源于它能节约信息成本。国际大宗初级产品（如原油、咖啡、橡胶等）的品质差异相对较小，通常采用以美元为发货计价货币的模式，这能使此类产品价格信息传递较

---

① ［美］弗里德里克·S. 米什金：《货币金融学》（第 8 版），钱炜青、高峰译，清华大学出版社，2009 年，第 46 页。

快，不同地区的交易者可以直接捕捉到商品价格信息的变化。在工业制品市场，除欧洲外也都基本采用美元作为记账单位，[①] 拉美各国之间的贸易几乎全部用美元计价。那些想稳定本币国际购买力的中央银行，常常选择正式或非正式地钉住美元，这么做实际上是钉住了美元代表的、具有黏性价格的国际贸易商品。

在国际外汇市场上，美元标价法是最流行的一种标价方法，每种货币的汇率实际上是该种货币与美元之间的比价。不同货币的兑换可以通过先将一种货币与美元交换，再用所得美元与另一种货币交换的方式来实现。作为交易媒介的美元，已经被市场"选择"为衡量其他货币价值的一般性商品，它可以降低交易成本。[②] 在官方部门看来，如欲通过干预来影响本币汇率，美元比其他货币具有充当官方干预货币的优势和便利。

美元履行价值储藏职能源于美元币值的相对稳定。私人部门之所以愿意把美元作为银行业务中借贷的主要货币，是因为在国际离岸金融中心，非居民持有银行美元账户就如同在美国本土一样便利，而对于那些限制性兑换货币，情况却常常不是这样。世界上多数国家的货币当局也将美元作为外汇储备币种的首选对象，以"无风险"的国库券资产形式持有。笔者没有获得具体数据，但麦金农（2002）的研究发现，几乎一半美国未到期国库券由外国中央银行所持有。无论承认与否，美元的确是大多数国家官方部门"钟爱"的储备货币。

除了货币职能对外延伸外，美国强大的经济与政治后盾的支持也是美元贵为国际货币的重要原因。概而言之，美元在国际货币体系中有三大显著优势：一是美国拥有世界上最发达的金融市场，无论是深度还是广度，美国金融市场都要领先于其他国家和地区的金融市场，这确保了持有和交易美元资产的便利性。特别是美国国债市场的存在，极大地吸引了国际投资者。二是美元有着最为广泛的国际使用规模和交易网络，这就给世界各地的美元提供了最大限度的便捷。三是美元优势不仅仅体现在经济实力，它还体现为美国政治和军事实力在全球首屈一指。因此，与其他货币相比，美元是最为安全的，不容易出现非经济因素风险（宋国友，2010）。正因为

[①] 欧洲内部贸易基本以欧元作为记账单位，但欧洲国家对出口到欧洲以外的商品却未必采用以欧元作为发票货币的模式。

[②] 我们通过一个例子进行说明。假定世界上有100种货币，如果要对每一对货币进行交易，就必须建立 $C_{100}^2 = 4950$ 个外汇交易市场，交易成本极大；如果选择某种货币（如美元）作为媒介，上述交易可以先将一种货币与媒介货币交换，之后再与另一种货币交换来完成，那么交易体系的市场数量只需99个，这样可以大幅降低交易成本。

如此，许多国家为了更好地稳定国内价格水平，总是有意无意地将美元作为本币钉住的对象。

二、从国际收支考察东盟的"美元本位"

后危机时期，东盟经济体名义上采取了差异性的汇率安排，马来西亚采取硬钉住汇率制，① 印度尼西亚实行爬行钉住汇率制，而泰国、新加坡则选择管理浮动汇率制。如果我们考察其货币实际运行情况，可以发现这些经济体实际上都不同程度地将美元作为锚币或中心货币，不管它们是否愿意承认还是将其汇率制度"伪装"成货币篮子，这都难以掩盖美元在东盟汇率体系中具有重要地位的事实，麦金农（2005）将包括东盟在内的东亚非正式地将本币钉住美元的现象称为东亚"美元本位"（Dollar Standard）。在"美元本位"下，美元无疑起着支配作用，成为影响全球金融的关键货币，东亚国家的货币则处于美元中心货币的外围。笔者认为，美元与东亚货币的这种关系与布雷顿森林体系是极为相似的，只不过后者是正式的制度安排，前者为非正式的趋同而已。今天，当人们津津乐道地谈论美元的时候，却很少关注美元与其他货币之间的非对称性可能使外围国家比中心国家在管理外汇交易和金融政策上更加困难。②

一个直观的臆测是，东盟经济体之所以将本国货币钉住美元，源于美国是东盟最重要的贸易伙伴。为了降低汇率波动对东盟对外贸易的不利影响，选择本币与美元挂钩也许不失为一种可行的办法。这样的逻辑演绎似乎有一定道理。可是，如果分析近年来的东盟贸易结构后，上述缺乏理论基础的猜测就会显得苍白无力。2009年，在东盟前十大出口和进口贸易伙伴中，东盟对美出口822亿美元，约占出口总额的10.1%，东盟从美进口674亿美元，占进口总额的9.3%；而东盟对欧盟出口930亿美元，从欧盟进口788亿美元，与当年东盟进出口的占比分别为11.5%、10.8%（见表4-2）。单从对外贸易总额看，东盟与欧盟的贸易联系强于与美国的贸易联系，循上逻辑东盟货币应该钉住欧元而不是美元，但事实却是相反。2009年，东盟对日贸易为1609亿美元，高于对美1496亿美元的贸易总额，美

---

① 2005年7月21日，马来西亚中央银行宣布废除实行长达7年之久的钉住汇率制，转而采取钉住货币篮子的管理浮动汇率制。

② 20世纪90年代以来，世界范围内先后爆发一系列的货币危机和金融危机，危机受灾国承受着巨大的经济损失和难以改善的金融政策环境。麦金农将此种境况幽默地比做"做美国的财政部长比做韩国、阿根廷和土耳其的财政部长更加容易"。

国仅为东盟第五大贸易伙伴,可日元也未能超越美元成为区域内"锚币"。所以,仅从贸易总量角度无法解释为什么绝大多数东盟的"美元本位"现象。

表4-2 2009年东盟前十大出口和进口贸易伙伴

出口			进口		
国家或地区	出口额(亿美元)	出口比重(%)	国家或地区	进口额(亿美元)	进口比重(%)
东盟	1996	24.6	东盟	1766	24.3
欧盟(27国)	930	11.5	中国	966	13.3
美国	822	10.1	日本	828	11.4
中国	816	10.1	欧盟(27国)	788	10.8
日本	781	9.6	美国	674	9.3
中国香港	567	7.0	韩国	404	5.6
韩国	343	4.2	沙特阿拉伯	179	2.5
澳大利亚	290	3.6	澳大利亚	148	2.0
印度	265	3.3	阿联酋	138	1.9
阿联酋	106	1.3	印度	126	1.7
总计	6916	85.3	总计	6017	82.8

资料来源:ASEAN Statistics, http://www.aseansec.org/stat/Table21.xls。

事实上,在货币的运用范围上,世界上多数对外贸易选择用美元作为计价和结算货币,欧元、日元远不如美元,无法成为与美元相匹敌的竞争对手。经济学家Sato(1999)的研究发现,除了同日本的贸易外,东盟国家不愿意在对外贸易中使用日元。Kwan(2001)讨论了东亚建立日元区的可能性,但没有找到美元会被替代的证据。美元在东盟对外贸易与跨国投资中被广泛运用所确立的优势地位,意味着东盟乃至整个东亚正在形成一个强势美元区,至少到现在是如此。

国际收支是一国居民与非居民各项往来所产生经济交易的系统的货币记录。一国国际收支状况在很大程度上反映了一国的宏观经济政策,我们可从一国外汇储备的变动中寻找该国汇率政策的动向。我们先考察印度尼西亚、马来西亚、菲律宾、新加坡、泰国五国国际收支中的经常账户状况。如表4-3所示,1992~2009年,除了新加坡经常项目一直处于顺差,且顺差占比介于7%~28%外,其他四国经常账户则出现"泾渭分明"的阶段性变化。

表4-3 1992~2009年东盟五国经常账户差额与GDP占比　　（单位:%）

国家	1992年	1993年	1994年	1995年	1996年	1997年
印度尼西亚	-2.00	-1.33	-1.58	-3.18	-3.37	-2.27
马来西亚	-3.67	-4.46	-6.06	-9.71	-4.43	-5.92
菲律宾	-1.89	-5.55	-4.60	-2.67	-4.77	-5.28
新加坡	11.87	7.24	16.17	17.67	15.16	15.58
泰国	-5.66	-5.09	-5.60	-8.07	-8.07	-2.00
国家	1998年	1999年	2000年	2001年	2002年	2003年
印度尼西亚	4.29	4.13	5.25	4.75	4.18	3.97
马来西亚	13.19	15.92	9.41	8.28	7.58	12.11
菲律宾	2.37	9.48	8.24	1.84	5.38	4.42
新加坡	22.59	18.60	14.48	19.00	21.50	27.74
泰国	12.73	10.13	7.60	5.40	6.05	5.78
国家	2004年	2005年	2006年	2007年	2008年	2009年
印度尼西亚	0.60	0.10	3.00	2.40	0.00	2.00
马来西亚	12.10	15.00	16.70	15.90	17.50	16.50
菲律宾	1.90	2.00	4.50	4.90	2.20	5.30
新加坡	17.10	21.30	24.20	26.70	18.50	17.80
泰国	1.70	-4.30	1.10	6.30	0.60	7.70

资料来源:1992~2003年数据见罗纳德·麦金农:《美元本位下的汇率——东亚高储蓄两难》,中国金融出版社,2005年,第183页;2004~2009年数据见Asian Development Bank:"Key Indicators for Asian and the Pacific", August 2010, p.210。

1997年以前,印度尼西亚、马来西亚、菲律宾、泰国的经常项目收支长期处于赤字状态,货币高估造成其出口增长锐减。1996年,印度尼西亚经常项目赤字与GDP占比为3.37%、马来西亚为4.43%、菲律宾为4.77%、泰国更是高达8.07%,均超出国际公认经常项目赤字的警戒线。为了平衡其国际收支,这些经济体不得不依托资本流入,在审慎监管缺位情况下,流入的资本中有相当一部分是以美元为主的短期外债和以套利为目的的"热钱"。银行贷款的扩张和外汇债务的大量累积,使这些国家容易受资本外逃和传染性货币贬值的冲击,出现经济学家所称的"过度借贷综合症"。

1998年,经历亚洲金融危机之后,这些经济体的贸易及结构发生了较大变化,货币的大幅贬值增强了本国出口的竞争力,贸易条件趋于改善,经常项目转而出现顺差,并且顺差具有单向持续性。2007 年,印度尼西亚经常项目盈余与 GDP 占比为 2.4%、菲律宾为 4.9%,而马来西亚、泰国则分别为 15.9%、6.3%。2008 年,肇始于美国的次贷危机迅速向国际金融市场蔓延,并很快演变为一场全球性金融海啸,东盟经济体受其影响对外出口下滑,导致当年经常账户顺差较上年减少,其中印度尼西亚、泰国最为明显,其经常项目保持平衡或盈余占比降至微弱的 0.6%。随着危机不利影响的逐步减弱,东盟经济得到迅速复苏,2009 年,东盟经济体的国际收支基本恢复到危机前的水平。显然,上述四国 1998~2009 年经常账户盈余的累积不仅偿还了危机期间所欠下的外债,还积累了大量的流动性美元资产。

三、亚洲金融危机后东盟外汇储备的快速增长

按照国际收支结构理论,一国收入支出差额的变化会引发对其外资产或负债的变化,而一国在一定时点上对世界其他国家或地区资产或负债的状况就是国际投资头寸(International Investment Position)。净国际投资头寸(NIIP)就是对外金融资产存量减去金融负债存量后的净值,若净值为正,该国为"债权国"(Net Creditor),反之,该国为"债务国"(Net Debtor)。一般而言,经常账户顺差可以增加经济体在国外的净投资额,从而累积其国际投资头寸。一旦其对外国际投资头寸逐渐由负转为正,表明该国从原来的"债务国"转变为向外输出资本的"债权国",[①] 可用公式表示为:

$$CAB = NIIP - NIIP_{-1} = \Delta NIIP \qquad (4-1)$$

CAB 表示一国经常账户差额,NIIP、$NIIP_{-1}$ 分别表示一国当期和上期的净国际投资头寸,ΔNIIP 表示净国际投资头寸的变动。如果所持债权的形式为直接投资、私人性质的证券投资或其他投资,这类债权被视为"私人债权";如果债权形式为储备资产或官方贷款,则此类债权被称作调节性交易所形成的"官方债权"。在东盟对外债权中,私人性质投资不多,储备资产形式的对外投资则占了相当比重,故东盟实际上处于"官方债权国"的地位。

从东盟国际收支结构看,亚洲金融危机成为东盟经济特征发生变化的

[①] 根据国际收支结构的差异,一国一般要经历四个阶段:年轻的和成长中的债务国、成熟的债权国、新的债权国、成熟的债权国。发展中国家一般处于尚未完全成熟的债务国阶段,即它们在贸易和服务或经常账户上有逆差,这种逆差通过资本和金融账户的顺差来弥补。

重要"分水岭"。后危机时期,随着经济的逐步复苏,东盟国际收支出现持续性的经常账户顺差,进而引发外汇资产增长迅速,如果新增外汇资产主要被货币当局所吸收,则会导致官方拥有的外汇储备数量不断扩张。除1997年外,遭受危机冲击的东盟为维持汇率稳定而入市干预使其外汇储备有所减少外,东盟经济体在其他年份所持外汇储备均有不同程度的增长。2000~2009年,印度尼西亚的外汇储备从293亿美元增长到661亿美元,马来西亚从286亿美元增至967亿美元,菲律宾则从151亿美元增加到442亿美元。新加坡是东盟外汇储备最多的经济体,其拥有量从2000年的802亿美元扩大到2009年的1878亿美元;泰国在这一时期的外汇储备增长最快,从327亿美元迅速增至1484亿美元,增长了3.54倍,如图4-1所示。值得关注的是2008年,东盟外汇储备的"共同增长"之势出现一些变化,在其他三国外汇储备继续保持增长的情况下,印度尼西亚、马来西亚两国却分别较上年减少52.8亿美元、97.8亿美元。

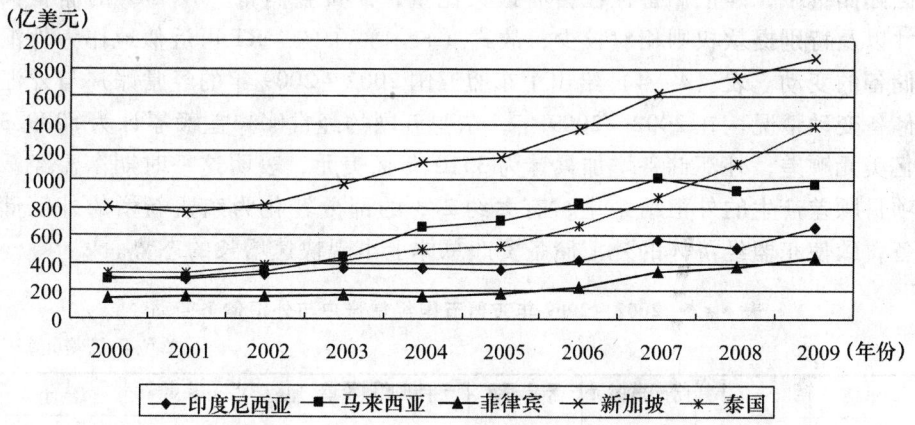

图4-1 2000~2009年东盟五国的外汇储备

资料来源:Asian Development Bank:"Key Indicators for Asian and the Pacific", August 2010, p.222.

就总体而言,为什么近年来东盟外汇储备增长如此迅速?笔者认为,导致这一现象发生的主要原因是,东盟经济体还未结束亚洲金融危机之痛,却又饱受金融震荡(如2006年泰国的"一日货币战争"[①])之扰,新近再遭受全球性金融危机冲击,东盟一直处于频繁的金融动荡之中。官方增持

---

① 有关2006年泰国的"一日货币战争"的论述详见本书第五章。

外汇资产可以增强人们对保持本币币值的信心，以及货币当局应对未来危机的能力，所以，东盟经济体货币当局有着增持储备的强烈动机，接下来笔者试图从增量角度考察东盟的外汇储备变动情况。根据国际收支平衡表编制原理，如果用 CAB、KAB、NEO 分别表示一国经常项目差额、资本和金融项目差额、净错误和遗漏项目差额，那么：

$$CAB + KAB + NEO = 0 \tag{4-2}$$

其中，KAB 可以分解为两个部分：不包含储备资产在内的资本和金融项目差额（NKA）；储备资产的变动额（RT）。

$$KAB = NKA + RT \tag{4-3}$$

将式（4-3）代入式（4-2），并假定 NEO 较小，可得：

$$CAB + NKA = -RT \tag{4-4}$$

式（4-4）的经济学含义是，一国国际储备的变化来源于两个影响因素：经常项目差额；不包含储备资产在内的资本和金融项目差额。在东盟国际储备中，外汇储备往往占有最大比重，而黄金储备、在 IMF 的储备头寸以及特别提款权则相对较少，故式（4-4）中的 -RT 可近似地作为外汇储备的变动。表（4-4）给出了东盟五国 2002~2009 年的经常账户与外汇储备变动情况。在 2002~2009 年，东盟五国的经常账户差额累计为 5289.3 亿美元顺差，外汇储备增加累计为 3510.5 亿美元，表明这一时期东盟经常项目顺差产生的外汇结余中，有大约 2/3 的部分转化为东盟新增的外汇储备，致使东盟经济体的外汇储备资产总体上出现快速增长的态势。

表 4-4 2002~2009 年东盟五国经常账户与外汇储备变动

（单位：亿美元）

年份		印度尼西亚	马来西亚	菲律宾	新加坡	泰国	合计
2002	CAB	73.40	80.20	-2.80	111.60	46.90	309.30
	-RT	40.29	38.39	6.73	65.44	58.74	209.59
2003	CAB	81.10	133.20	2.90	215.90	47.80	480.90
	-RT	42.06	104.60	6.98	140.24	32.33	326.21
2004	CAB	15.60	148.70	16.30	182.50	27.70	537.50
	-RT	0.50	220.60	-8.35	163.33	76.83	452.91
2005	CAB	2.80	199.80	19.80	285.70[①]	-76.40	431.70
	-RT	-15.72	39.76	22.66	35.93	22.34	104.97
2006	CAB	108.60	255.20	53.50	297.90	23.20	738.40
	-RT	78.57	122.74	44.73	200.89	149.20	596.10

续表

年份		印度尼西亚	马来西亚	菲律宾	新加坡	泰国	合计
2007	CAB	104.90	293.40	63.00	369.80	140.50	971.60
	-RT	143.37	188.87	107.84	266.97	204.70	911.75
2008	CAB	1.30	390.70	38.90	373.20	16.30	820.40
	-RT	-52.84	-97.85	38.00	112.36	235.53	235.20
2009	CAB	105.80	322.00	62.10	349.40	160.20	999.50
	-RT	144.78	51.85	66.92	136.11	274.09	673.75

注：数据来源于方霞：《东亚区域货币锚之研究》，经济科学出版社，2009年，第64页。

资料来源：ASEAN Statistics, http://www.aseansec.org/stat/Table5.xls, http://www.aseansec.org/stat/Table16.xls, Asian Development Bank: "Key Indicators for Asian and the Pacific", August 2010, p.222.

四、东盟外汇储备的管理：泰国、新加坡个案

如果我们观察单个经济体，例如泰国、新加坡，就会发现一些有趣和值得深思的现象。泰国2002~2009年经常项目顺差累计仅有286.2亿美元，而外汇储备却剧增1053.8亿美元，表明泰国外汇储备的增加并不来源于或不完全来源于经常账户顺差，那么这一时期泰国的资本和金融账户值得关注。尤其是2006年、2008年，在经常账户只有23.2亿美元、16.3亿美元微弱顺差的情况下，其货币当局却增持了高达149.2亿美元、235.5亿美元的外汇储备！为什么会出现此种情况，这必须联系彼时的国际经济背景来进行分析。

2006年，泰国货币当局草率出台限制资本流动的新政，引发资本市场出现金融恐慌，投资者为了防止资金被冻结并获得较高流动性，纷纷将所持外币资产转换为泰铢资产，导致货币当局被迫吃进外汇而增加外汇储备持有量。2008年，世界上主要发达国家受到全球性金融危机冲击，再次发出要求亚洲货币升值或向上浮动的论调，短期内市场形成泰铢升值预期，私人投资者为最大化自身利益纷纷减持外汇资产，在外汇市场抛售美元换取泰铢。同时，泰国政府担心，泰铢升值可能削弱商品竞争力并带来通货紧缩，因而在外汇市场收购私人出售的美元资产，导致官方储备资产迅速增加。

当前，美国日益扩张的经常项目逆差与东亚日益积累的外汇储备成为

全球国际收支失衡最引人注目的表现形式,学界对此讨论颇为激烈。主流的观点是,东盟经济体外汇储备的增长之势可能隐含巨大的风险,一方面,在东盟经济体为增强汇率弹性所进行的汇率制度改革,让该地区货币普遍面临升值压力,保持本币汇率稳定的成本将大大提高,而且给经济长期发展带来扭曲;另一方面,在美元资产占有很大比例的情况下,东盟经济体的外汇储备积累越多,美元贬值压力下储备资产的缩水损失就越大,东盟经济体害怕美元长期持续贬值,特别是崩溃性贬值。

毋庸置疑,任何一个国家在外汇储备增长较快的情况下,必须认真考虑其外汇资产的保值和增值。对于新兴市场经济体——东盟而言,资本市场不够发达,金融体系较为脆弱,本币无法被用于国外借款甚至国内的长期借款,许多国内投资不是货币错配,就是期限错配,出现Eichengreen、Hausmann(1999)所说的"原罪"现象。①

反观新加坡,2002~2009年间经常项目顺差累计达2186亿美元,但金融管理局(the Monetary Authority of Singapore)所持外汇储备却只增加了1120.3亿美元,或者说,新加坡累积的经常项目顺差中,有超过一半的结余外汇被金管局"买进"而转为官方储备资产。不仅总量如此,而且对于这一时期的任何一个年份,外汇储备变动额都未超出经常项目顺差,这种持续性的特征是其他任何一个东盟经济体都不具有的,同时也暗示着新加坡的外汇储备增长有着坚固的实体基础。

相对于经常账户差额,新加坡金融管理局持有的官方外汇储备的增速较慢,表明新加坡没有像中国、日本及其他东盟成员一样,出现私人部门迫不及待抛售美元资产换取本币的现象,那么金管局维持新元汇价稳定的目标也较为容易实现。为什么新加坡在经常账户长期顺差情况下,仍能继续保持新元的动态稳定?其中一个重要原因是,新加坡为了将国内私人储蓄流动纳入官方渠道,实施"强制性公积金计划",即所有新加坡居民都要把很高比例的收入转到缴费固定型(Defined Contribution)养老计划,政府决定公积金资产的运营,所获权益归居民所有。公积金中的很大部分投资于包括淡马锡(Temasek Holdings Pte Ltd)这一政府控股公司在内的国内居民住宅和商业企业,另外较大部分转入政府投资公司(The Government of

---

① 对于汇率制度选择中的"原罪"现象,Eichengreen、Hausmann的解释是,金融市场的不完善的表现之一是缺乏固定利率市场,具有长期投资项目的企业无法发行相应期限的固定利率债券或通过抵押获得融资,只好不断获得短期贷款或获得与短期利率捆绑的浮动利率的中心贷款,导致期限错配。

Singapore Investment Corporation),① 投向于不同国家流动性不高的股票、债券和商业房地产等。上述作为政府投资载体的外汇,又被学术界称作主权财富基金(Sovereign Wealth Funds),② 它不同于货币当局持有的外汇储备,也不纳入一国国际储备的统计范畴,主要投资于收益较高的外汇资产,当然也需面临相对较高的风险。

总而言之,新加坡经常账户持续顺差产生的结余外汇,约有51%的比例转化成新加坡的外汇储备,还有相当比例的部分被主权财富基金——淡马锡和政府投资公司所消化,那么金管局在外汇市场上的购汇压力大为减缓,官方储备资产的增长可以得到较好控制,新元币值也呈稳定的运行趋势。事实上,从汇率走势看,新加坡的货币——新元是所有东盟成员中汇价最为稳定的货币。

新加坡在控制外汇储备过快增长和稳定本币汇率方面是成功的,它的许多政策措施收到良好的效果,值得他国借鉴和参考。近年来,中国国际收支呈现"双顺差结构",中央银行持有的外汇储备快速增长,人民币面临巨大升值压力。如何化解官方储备资产风险,完善人民币汇率形成机制,成为中国当前亟待解决的重大问题。2007年9月,中国注资2000亿美元,成立专门从事外汇资金投资业务的中国投资有限责任公司(China Investment Corporation),以境外金融组合产品为主开展多元化投资,实现外汇资产保值增值。这有助于中国实施战略转型,从过去重出口转向加强对外投资,实行"走出去"战略,在全球范围内优化资源配置,这向市场传递出中国货币当局已全面考虑外汇资产保值增值的积极的信号。

第二节 金融危机中的东盟货币政策与财政政策

全球性金融危机是当前国际金融领域最重大的事件,它不但直接冲击

---

① 新加坡政府投资公司是为了管理新加坡政府的外汇储备,于1981年成立的全球性投资管理公司,通过在全球6个海外机构在世界主要资本市场上对股票、固定资产、货币市场证券、房地产和特殊的投资项目进行投资。新加坡政府投资公司由新加坡政府投资有限责任公司(The Government of Singapore Investment Corporation Pte Ltd)、新加坡政府房地产投资有限责任公司(GIC Real Estate Pte Ltd)、新加坡政府特殊投资有限责任公司(GIC Special Investments Pte Ltd)三家公司组成。

② 主权财富基金概念最早是由美国经济学家安德鲁·罗扎诺夫(Andrew Rozanov)于2005年提出,被定义为由一些主权国家政府所拥有和主导,用于长期投资的金融资产或基金,一般交由专门的政府投资机构管理,其来源多为自然资源出口或外汇储备的盈余。

着欧美发达国家,而且对东盟经济产生重要影响,引发东盟经济体货币政策与财政政策做出相应调整。本节主要分析美国、欧盟和日本等经济体的降息政策,讨论东盟利率政策的"滞后性"、区域内的"集体"降息以及在危机期间实施的多轮经济刺激计划。

一、全球性金融危机背景下的国际"协同降息"

次贷危机在美国突然爆发之后,很快以迅雷不及掩耳之势扩散开来,首先影响与美毗邻的拉美,然后影响到和美国经济联系较为紧密的欧洲、亚洲,最后波及整个世界,演变为一场震撼全球的国际金融危机。对于这场危机的影响,笔者无意谈论太多,但许多学者以"百年一遇"来形容它的不期而至,也有人将这场危机与1929年的"大萧条"(Great Depress)相提并论,足见这场危机影响之广、影响之深已经远远超出人们的预期。

危机爆发初期,美联储曾联合欧盟、加、澳、日等国中央银行,采取向市场注资的方式来应对流动性短缺问题,这一做法很快取得一定成效,以至于美国、欧盟和日本等国货币当局认为"危机已经平缓,并将慢慢平息",甚至IMF也对这场危机不以为然,断言"此次金融动荡只是一场风波,不太可能引起大的混乱"(John Kiff、Paul Mills,2007)。可是,对危机所产生影响的判断和乐观估计并没有持续太久,这场危机引发的损失与风险开始逐步显现,美联储再三权衡,不得不在保持联邦基金利率不变长达1年后,[①]于2007年9月18日宣布降息50个基点,10月31日、12月11日再次降息25个基点,联邦基金利率降至4.25%。进入2008年,美联储延续利率调低"惯性",分别于1月22日、30日、3月18日、4月30日和10月8日、30日降低基金利率75、50、75、25、50、50个基点,联邦基金利率降至1%。12月16日,美联储再一次调整利率,将联邦基金利率调至0~0.25%的目标区间,美国进入了"零利率"的宽松货币政策时代。

欧洲中央银行自成立以来,奉行"价格稳定高于一切"的独特理念,把将通胀率控制在最低水平作为货币政策的首要目标,对其他任何目标的支持不能以价格稳定受损为代价。虽然美国早在2007年就使用了利率政策,但欧洲央行行长让·克洛德·特里谢坚称欧盟不会紧随美国的步伐。然而在这场金融危机悄悄侵袭欧洲时,欧洲央行终于按捺不住,于2008年

[①] 2004~2006年,美联储先后17次加息,使美国进入长达两年的加息周期,其中最后一次加息在2006年6月29日,美联储将联邦基金利率从5%提高到5.25%,宣告加息周期结束。

10月8日宣布将欧元区主导利率从仅维持了三个月的4.25%①降至3.75%。此后,欧洲央行于11月6日、12月5日分别再次调低利率50、75个基点,欧元区主导利率降至2.5%,算是当年的"交差"。2009年,在美国已经进入"零利率"时代,欧洲央行仍然处于不断降息的通道,2009年1月15日、3月5日、4月2日、5月7日,欧洲央行连续四次下调利率,各次降幅分别为50、50、25、25个基点,欧元区主导利率降至1%的历史最低水平。

日本早在2001年3月实施了"零利率"政策,并将货币政策操作目标由原来的"利率"调整为"商业银行在中央银行账户存款余额"。2006年,鉴于宏观经济基本面向好,日本银行(Bank of Japan)采用公开市场操作逐步回笼金融体系中的超额资金,并将银行同业间隔夜拆借利率升至0.5%,2001年起执行的"零利率"政策暂且告一段落。可是,全球性金融危机严重冲击着具有外向型特征的日本经济,为了防止经济继续下滑,激活信贷市场,日本银行再次运用"利率"货币政策工具,祭出"降息"大旗,2008年10月31日,日本央行将银行同业间隔夜拆借利率从0.5%调低到0.3%。2008年12月19日,就在美联储宣布大幅降息至零区间之后的第三天,日本央行再度降低隔夜拆借利率至0.1%,实施对"价格"调控的扩张性货币政策,日本时隔三年之后重返"零利率"时代(刘兴华,2010)。与此同时,日本银行还推出扩大国债收购规模、购买商业票据等向金融市场"输血"的配套措施,旨在增强市场流动性。

2007~2009年,世界三大经济体——美国、欧盟和日本的降息状况如表4-5所示。不难看出,美国在2007年就三度降息,吹响了全球降息的号角;2008年是美国自爆发金融危机以来降息最频繁的一年,总共降息七次。欧盟在2008年降息三次,并于2009年又先后四次降息。日本则在2008年两次调低利率,有意思的是,这两次降息分别在美联储宣布减息后的第一和第三天,日本追求与美合拍的意味甚浓。

值得一提的是,2008年10月8日,美联储降低联邦基金利率50个基点,掀起了世界同步降息的狂潮,全球共有11个国家或地区的货币当局进行史无前例的"紧急协同减息",其中不乏英国、加拿大、瑞典这样的发达国家,也有韩国、中国香港等诸多新兴经济体,如表4-6所示。在这一天,澳大利亚储备银行一次性地调低本国基准利率100个基点,幅度堪称16年之最;阿联酋中央银行则将国内基准利率由3%调至1.5%,降幅达150

---

① 2008年7月3日,鉴于欧元区通货膨胀率不断攀升,欧洲中央银行决定将欧元区主导利率从4.00%升至4.25%。

表4-5 2007~2009年美国、欧盟和日本降息情况

国别	2007年			2008年			2009年		
	降息日期	降息幅度	利率水平	降息日期	降息幅度	利率水平	降息日期	降息幅度	利率水平
美国 10次	9月18日	50个基点	4.75%	1月22日	75个基点	3.50%			
	10月31日	25个基点	4.50%	1月30日	50个基点	3.00%			
	12月11日	25个基点	4.25%	3月18日	75个基点	2.25%			
				4月30日	25个基点	2.00%			
				10月8日	50个基点	1.50%			
				10月30日	50个基点	1.00%			
				12月16日	—	0~0.25%			
欧盟 7次				10月8日	50个基点	3.75%	1月15日	50个基点	2.00%
				11月6日	50个基点	3.25%	3月5日	50个基点	1.50%
				12月5日	75个基点	2.50%	4月2日	25个基点	1.25%
							5月7日	25个基点	1.25%
日本 2次				10月31日	20个基点	0.30%			
				12月19日	20个基点	0.10%			

资料来源：笔者根据收集的资料整理得出。

个基点。毋庸讳言，历史上从没有过如此默契和一致的利率政策行动，如此范围内的协同调息实属罕见，由此折射出这次金融危机对全球经济的影响确实重大。实际上，协同减息并不是应对危机的唯一举措，各国先后推出向市场注资、提高存款担保额度等多项扩张性货币政策，以遏制金融危机对世界经济的不利影响。

表4-6 2008年10月全球协同降低利率　　　　　（单位:%）

货币当局	调整前	调整后	降息幅度
美国联邦储备体系（Federal Reserve System）	2.00	1.50	50个基点
欧洲中央银行（European Central Bank）	4.25	3.75	50个基点
英格兰银行（Bank of England）	5.00	4.50	50个基点
加拿大中央银行（Bank of Canada）	3.00	2.50	50个基点
瑞典国家银行（Sveriges Riksbank）	4.75	4.25	50个基点
瑞士国家银行（The Swiss National Bank）	2.75	2.50	25个基点
阿联酋中央银行（The central bank of the United Arab Emirates）	3.00	1.50	150个基点
中国人民银行（The People's Bank of China）	7.29	7.02	27个基点[①]
香港金融管理局（Hong Kong Monetary Authority）	2.50	2.00	50个基点
澳大利亚储备银行（Reserve Bank of Australia）	7.00	6.00	100个基点
韩国银行（Bank of Korea）	5.25	5.00	25个基点[②]

注：①以中国一年期贷款利率为例进行说明。②以韩国回购市场利率为例进行说明。
资料来源：根据笔者收集的资料整理得出。

二、东盟的降息政策与全球协同减息一致吗?

在这场全球协同降息风潮中,东南亚国家的表现又是如何呢?是选择加入降息阵营、与其他国家共同应对这场声势浩大的经济衰退,还是置本国利益高于一切、隔岸观火而做一位"袖手旁观者"?我们不妨先回顾全球同步降息的2008年10月8日前后,东盟主要国家货币当局就本国利率调整问题所做的裁断。2008年10月,马来西亚、菲律宾、泰国等国中央银行表示金融危机虽已波及本国,但影响不大,可暂不对本国利率做出调整,因而分别将银行同业拆借利率维持在3.5%、6.0%、3.75%的原有水平;新加坡金管局则对当前利率未置可否,只是表示近期可能扩大汇率波动幅度;印度尼西亚中央银行非但没有调低利率,反而于10月8日将本国银行同业拆借利率从9.25%提高至9.50%,旨在防止印度尼西亚盾汇率贬值,在彼时境况下,印度尼西亚是采取升息政策的为数不多的国家。

从政策行动看,这一时期东盟经济体显然没有与全球协同减息的步调合拍,甚至推出和向市场注资、增强流动性相左的紧缩政策,此举是否表明东盟尚未受到危机影响,或者因所受影响较小而无需急于应对?笔者不敢苟同。事实上,东盟在这场危机中特别是雷曼兄弟(Lehman Brothers)破产冲击[1]后面临经济衰退的巨大压力,内需和外需都陷于低迷状态,IMF和亚洲开发银行均下调了对东盟的经济增长预期,英国《经济学家》杂志也一度刊载题为"沉沦的亚洲经济:亚洲的内忧外患"的报道。2008年第四季度,东盟五国的经济增长率均较上一季度出现下滑,马来西亚只有微弱的0.1%,泰国则出现4.2%的负增长(ASEAN,2010)。在笔者看来,面对不景气的国内经济,东盟成员迟早要推出相应的宏观调控政策,只是囿于经济周期的缘故,在全球协同减息之际没有采取同步的利率调整政策而已。

可是,随着金融危机的迅猛影响,东盟对金融危机的看法很快发生了改变,纷纷推出扩张性的货币政策。2008年10月13日,印度尼西亚提高存款保险上限额度,将其从1亿盾升至2亿盾,10月20日,印度尼西亚又颁布要求中央银行进行紧急贷款、政府注入官方资本、规定政府管理银行

---

[1] 在全球性金融危机中,美国五大投资银行均经历了生死考验,其中,贝尔斯登垮台、雷曼兄弟破产、美林被"贱卖",高盛集团、摩根斯坦利公司于2008年9月21日获准向商业银行转型,这一番沧桑巨变意味着美国的投资银行体系已经土崩瓦解,华尔街的昔日繁华景象已成往事云烟。

的框架政令,① 上述金融政策的推出表明印度尼西亚对金融危机的认识有了很大的转变。2008 年 11 月,马来西亚率先调低基准利率 25 个基点,将银行政策利率由 3.50% 降至 3.25%,这是马来西亚近五年来的首次减息,也正式拉开了东盟经济体"集体"降息的帷幕。2008 年 12 月,印度尼西亚、菲律宾和泰国步其后尘,分别调低银行政策利率 25、50、100 个基点。进入 2009 年,东盟为了应对危机的不利影响,几乎同时采用利率工具对国内经济进行调整,表现为降息步调更加趋于一致。2009 年 1 月,上述四国货币当局宣布降低国内基准利率 25、75、50、50 个基点,使银行政策利率分别调到 8.75%、2.50%、5.00%、2.00%,如图 4-2 所示。这是继 2008 年 10 月全球同步降息之后,又一次区域性的协同减息,既折射出东盟运用利率政策应对危机的姿态和决心,也一定程度上反映了东盟经济联系的紧密性以及经济政策的趋同性。

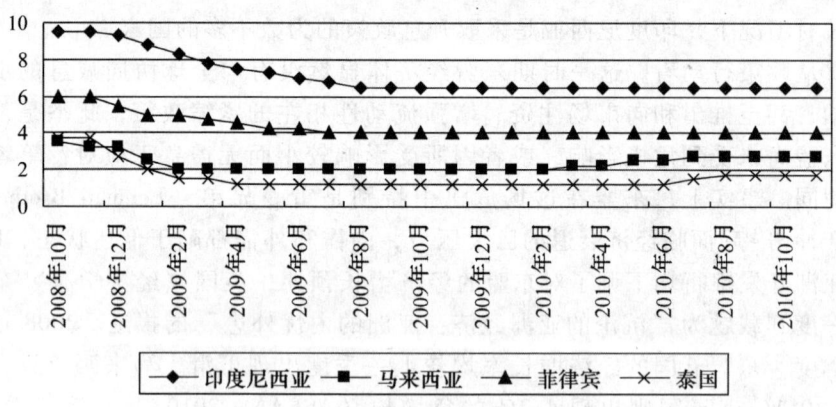

图 4-2 2008 年 8 月～2010 年 11 月印度尼西亚、马来西亚、菲律宾、泰国的基准利率

资料来源:根据东盟各国中央银行网站资料整理。

2009 年 2 月,东盟经济体的减息势头似乎没有"叫停"迹象,除菲律宾外,印度尼西亚、马来西亚和泰国的货币当局又各自降低本国基准利率 50 个基点,同时适度放宽信贷标准以增强市场流动性,东盟经济体进入了

---

① 这项政令出台的背景是印度尼西亚世纪银行的破产。世纪银行是印度尼西亚的中坚银行,受欧美金融危机影响出现集中筹资困难,成为因这场危机而破产的首家亚洲银行。

"低息"① 和 "量化宽松" 的货币政策时代。此后，以上四国根据自身状况又进行了数次减息，印度尼西亚降息 6 次，菲律宾降息 4 次，泰国降息 1 次（见表 4－7），这一轮的降息直至 2009 年 8 月才宣告结束。从时间安排看，东盟的减息政策迟于美国，却与欧盟、日本等国大体相当，反映了危机首先在美国爆发，然后向其他国家扩散的整个演进过程。同时，上述政策变动断然否定东盟没有加入全球协同降息行动意味着东盟游离于危机之外的观点，相反，任何经济政策都是基于某一特定目标下的政策，此轮的东盟利率调整也被市场解读为，金融危机的爆发让东盟经济体货币当局在短期内的货币政策目标悄然发生改变。

表 4－7　2008 年 10 月～2009 年 11 月东盟四国调整利率

		2008 年 10 月至 2009 年 12 月	2010 年 1 月至 2010 年 12 月
		降息	升息
印度尼西亚	调整次数	9 次	0 次
	调整日期	2008 年 12 月 4 日、2009 年 1 月 7 日、2 月 4 日、3 月 4 日、4 月 3 日、5 月 5 日、6 月 3 日、7 月 3 日、8 月 5 日	—
马来西亚	调整次数	3 次	3 次
	调整日期	2008 年 11 月 24 日、2009 年 1 月 21 日、2 月 24 日	2010 年 3 月 5 日、5 月 13 日、7 月 8 日
菲律宾	调整次数	6 次	0 次
	调整日期	2008 年 12 月 12 日、2009 年 1 月 29 日、3 月 5 日、4 月 16 日、5 月 28 日、7 月 9 日	—
泰国	调整次数	4 次	3 次
	调整日期	2008 年 12 月 3 日、2009 年 1 月 14 日、2 月 25 日、4 月 8 日	2010 年 7 月 14 日、8 月 25 日、12 月 2 日

资料来源：根据东盟各国中央银行网站资料整理。

如果 2008～2009 年是东盟经济体的"降息周期"，那么 2010 年，在全球多数发达国家考虑"宽松"货币政策退出的背景下，东盟逐步进入了新

---

① 在经济学中，一般将低于 0.75% 的基准利率称为"零利率"。2009 年 8 月，东盟降息周期基本结束，东盟经济体最低的基准利率是泰国 1.25% 的银行政策利率，因此，笔者认为，东盟进入了"低息"时代，而不是"零利率"时代。

一轮的升息周期。如表4-7所示，2010年3月，随着危机影响的逐渐淡化，马来西亚经济复苏已站稳脚跟，物价出现上涨压力，中央银行宣布上调基准利率25个基点，这是全球性金融危机后第一个升息的亚洲国家，也是马来西亚近四年来首次提高利率。之后，马来西亚又先后在5月、7月两度调高利率25个基点，使银行政策利率升至2.75%。① 再看泰国，2010年7月，泰国经济经历危机后再现强劲复苏势头，其中央银行对外宣布上调基准利率25个基点至1.5%，泰国也成为继印度、马来西亚和韩国后，第四个在7月宣布加息的亚洲经济体。② 2010年8月、12月，泰国中央银行再次上调利率各25个基点，与此前市场预期相吻合，其银行政策利率升到2.00%。反观印度尼西亚、菲律宾两国，未见明显通胀压力，自2009年降息后再也没有对本国基准利率作出任何调整，至今仍然维持6.5%、4.0%的银行政策利率水平。

三、东盟差异化的经济刺激计划

纵观世界各国，治理金融危机常常是货币政策与财政政策双管齐下，因此，除了实施降息的货币政策外，东盟经济体还动用扩张性的财政政策，通过增大政府支出、减税以及向市场注资的方式，来提升经济景气指数。根据宏观经济学理论，政府支出本身是社会总需求的有机组成部分，而减税可以增加私人部门的可支配收入，进而刺激其消费需求，所以，扩张性财政政策便成为多数国家摆脱低迷经济的常用手段。2008年9月，受雷曼兄弟破产事件的影响，东盟经济衰退力度骤增，各国政府的政策便从应对初级产品价格上涨所带来的通货膨胀转而对付急速的景气恶化，具体的财政刺激景气政策如表4-8所示。

2008年11月，马来西亚推出总额为70亿林吉特的第一轮经济刺激计划，用于加强公共和基础设施维修和建设，扩大就业以及增加廉价住房建设等；2009年3月，马来西亚政府加大了救市力度，又出台以支援民间企业、促进投资、对低收入阶层的生活支援、失业对策、就业支援等为内容的第二轮经济刺激计划，救助金额高达600亿林吉特，其中150亿林吉特为财政注资支出，250亿林吉特为担保基金，100亿林吉特为政府股权投资，

---

① 马来西亚不仅是2010年首个加息的亚洲国家，也是除印度外全球加息幅度最大的国家。
② 印度、马来西亚、韩国、泰国分别于2010年7月2日、8日、9日、14日宣布加息，2010年7月也被人们形象地称为"亚洲加息月"。

表4-8 东盟四国的财政刺激景气政策

国家	财政刺激景气政策	规模
印度尼西亚	2009年2月,根据追加预算,实施以减税、用于通胀支出等为内容的刺激景气政策	73.3万亿印度尼西亚盾
马来西亚	2008年11月推出第一个刺激景气政策(SP1),2009年3月又推出第二个刺激景气政策(SP2)	SP1:70亿林吉特 SP2:600亿林吉特
菲律宾	在2009年度预算中增加了公共工程与公路部、内务部相关的预算等	14140亿比索
泰国	2009年1月推出第一个刺激景气政策(SP1),同年5月推出以物流、灌溉、振兴农业、教育等为对象的第二个刺激景气政策(SP2)	SP1:1167亿泰铢 SP2:14313亿泰铢

资料来源:西泽利郎:《东盟各国能否摆脱经济衰退》,柳弘译,《经济资料译丛》2009年第4期,第15~16页。

还有100亿林吉特为包括私人融资计划和减税在内的其他措施。虽然政府加大了对经济的调控,但短期内效果并不明显,马来西亚2009年第一、二季度仍然连续出现负增长。

2009年1月,印度尼西亚公布了2009年的预算计划,其中预算支出总额高达1037.7万亿盾,这是印度尼西亚历史上第一个超过千万亿盾的年度预算开支表。为了刺激经济增长,印度尼西亚政府又于2月追加了73.3万亿印度尼西亚盾的救市资金,主要用于增大对公路建设、铁路振兴等基础设施的投资,并通过降低税率来增加企业、居民的可支配收入,刺激国内有效需求的回升,例如,企业所得税由30%减为28%,个人所得税也从35%降至30%(李皖南,2010)。当然,印度尼西亚财政支出扩张的后果是引发赤字的扩大,它要么通过政府印钞(Printing Money)来弥补,要么通过发行债券来平衡,也被称作债务货币化(Monetizing the Debt)。为了对付市场恶化,印度尼西亚政府决定自2008年10月以后至经济恢复之时停止国债的招标发行,而印钞又会加大通胀压力,未来的财政刺激景气政策面临较多制约因素。

对于菲律宾而言,2009年是遭受金融危机和热带风暴袭击的多事之秋,在该年年度预算中,菲律宾增大了公共工程与公路部、内务部相关的预算等,累计金额达14140亿比索,大部分资金投入到电信、电力和供水项目等基础设施工程。从实施效果看,此项经济刺激计划和海外侨汇的不断增长避免了菲律宾经济陷入衰退的尴尬,却导致菲律宾当年财政收支出现2994.8亿比索赤字,占GDP的比重约为3.9%(ASEAN,2010)。同时,政府投入更多的社会保障资金,加大对贫困和弱势群体的救助力度,相关措施包括针对具体群体和非针对性的社会转移、临时消费补贴(包括对低收入家庭及农村家庭的购物优惠券、学校膳食补助等),以及对低收入群体的支持住房计划。

2009年1月,泰国通过总额为1167亿泰铢的第一个刺激景气政策,重点用于刺激经济发展的18个项目计划,其中包括965.1亿泰铢抵充经济放缓造成的影响和提升民众生活水平,17亿泰铢的紧急中央预算,190亿泰铢偿还国库储备的预算。同年5月,泰国政府宣布一项新的投资配套计划,泰国将从2010~2012年投入14313亿泰铢以刺激经济,这笔资金主要用于新的基础设施建设,投向运输、水务、能源、健康和教育等领域。在全部投资计划中,向运输部门投入的资金约占40%,其余的资金将投向水供应设施、可选择能源、健康和教育等。按照泰国财政部的估计,以上项目将新增200万个就业岗位。

根据蒙代尔的"有效市场分类原则"(The Principle of Effective Market Classification),财政政策拉动实体经济作用显著,货币政策遏制通胀作用显著,因此必须协调财政政策与货币政策之间的搭配,以求最大限度发挥政策配置的效力。东盟的经济刺激计划通过财政扩张,带动基础设施产业发展,进而刺激国内社会有效需求,但也不可避免地造成了该地区过多的流动性。提高民众的通胀预期。为了抵御未来可能出现的通胀压力,部分东盟成员在经济出现复苏势头后开始考虑紧缩信贷,采用利率政策来回笼"过剩"的流动性,2010年,马来西亚、泰国先后3次上调其国内基准利率便是证明。这也展示出东盟成员国财政政策与货币政策之间相互制约、相互协调,共同推动东盟经济不断向前发展。

四、小结

全球性金融危机爆发之后,美联储、欧洲中央银行、日本银行纷纷调低本国基准利率,并于2008年10月罕见地"协同减息",整个发达国家世界步入了"零利率"时代。东盟经济体虽未参加同步降息,却在2009年连续数次降低本国基准利率水平,推出提高存款保险上限额度、紧急贷款等扩张性货币政策措施,并辅以扩张政府支出、政府投资和减税的刺激景气政策,以此带动国内需求的扩大。2010年,全球性金融危机对东盟的影响有所淡化,且宏观经济出现向好趋势,东盟成员中央银行考虑"宽松"货币政策的退出,重新回到提高利率的轨道上来。

第三节 汇率安排的多样性：基于"三元悖论"的理论分析

20世纪90年代以来，世界范围内先后爆发了欧洲汇率体系危机、墨西哥比索危机、亚洲金融危机以及俄罗斯、巴西、土耳其、阿根廷等国的货币危机。2008年，肇始于美国的次贷危机愈演愈烈，最终演变成震撼世界的全球性金融危机。这一系列金融危机的一个重要特征表现为货币大幅贬值，甚至引发汇率制度的崩溃。国内外学者分别从不同的角度对此作了分析，比较一致的结论是，汇率制度的不当安排是这些危机爆发的重要制度诱因，这使汇率制度的选择问题再度成为金融界关注的焦点。本节分析了保罗·克鲁格曼的"三元悖论"原理，并在此基础上进行拓展，构建中央银行成本最小化模型，分析不同程度的资本流动对一国汇率制度选择的影响。

一、克鲁格曼的"三元悖论"原理

"三元悖论"（Krugman's Trilemma）原理是国际经济学中的一个著名论断，由2008年诺贝尔经济学奖得主、美国经济学家保罗·克鲁格曼（Paul Krugman）提出。该理论从宏观上揭示了货币政策独立性、汇率稳定和资本流动三者之间的相互制衡关系：一国不可能同时实现货币政策独立性、汇率稳定以及资本自由流动三大金融目标，至多只能实现其中的两个目标。克鲁格曼的"三元悖论"原理可以用图4-3进行说明。

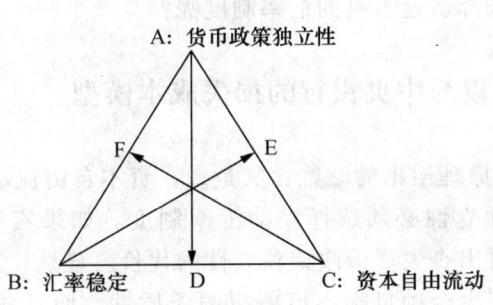

图4-3 "三元悖论"原理

在图 4-3 中，A 点表示一国货币政策具有完全独立性，由点 A 向点 D 移动表明货币政策独立性逐步减弱，D 点所在的 BC 边表明货币政策独立性完全丧失；同理，B 点表示一国货币汇率保持绝对稳定，隐含着该国实行严格的固定汇率制，由点 B 向点 E 移动表明货币汇率稳定性逐步减弱，E 点所在的 AC 边表明该国货币汇率极不稳定，隐指实行自由浮动汇率制；C 点表示一国完全实现资本自由流动，由点 C 向点 F 移动表明资本流动性逐步减弱，F 点所在的 AB 边表明资本完全不流动。

根据克鲁格曼的"三元悖论"理论，如果一国优先选择了货币政策独立性和资本自由流动目标，就不得不放弃汇率稳定目标，只能实行任由货币波动的浮动汇率制，美国是采取这一模式的典型代表。如果一国优先选择了货币政策独立性和汇率稳定目标，那么就得对资本项目实行管制，以保证上述两个目标的实现，中国在 1998 年亚洲金融危机之后到 2005 年 7 月 21 日"汇改"之前，可以认为基本上采用了上述模式。如果一国优先选择了汇率稳定和资本自由流动目标，就不得不放弃货币政策独立性，中国香港实行港币严格钉住美元的联系汇率制，同时作为重要的国际金融中心又不宜对资本实行过多管制，那么其货币政策自主性必然受到影响。"三元悖论"原理揭示出货币政策独立性、汇率稳定和资本自由流动之间存在着无法解决的冲突。

在"三元悖论"理论中，克鲁格曼讨论了一国货币政策独立性、汇率稳定和资本流动目标之间相互牵制、三大金融目标不可兼得的矛盾性，但从其讨论的情况看，只是探究了"三元悖论"中的"角点解"问题。事实上，在"三元悖论"中，任意一点（可以是三角形"边"上的点，也可以是三角形"内"的点）都是一个有关货币政策独立性、汇率稳定和资本流动状况的"组合"。除了"角点"外，"三元悖论"中仍然存在许多可供中央银行抉择的"候选点"。问题是在面对如此众多的"选择"时，一国中央银行该如何去选择适合自身的汇率制度呢？

二、基本假设与中央银行的损失成本模型

"三元悖论"原理给出的政策含义是，在资本自由流动条件下，保证中央银行货币政策独立性必须选择浮动汇率制度。如果实行固定汇率制度，中央银行不得不付出丧失货币政策独立性的代价。显然，"三元悖论"不但阐释开放经济中三大金融目标不可兼得的矛盾性，而且成为汇率制度选择问题的一个基本的理论分析工具。不难看出，"三元悖论"没有论及有关介

于固定、浮动之间所谓的"中间汇率制度"的选择问题。正如哈佛大学的 Jeffery Frankel（1999）所指出，"……并没有令人信服的理由说明，为什么不可以在货币政策独立性和汇率稳定两个目标的抉择中各放弃一半，从而实现一半的汇率稳定和一半的货币政策独立性。"这不能不说是"三元悖论"理论在汇率制度选择问题分析方面的局限。

为了克服"三元悖论"理论在汇率制度选择问题的分析局限，我们对"三元"要素量的界定进行拓展，使得包含 Frankel 的中间汇率制度在内的全面分析汇率制度选择问题成为可能。根据理论分析架构的需要做如下假设：

第一，一国的资本流动程度是外生给定的。这是因为，一方面资本流动程度大小主要是中央银行依据国内金融体系状况对资本项目管制程度差异的结果；另一方面将资本流动程度视为外生变量，汇率制度的选择问题可简化为中央银行对货币政策独立性、汇率稳定目标间的权衡。资本流动程度的变动相应地引发汇率制度优选的变迁。因而，这也是方法论意义上的假设。本书将资本流动程度分为资本完全管制、资本自由流动和介于两者间的资本有限流动。

第二，汇率制度是中央银行选择的结果，汇率的稳定性内生地由汇率制度决定。汇率的稳定性是汇率制度的一种特质且连续可分，它的强弱映射出不同类型的汇率制度。[①] 为分析方便，我们用变量 x 度量汇率稳定性的强弱。假定 x 为 0 表示稳定性最弱的完全浮动汇率制度，x 为 1 表示稳定性最强的完全固定汇率制度，其余中间值则为介于两者间的中间汇率制度。

第三，货币政策独立性是可以度量的。同理，我们用变量 y 度量货币政策独立性的强弱。假定 y 为 0 表示货币政策独立性完全丧失，y 为 1 表示货币政策完全独立，其余中间值则为中间状态。

依据以上基本假设，"不可能三角"内含的三元运行机理是，既定的资本流动程度决定货币政策独立性、汇率稳定间呈现此消彼长的替代关系，一方的获取（或部分获取）必须以另一方的丧失（或部分丧失）为代价。因而，中央银行在汇率制度选择问题决策中存在两种成本：①货币政策独立性损失成本。中央银行丧失运用灵活的货币政策来对通货膨胀、失业等问题进行宏观调控而承担的损失。假定损失成本函数

[①] 依据汇率形成机制的分类标准，IMF 将汇率制度分为自由浮动、无区间的有管理浮动、爬行区间浮动、爬行钉住、平行钉住、其他传统的钉住、货币发行局制度、无本国法定货币的固定汇率制度八类。我们假定，这八类汇率制度的稳定性依次增强。

$$W = c - y^\alpha \tag{4-5}$$

式中，c、α 为正的参数。c 为完全丧失货币政策独立性的成本，α 为丧失货币政策独立性的损失指数。由于 $\frac{\partial W}{\partial \alpha} > 0$，故 α 越大，则损失成本越大。②汇率风险成本。这是因汇率稳定性的丧失导致国际贸易、国际投资中的不确定性因素增大而使中央银行承担稳定汇率的"责任"。假定汇率风险成本函数

$$R = (1-x)^\beta \tag{4-6}$$

该函数满足"行为良好"性质，即随着汇率波动性的增加，边际汇率风险成本递减，因此参数 $\beta \in (0, 1)$。①

中央银行在汇率制度选择问题决策中的总成本为货币政策独立性损失成本与汇率风险成本的加权平均，即：

$$\text{总成本 } C = \lambda W + (1-\lambda) R \tag{4-7}$$

式中，λ 为中央银行赋予货币政策独立性损失成本在总成本中的比重，反映中央银行对两种成本的相对重视程度。由"三元悖论"理论可知，一国最多只能实现"三元"中的两个，故

$$\text{Max} (x + y) = 2 \tag{4-8}$$

$$\text{Min} (x + y) = 1 \tag{4-9}$$

由式 4-8、4-9 可得约束条件 $x + y = m, m \in [1, 2]$ \hfill (4-10)

因此，汇率制度的选择问题实际上为中央银行选择何种类型的汇率制度以使中央银行成本最小化的模型：

$$\underset{x,y \in [0,1]}{\text{Min} C} = \lambda (c - y^\alpha) + (1-\lambda)(1-x)^\beta$$
$$\text{s.t. } (x+y) = m, \, m \in [1, 2] \tag{4-11}$$

三、模型的最优解及汇率制度选择的理论分析

上述的中央银行成本最小化模型可简化为：

$$\underset{x \in [m-1,1]}{\text{Min} C} = (1-\lambda)(1-x)^\beta - \lambda(m-x)^\alpha + \lambda c \tag{4-12}$$

其一阶必要条件：

$$\frac{\partial C}{\partial x} = \lambda \alpha (m - x^*)^{\alpha-1} - (1-\lambda) \beta (1-x^*)^{\beta-1} = 0 \tag{4-13}$$

---

① 边际汇率风险成本随汇率波动性增加而递减，即 $\partial^2 R / \partial (1-x)^2 = \beta(\beta-1)(1-x)^{\beta-2} < 0$，故 $\beta \in (0, 1)$。

其二阶条件：
$$\frac{\partial^2 C}{\partial x^2} = (1-\lambda)\beta(\beta-1)(1-x)^{\beta-2}$$
$$-\lambda\alpha(\alpha-1)(m-x)^{\alpha-2} \qquad (4-14)$$

将式（4-13）代入式（4-14）整理得：
$$\frac{\partial^2 C}{\partial x^2} = \lambda\alpha(m-x)^{\alpha-2}(1-x)^{-1}[(\alpha-\beta)x$$
$$+(1-\alpha)-m(1-\beta)] \qquad (4-15)$$

我们可以依次分析不同资本流动条件下汇率制度的选择。

（1）资本完全管制。当中央银行对资本项目的流动实行严格管制，参数 m 为 2。由式（4-12）可得 $x=1$，其经济学含义是，对于资本完全管制的国家，汇率制度的最优选择为实行稳定性最强的完全固定汇率制度。这是因为，资本完全管制的结果使非居民在资本市场的证券、信贷交易和直接投资受到严格限制，国际金融市场的资本流动和汇率之间形成一道有效的防火墙，蒙代尔——弗莱明模型中的资本流动作用机制不会对汇率制度形成冲击。这既在制度上保证汇率制度的稳定，也使货币政策独立性得到最大限度的发挥。无论中央银行名义上宣布采取何种汇率制度，事实上都收敛于固定汇率制。亚洲金融危机之后的马来西亚重返资本管制，实行林吉特严格钉住篮子货币的汇率制度即属此类。[1]

（2）资本自由流动。当中央银行放开资本项目而使资本自由流动，参数 m 为 1。此时最优化中央银行损失成本模型为：
$$\underset{x\in[0,1]}{\text{Min}C} = (1-\lambda)(1-x)^{\beta}-\lambda(1-x)^{\alpha}+\lambda c \qquad (4-16)$$

由式（4-15）可得二阶条件：
$$\frac{\partial^2 C}{\partial x^2} = \lambda\alpha(1-x)^{\alpha-2}(\beta-\alpha) \qquad (4-17)$$

当 $\alpha \geq \beta$ 时，$\frac{\partial^2 C}{\partial x^2} < 0$，该模型取得"两极"解。[2] 若 $\lambda > 0.5$，则 $C_{x=0} = 1-2\lambda+\lambda c < C_{x=1} = \lambda c$，中央银行汇率制度的最优选择为实行自由浮动汇率制度。反之，则为完全固定汇率制度。换言之，在中央银行完全开放资本市场条件下，如货币政策独立性损失指数不小于参数 β，汇率制度的选择

---

[1] 有趣的是，就在中国进行"汇改"的这一天，马来西亚中央银行亦对外宣布，废除实施长达 7 年之久的钉住美元汇率制，转而让本国货币林吉特钉住一篮子货币，实行小型开放经济体普遍采用的管理浮动汇率制。

[2] 所谓的"两极"解指在汇率稳定性变量定义域的两个端点取值。

将取决于反映中央银行对货币政策独立性损失成本和汇率风险成本相对重视程度的参数 λ。长期以来，美联储一直将货币政策视为治理国内通货膨胀、失业问题最有效的经济政策，对保持货币政策独立性"情有独钟"，因而实行美元汇率自由浮动的汇率制度；相反，中国香港作为国际金融、贸易中心更为关注港元币值的稳定，则选择以 100% 的美元做准备、具有完全"固定"性质的货币局制度。

当 $0 < \alpha < \beta$ 时，$\frac{\partial^2 C}{\partial x^2} > 0$，该模型在 $x = x^*$ 处取得极小值且

$$C_{x=x^*} = \lambda c - \lambda (1 - x^*)^\alpha (1 - \frac{\alpha}{\beta})$$

（将式（4-13）代入式（4-16）即得）。显然 $C_{x=x^*} < C_{x=1} = \lambda c$，故中央银行只能选择"中间"汇率制度或完全浮动汇率制度，但不可能选择完全固定汇率制度。如 $C_{x=x^*} < C_{x=0}$，中央银行选择"中间"汇率制度；反之，则选择自由浮动汇率制度。可以看出，当满足上述一定条件时，Frankel 的"中间"汇率制度可以是最优选择，那种认为"中间"汇率制正在或应当消失的观点确定值得商榷。

(3) 资本有限流动。正如前面所分析的，资本有限流动条件下汇率制度的选择与参数 α、β、λ 相关。当 $\alpha \geq \beta$ 时，$\frac{\partial^2 C}{\partial x^2} < 0$，① 该模型取得两极解。如 $C_{x=1} = \lambda c - \lambda (m-1)^\alpha < C_{x=m-1} = \lambda c - \lambda + (1-\lambda)(2-m)^\beta$，汇率制度的最优选择为完全固定制；反之，则选择尽可能浮动汇率制度。当 $0 < \alpha < \beta$ 且 $\beta \leq 1 - (2-m)(1-\alpha)$ 时，$\frac{\partial^2 C}{\partial x^2} < 0$，② 该模型取得两极解，汇率制度选择的判断标准同上。如 $\beta > 1 - (2-m)(1-\alpha)$，由一阶条件确定的 $x^* > \frac{1}{\alpha - \beta}[m(1-\beta) - (1-\alpha)] = x_0$ 时，$\frac{\partial^2 C}{\partial x^2} < 0$，模型取得两极解，判断标准同上。如 $x^* < x_0$，$\frac{\partial^2 C}{\partial x^2} > 0$，模型在 $x = x^*$ 处取得极小值。此时若 $C_{x=x^*} > \text{Min}(C_{x=m-1}, C_{x=1})$，模型为两极解；反之，则选择"中间"汇率制度。在资本有限流动条件下，各国经济参数的不同将使中央银行选择不

---

① 因为 $\alpha \geq \beta$，所以 $(\alpha - \beta)x + (1-\alpha) - m(1-\beta) \leq (\alpha - \beta) + (1-\alpha) - m(1-\beta) = (1-m)(1-\beta) < 0$，所以 $\partial^2 C / \partial x^2 < 0$。

② 因为 $0 < \alpha < \beta$ 且 $\beta \leq 1 - (2-m)(1-\alpha)$，所以 $(\alpha - \beta)x + (1-\alpha) - m(1-\beta) \leq (\alpha - \beta)(m-1) + (1-\alpha) - m(1-\beta) = \beta - [1 - (2-m)(1-\alpha)] < 0$，所以 $\partial^2 C / \partial x^2 < 0$。

同类型的汇率制度。值得注意的是，Frankel的"中间"汇率制度仍为可能选择的汇率制度。对于多数国家，尤其是那些大规模资本活动尚不构成问题的发展中国家来说，"中间"汇率制可能比"两极"汇率制更合适，因为发展中国家金融市场不够发达，同时缺乏相关的配套制度，自由活动汇率制常常是不可行的，而货币局制的严格限制是政法上也难以接受。

中央银行成本最小化模型表明，资本流动状况以及货币政策独立性损失指数、中央银行赋予两种成本的权重等参数共同决定了货币当局对汇率制度的选择，也正是这些因素的差异性导致了不同汇率制度的选择以及当今世界多种汇率制度形式并存。然而，汇率制度的选择问题绝不仅仅是一个静态的问题，它本身是中央银行对一国具体情况的相机抉择。随着各国经济市场化和资本开放程度的不断增强，决定汇率制度选择的各因素间的差异不断地冲撞和耦合，各国汇率制度必然处于一个动态的变迁过程。因此，一条逻辑的结论是，没有任何一种汇率制度适合于所有国家以及同一国家的所有时期，汇率制度的选择问题是一个中央银行依据各国具体情况相机抉择的动态制度变迁问题。

四、小结

本节尝试将克鲁格曼的"三元悖论"拓展，构建一个中央银行成本最小化模型作为汇率制度选择问题的理论分析框架。该框架从另一角度解释中央银行是如何进行汇率制度的选择。基本结论有二：①货币政策独立性损失指数、中央银行对两种成本的相对偏好参数影响汇率制度的选择，各国经济参数的差异导致各国选择不同类型的汇率制度以及当今世界多种汇率制度形式并存的现实。东盟成员的经济与金融存在差别，上述影响汇率制度的参数也各不相同，选择差异化的汇率安排也就不可避免。②不同资本流动条件下，中央银行成本最小化模型有不同的最优解，一国资本流动状况的变动相应地引发汇率制度的重新选择和变迁。东盟经济体的汇率安排不是一成不变的，随着资本流动状况的改变，其汇率安排仍然需要做出相应调整，这就是为什么我们看到东盟经济体的汇率制度时常发生改变的原因所在。需要指出的是，本节选择中央银行成本视角来解读汇率制度的选择，并不一定全面、细致，却能为汇率安排的多样性提供局部的解释。

第五章 东盟汇率制度选择：马来西亚、新加坡、泰国个案研究

东盟成员实体经济和金融经济的差异，以及各项经济参数的不同，决定了东盟的汇率安排不存在标准的"模式"。东盟经济体应根据自身实际情况，选择适合于自己的汇率制度类型。从静态角度看，东盟成员之间因各自条件有别而选择差异化的汇率制度，东盟的汇率安排就呈现出丰富多彩的汇率体系。从动态角度看，如果有关影响因素发生改变，东盟经济体就面临对汇率安排重新作出选择，那么，东盟的汇率制度在时间序列中表现为处于动态调整与不断变迁之中。本章主要研究马来西亚、新加坡、泰国三个经济体的汇率制度选择问题。

第一节 马来西亚钉住汇率制：缘起、效果与改革

亚洲金融危机之后，马来西亚重返资本管制，选择了林吉特（Malaysian Ringgit）与美元挂钩的钉住汇率制。正是在这种颇受争议的汇率制度下，马来西亚不但成功地渡过了金融危机，经济迅速走上复苏之路，更耐人寻味的是，后危机时期其他东南亚国家普遍增强了汇率制度弹性以避免外部冲击，林吉特却依然严格钉住美元并一直持续到 2005 年的"汇改"。

一、马来西亚钉定汇率制的由来

20 世纪 70 年代以来，马来西亚保持着较高的经济增长速度，从一个贫穷的发展中国家发展成为新兴工业化国家，成绩斐然。20 世纪 80 年代后期，为了吸引外国资本流入以维持快速的经济发展，马来西亚和其他东南亚国家一样，放开了对资本项目的管制。然而，肇始于泰国的那场金融风

暴，很快将马来西亚卷了进去，马来西亚股市、汇市双双大幅下挫，失业率迅速攀升，国内生产总值出现数十年来罕见的负增长，整个国民经济呈现恶化趋势。

显然，寻求稳定的内外部环境对急于走出危机的马来西亚是至关重要的。在这样的背景下，马来西亚制定并实施了紧急因应措施，时为马来西亚副总理和财政部长的安瓦尔，按照IMF为东南亚国家开出的"药方"，实行了一系列的紧缩性经济政策：大幅提高短期贷款利率、限制贷款、缩减呆账期限、减少经常项目赤字以及先后两次削减政府开支等。在上述政策措施未达预期效果后，马来西亚国家银行宣布不再动用有限的外汇储备进行干预，林吉特任由市场供求来决定，马来西亚选择了让林吉特浮动的汇率制。事实上，此项举措后来被证明是不合时宜的，市场投资者产生林吉特单向贬值预期，纷纷抛售马币标志资产。在很短的时间内，马来西亚股市、汇市再受重创，出现大幅下滑，经济恶化势头并未得到遏制。马来西亚的经济发展态势表明，国际货币基金组织的药方没有取得预期疗效，安瓦尔的经济政策是失败的。①

与相对温和且与西方保持良好关系的安瓦尔不同，马哈蒂尔一直对西方持激烈的批评态度，他从一开始就将这场金融危机的真正"元凶"归咎于投机性货币交易，投机者的货币交易使马来西亚股票及证券市场出现恐慌性抽逃，导致林吉特汇率大幅贬值。马哈蒂尔曾这样谴责乔治·索罗斯之类的投机商："我们奋斗了三四十年才把国家发展到这样的水平，但却冒出了一个拥有数十亿美元的人，他在两个星期之内就毁掉了我们所取得的大部分成就。"② 基于这样的认识以及安瓦尔紧缩性政策的失败，马来西亚采取了下调法定准备金率、恢复呆账期限、增大财政支出等凯恩斯式的扩张性经济政策。并于1998年9月1日断然做出"惊人"的决定，拒绝接受IMF的援助，重新实行资本管制，固定林吉特汇率且使之一次性从2.86兑1美元贬值到3.8兑1美元，贬值幅度约为24.7%。诚然，马来西亚并不是对外来援助持排斥态度的，只是IMF的经济援助往往带有提高利率、紧缩信贷、增税以及向外国投资者开放资本市场等附加条件，这是具有强烈民族主义倾向的马来西亚所不能接受的，加之马来西亚政府对经济恢复较

---

① 安瓦尔的经济政策对于治理金融危机没有起明显效果，安瓦尔本人也因与马哈蒂尔政见不合而被革职、遭逮捕并被判刑，引发国内外震惊的安瓦尔政治风波。
② ［美］利夫·罗德里克·罗林伯格：《东南亚的金融危机：诊断与处方》，谧谷译，《南洋资料译丛》1998年第2期，第25页。

有信心，坚定了其拒绝的决心。客观地说，重新实行资本管制虽逆世界开放潮流而行，曾遭到来自各国政府和学者的一致谴责，但其通过限制资本（尤其是短期投机性资本）流动来杜绝马币投机通道、保证林吉特币值稳定的意图是显而易见的。事实上，这是身处经济困境之中的马来西亚的无奈选择，也成为经济学家克鲁格曼为亚洲国家开出的实行外汇管制、解救金融危机药方的第一例实践。

就汇率制度的选择而言，马来西亚实际上在应对金融危机上选择了林吉特钉住美元的"硬"钉住汇率制（Pegged – exchange – rate System）。正如我们已经知道的，在这种汇率制度维系林吉特稳定的情况下，马来西亚成功地渡过了那场席卷整个东南亚国家的金融危机。然而，令人吃惊的远不止这些，在后危机时期，那些曾受危机之苦的其他东南亚国家和东北亚的韩国均不同程度地扩大了本国货币汇率的弹性，而马来西亚却是个例外。无论是1999年亚洲区域各国货币纷纷回弹升值而产生林吉特低估的呼吁，还是2000～2001年韩国、新加坡、泰国、印度尼西亚等国货币受日元贬值影响纷纷走低而出现要求林吉特贬值的声音，马来西亚始终将林吉特兑美元汇率维持在3.8的固定水平上，直至马来西亚中央银行于2005年7月21日对汇率制度进行调整改革方才结束。在亚洲金融危机期间，马来西亚的确没有按照IMF的建议行事，但IMF在危机后对亚太地区的一份评估报告中肯定了马来西亚在稳定宏观经济政策和结构重组方面所取得的成就，同时指出，全球化走势不明朗之际，马来西亚没有必要放宽林吉特的自由度。这实际上是对马来西亚钉住汇率制在治理金融危机和促进经济发展中所起积极作用的一种肯定。

二、林吉特长期钉住美元的成因剖析

如果说马来西亚当初保持林吉特汇率稳定是为处于严重衰退的国内经济建立一个稳定的内外部环境，是危机时期的无奈选择和非常举措，那么时至今日，为何林吉特仍然以美元为锚币，马来西亚如何能在较长时期维持林吉特与美元的固定比价？

笔者认为，马来西亚选择美元而不是其他货币作为锚币有其客观必然性。马来西亚是以出口导向为主的经济体，外部需求在马来西亚经济中占有举足轻重的地位。美国是马来西亚最大的出口国，马来西亚向美国的制成品出口占其制成品出口总额的24.3%，马美间贸易亦占马来西亚对外贸易总额的18.7%（廖小健，2001），马来西亚的经济冷暖很大程度上依赖于美国的经济发展。因而,马来西亚选择主要贸易伙伴国美国的货币——美元作为锚币是极为自然的事情。再者,美元是国际货币体系中最重要的一种货币,其内在价值是相对稳定的,林吉特钉住美元或保持与美元的固定兑换比例本身可向市场传递这样的信号,马来西亚货币当局意欲稳定林吉特币值,并借此向外界证明它是一个"好管家"。况且,钉住美元、欧元这样的硬货币或钉住至少包含美元、欧元在内的货币篮子在世界上是十分"流行"的。

在东南亚其他国家货币汇率弹性都有所增大的同时,林吉特依然"硬"钉住美元,时间已有7年之久,概括而言,主要有以下三方面的原因:

(1) 马来西亚的资本管制是保证林吉特币值稳定和钉定汇率制的前提和基础。马来西亚重返资本管制之后,对往来于马来西亚的资本流动和转移制定了许多限制性条款。例如,"转移任何数目的资金必须向政府有关部门申请","除入口货物及服务外,居民付款的限额为1万马币或等值外汇。超过1万马币的付款须填写P表格","任何形式的海外投资及有担保的非贸易付款必须获国家银行的批准"(陈绍方,1998)。可以看出,这些条款对资本流入、流出均有严格限定,将国内金融市场与动荡不安的境外市场隔离开来,从而防止短期投机性资本异常流动所带来的冲击。倘无此类相应的管制措施,维持林吉特与美元间钉住汇率将是十分困难的。

在较好地控制住短期资本的冲击效应的情况下,马来西亚对其管制措施进行了谨慎的"放松":对于以直接投资为目的的资本流入,基本取消限制;对于资本流出,则以征收撤资税来替代原先的极端管制,如入境的资金流出时免征撤资税,它所赚取的利润从利润赚得的日期算起一年内汇出时征收30%的课税,一年后汇出的利润则被征收10%的课税(马超,2000)。这种形式的资本管制具有"长期资本松、短期资本严;资本流入松、资本流出严"的非对称性特点,实际上成为一种选择性管制,它有利于林吉特汇率的稳定并使之产生些微升值压力。此后,马来西亚宣布从国家利益出发,短期内不会完全撤销资本管制,向市场传递马货币当局仍将林吉特汇率稳定作为一项重要目标的信号。事实上,1998～2004年林吉特所表现出的超常稳定与马来西亚至今尚未完全放开资本管制是分不开的。正如日本的一位政要所评价的:"马来西亚资本管制可以说是一个成功,这个国家在没有IMF的帮助下,成功捍卫了它的货币,免遭投机客狙击,而许多人所担心的情况并没有发生",甚至连IMF也不得不承认"马来西亚资本管制产生了比许多观察家所预期的还要积极的结果。"[①] 无论如何,资

---

① 马超:《马来西亚资本管制的效果分析》,《国际金融研究》2000年第2期,第32页。

本管制对于维系林吉特的钉住确实起了重要作用,至少在金融危机期间是如此。

(2) 马来西亚经济政策所具有的公信力以及由此产生的市场信心是林吉特汇率长期稳定的必要条件。在亚洲金融危机爆发前,马来西亚一直保持高速的经济增长,特别是 1988~1996 年,其国内生产总值的平均增长率高达 9%(沈守传,1998),居东盟之首,在整个亚洲亦仅次于中国。显然,马来西亚所取得的巨大经济成就是与其相应的经济政策密不可分的。正是以马哈蒂尔为首的政府,先后适时制定出马来西亚由单一经济结构向多元化经济结构、进口替代战略向出口导向战略转变等一系列促进经济发展的政策,才有了马来西亚经济发展奇迹的出现。一位曾经批评马哈蒂尔的西方观察家承认:"实在地讲,尽管他有一些失误,但他超人的智慧曾使马来西亚经济取得很大成就,没有人会反对此种观点。"[1]

在遭受金融危机冲击的东南亚国家中,马来西亚的经济损失不如泰国和印度尼西亚,但甚于菲律宾和新加坡,然而马来西亚的经济复苏却是最快的,2000 年的经济增长率为 8.2%,在东盟国家中排名第一,马来西亚的经济政策功不可没。某种意义上说,马哈蒂尔领导的马来西亚政府是一个"强政府",[2] 它是马来西亚经济奇迹的真正创造者。国际评级机构将象征马来西亚主权的国家债券等级评为 Aaa 级、银行存款顶限从稳定级调升为积极等级便是最好的证明。事实上,"强政府"显示的是其制定的政策具有可信性的信号。马来西亚实行林吉特钉住汇率的政策,市场因对"强政府"的政策具有信心而形成林吉特确能稳定的预期,随着时间的推移,这种预期能够不断自我强化。而且,马来西亚资本管制隔离了内外金融市场,增强其货币政策的独立性,这有利于林吉特币值的长期稳定。实际上,政策的公信力和市场信心常常是大多数发展中国家所缺乏的。

(3) 亚洲金融危机后,日元兑美元汇率虽经数次升贬,但每次升贬持续时间不长也是林吉特钉住汇率得以持续如此之久的必不可少的原因。日本是马来西亚的第四大贸易伙伴国,在马来西亚有大量的直接投资。尽管林吉特严格钉住美元,但马来西亚对日元汇率的变动还是较为敏感的,因为它影响到双方的相对国际竞争力。日元兑美元汇率升值,意味着钉住美元的林吉特相对于日元贬值,这使马来西亚从日本进口的机器、零部件成

---

[1] [英] 卡拉姆·亨德林:《亚洲在衰落?》,朱宝宪等译,机械工业出版社,1998 年,第 120 页。

[2] 马哈蒂尔于 2003 年 11 月 1 日卸任,将总理大权移交副总理巴达维。

本上升。再者,马来西亚的外债中有近1/3是日元债务,日元的相对升值直接加重了马来西亚的外债负担。如果日元汇率贬值,这又导致出口导向型的马来西亚的产品出口竞争力下降,经常账户可能恶化。再者,后危机时期,亚洲区域内主要新兴市场国家的货币弹性都有所增大,此种影响可能使马来西亚在与其另一重要贸易伙伴——东盟其他成员国的竞争中亦处于不利地位,因而马来西亚真正期望的是日美间汇率保持相对稳定。然而,在日元自由浮动汇率制下,这种期望往往是马来西亚的一厢情愿。实际上,日元汇率的相对稳定是暂时的,日元汇率的波动却可能是经常的。所幸的是,1998~2003年,日元兑美元汇率虽有数次较大幅度的升贬,但持续时间不长,这使林吉特钉住美元不至于遭受长时间的市场压力。在权衡林吉特汇率钉住所带来的好处和可能面临的市场压力时,马来西亚始终没有改变现行的"硬"钉住汇率制。

三、林吉特汇率能继续钉住吗

除金融危机期间曾实行短暂的浮动汇率制外,马来西亚一直将林吉特汇率维持在3.8的固定水平。无论从汇率的稳定程度还是持续时间看,它都远远超过危机前林吉特的货币篮子钉住。目前尚没有明显迹象表明林吉特正受到决意的内外冲击,林吉特钉住汇率或许还要持续一段时间,但是,从一个更长的时期看,此种钉住是否是可持续的?笔者认为,马来西亚钉住汇率制的可持续性是与以下三个因素相关的:

(1)由于资本管制是保证林吉特汇率稳定必不可少的前提条件,资本管制是否可长期实行便成了林吉特汇率是否可以维持的重要判定依据。不可否认,资本管制对于马来西亚的经济发展具有双重性,在危机期间,资本管制政策确实较好地隔离外部投机资本冲击,维持马币对外价值的稳定,对马来西亚经济的快速复苏起了重要作用。但是,资本管制是一把"双刃剑",它也会对马来西亚的经济发展产生负面影响。马来西亚的资本管制政策限制了国际资本自由流动,隔断了国内外经济联系的"桥梁",使马来西亚国内经济的扭曲得不到及时纠正并趋于制度化,不可避免地造成效率降低。随着马来西亚经济的恢复,这种负面影响会越来越大。而且,从长远看,资本项目开放毕竟是世界经济发展的一种潮流,马来西亚不可能无视世界经济发展的这种趋势。事实上,在经济全球化背景下,马来西亚的资本管制政策已有所"松动",2001年5月,马来西亚取消了对证券投资利得汇出征收10%的税收。这种松动降低了国际资本流入、流出的"门槛",

使维持林吉特钉住汇率的成本迅速增大。一旦资本管制完全撤除,林吉特汇率不仅取决于真实经济中对商品劳务派生的外汇需求,更主要取决于国际资本自由流动而引致的外汇需求,这使固定汇率的维持成本十分昂贵,林吉特汇率的稳定变得不可持续。因此,随着资本管制的逐渐放松,马来西亚将难以维持钉住汇率制,渐进扩大林吉特汇率的弹性、选择更为灵活的汇率制度是马来西亚未来的发展方向。

(2)东南亚主要国家实行的是出口导向型的经济发展战略,各国的出口产品主要是电子、办公设备、半导体部件等 ICT 产品,出口国家也主要是美国、日本、欧盟以及东盟之其他国家,东南亚国家出口产品结构和地理方位极为相似的特点,使东南亚国家贸易的竞争性强于互补性。各国对于本国以及其他周边国家的货币汇率变动特别关注,因为各国汇率政策或汇率走势的不一致会破坏区域内竞争力的平衡。然而,亚洲金融危机之后,东南亚其他国家普遍摒弃了被一些经济学家视为危机诱因的钉住汇率制,马来西亚却选择了林吉特钉住美元的做法,这必然导致林吉特与区域内其他货币间汇率出现波动,影响区域内各国竞争力的均衡。如果林吉特相对于其他货币升值,马来西亚面临巨大的外部市场压力;而如果林吉特贬值,则又有"以邻为壑"之嫌,可能要面对来自东南亚其他国家施加的政治压力。在这个意义上说,钉住汇率制所产生的这些效应对于林吉特本身的可持续性是非常不利的,尽管它现在还表现得不够明显。所以,对于经济结构如此相近的东南亚国家,动态地保持各国货币间汇率的相对稳定是短期内平衡各国竞争力最主要的途径,①其实现方式有二:①各国降低其货币汇率的弹性,回归到像马来西亚那样的钉住。②马来西亚增大林吉特的弹性以使各国汇率走势可能保持动态的一致。笔者较为倾向于第二种方式,因为它更具现实的操作性,马来西亚可以通过林吉特的适度浮动增强其抗外部风险能力,进而反过来促进资本管制的放松,也可以运用汇率政策来平衡国际收支。而且,这种方式也符合东南亚国家的"集体选择",可使均衡各国间竞争力的成本最小。

(3)未来日元汇率走势的不确定性给马来西亚钉住汇率制的可持续性提出了严峻挑战。正如我们前面已经分析的,马来西亚之所以出现林吉特固定钉住美元如此之久,是与日元近年来未出现长时间的升贬有关的。但是,当这一情况发生变化时,比如日元出现持续的大幅贬值,这将导致马

---

① 国内外学者提出了以人民币、日元或亚元作为区域单一货币的设想,笔者认为此项操作难度较大,短期内难以实现,有关分析见本书第七章。

来西亚产品竞争力下降,国际收支经常项目出现逆差,此种经常账户的恶化超出马来西亚的承受能力时,林吉特汇率的稳定将变得不可维持。事实上,日本经济仍处于通货紧缩,国内银行不良债权居高不下,日本央行具有让日元贬值的倾向,这给日元留下一定的贬值空间。倘若此种情况发生,马来西亚恐难长期维持林吉特与美元间的钉住汇率,适度放宽林吉特汇率的浮动范围应是马来西亚避免处于被动境地的唯一选择。需要指出的是,与前面两个因素相比,日元汇率的变动是马来西亚无法控制的,也是其最担忧的,在这个意义上,日元汇率是短期内林吉特汇率可持续性问题潜在的最大威胁。此外,后马哈蒂尔时代,马来西亚的经济政策是否还会具有较高的公信力,是否能合理引导人们的预期,有待时间检验。但仅就此来说,它又或多或少地给林吉特钉住美元的可持续增加了需要考虑的因素。

四、马来西亚中央银行对汇率安排的改革

2005年7月21日,中国对人民币汇率形成机制进行改革,实行"以市场供求为基础、参考一篮子货币进行调整的、有管理的浮动汇率制"。也许是一种巧合,就在这一天,马来西亚货币当局亦对外宣布,改革现行汇率制度,废除实施长达7年之久的钉住美元的汇率安排,改而让林吉特钉住一篮子货币,实行小型开放经济体普遍采用的管理浮动汇率制。

诚然,马来西亚的"汇改"是由国内外诸多因素交互影响决定的。2003年,伴随着马来西亚放松对货币的管制,允许居民从事林吉特与外汇的买卖,以及放宽外汇流出上限的规制,林吉特钉住美元的经济条件已经受到严重威胁。倘若货币当局继续维持林吉特与美元的固定比价,将面临周边国家施加的巨大压力和为干预汇市而付出的维护成本。因此,对现行汇率安排进行调整是当时马来西亚中央银行不得不面对的重要问题。2002~2004年,马来西亚基本摆脱全球经济衰退的影响,经济发展较为迅速,这三年的经济增长率分别为4.4%、5.4%、7.1%,增速位居东盟前列。同时,马来西亚加大外汇收购力度,导致央行所持外汇储备数量剧增,2005年,货币当局持有外汇储备2535亿林吉特(约合667亿美元),较2003年的449亿美元增长了48.6%,这一增速仅次于中国,名列东亚地区第二。外汇储备的迅猛扩张不仅增强了货币当局干预汇市的能力,也使林吉特兑美元汇率处于升值态势,为马来西亚的汇率市场化改革创造了有利条件。

此外,人民币汇率形成机制的改革为马来西亚汇率安排的调整提供了良好的契机。汇改之前,中国实行管理浮动汇率制,但从外汇交易微观市

场机制看，实际上异化为具有固定性质的"其他传统的钉住汇率制"。① 而后危机时期林吉特严格钉住美元的汇率安排，间接地让林吉特与人民币汇价联系起来，这与作为中国重要竞争对手的马来西亚的利益相冲突，所以，马来西亚多位政要在不同场合或明或暗地表示出对本币改革的意向。2005年1月，巴达维总理声称"不在林吉特与人民币间'制造联系'"；5月，马来西亚中央银行总裁阿赫塔尔·泽提却表示，假设中国改变其货币政策的话，马来西亚可能也将跟随在后；马来西亚经济研究局在5月底对外宣称，中国对人民币汇率进行的任何改革都会对林吉特产生关键性的影响。② 后危机时期，马来西亚也对过于僵化的汇率机制不甚满意，一直在酝酿可能进行的汇率制度改革。果不其然，就在中国央行宣布对人民币汇率调整后的很短时间内，马来西亚宣布废除现行钉住汇率制，实施具有一定弹性的管理浮动汇率制。

自"汇改"以来，林吉特兑美元汇率稳中有升，呈现小幅上扬的趋势，到2005年8月，林吉特兑美元汇率维持在1∶3.75的价位左右，与汇改前相比升幅仅为1.5%，远低于市场预期的2%~5%，市场普遍预计林吉特汇价仍有继续趋涨的空间。显然，林吉特升值对马来西亚国内不同行业产生迥然有别的影响，进口商以及原料或组件主要依靠进口的建筑业、制造业和汽车业将从中受益，而出口商以及马来西亚主打的出口行业——半导体业、木材业、棕油业和入境旅游面临巨大冲击，因为林吉特升值提高了出口品的相对价格，致使其国际竞争力骤然下降。其次，林吉特汇率的波动性特征凸显，虽间或出现反弹但稳步升值走势却是十分明显的，2006~2008年，林吉特兑美元平均汇率分别升至1∶3.7、1∶3.4、1∶3.3，升幅累计达15%。可以看出，"汇改"后马来西亚汇率制度的灵活性增大，林吉特的汇率杠杆作用日趋明显。

五、小结

亚洲金融危机以来，马来西亚选择了林吉特严格钉住美元的汇率制度，即使在其他东南亚国家纷纷增大货币汇率弹性的情况下也从未有所改变。客观地说，危机时期所采取的资本管制、"强政府"经济政策的公信力效应

---

① 关于人民币汇率形成机制的分析，参见刘兴华：《汇率制度的选择》，经济管理出版社，2005年，第101~104页。
② 陈人欢：《马来西亚汇率制度的变动和影响》，《东南亚》2005年第4期，第30页。

以及近年来日元汇率大幅升贬持续时间不长是马来西亚实行钉住汇率制如此之久的主要原因。然而，汇率制度的选择本身处于不断的动态变化之中，随着马来西亚资本管制的放松，东南亚国家之间贸易竞争对林吉特形成的潜在压力与日元汇率走势的不确定性使得马来西亚缺乏继续实行这种汇率制度的经济基础。所以，马来西亚的应对策略是逐步放宽林吉特汇率的自由度，为钉住汇率制向更为灵活的汇率制度转变创造条件。自2005年"汇改"以来，货币当局放宽了林吉特的汇率弹性，林吉特兑美元汇价出现温和升值，对马来西亚多个行业产生明显的影响。

第二节 新加坡汇率安排的动态稳定机制及其绩效

20世纪80年代以来，新加坡实行以保持新元（Singapore Dollar）动态稳定为目标的管理浮动汇率制。在这种灵活的汇率制度下，新加坡成功渡过了亚洲金融危机，保持了高速的经济发展。后危机时期其他周边国家普遍增强了汇率弹性以规避外部投机冲击，新加坡却依然未对其汇率政策做出任何改变。本节主要探讨新加坡汇率安排的动态稳定机制，剖析其政策成因，进而讨论汇率安排对促进经济增长、稳定物价水平和维持金融稳定的绩效。

一、新加坡汇率安排的动态稳定机制

新加坡是自然资源较为匮乏、经济总量并不太大的国家。2006年，新加坡的国内生产总值（GDP）为1322亿美元，经济规模在东盟中位居第四，独特的区位优势使其便于开展对外交流，制定了"出口导向型"的经济发展战略。后危机时期，新加坡对外贸易的发展非常迅速，按照东盟贸易统计库的数据测算，2004年，新加坡对外贸易占东盟对外贸易总额的34.7%，无可厚非地成为东盟的"贸易大国"（刘兴华，2006）；而且，新加坡还是全球转口贸易的集散地，其贸易依存度亦高达385%，堪称世界上最为"开放"的国家。

根据汇率制度的"经济结构"理论，稳定的汇率安排是小型开放经济体的最优选择。对于具有小型开放经济特征的新加坡而言，维护新元汇率

动态稳定的重要性不言而喻。在新加坡对外贸易中，以来料加工和进料加工为主的加工贸易占了相当比重。加工贸易的主要特点是原材料和销售市场"两头在外"，出口产品竞争力的高低很大程度上受制于进口成本，汇率是调节进口成本进而影响产品竞争力的重要因素，新加坡金融管理局（The Monetary Authority of Singapore）对于稳定新元币值有着较强的偏好。况且，作为"城市"国家，近年来新加坡的国际金融地位不断提升，已成为继伦敦、纽约、东京之后的全球第四大外汇交易中心，适当保证新元与国际主要货币汇率的相对稳定也是金管局在制定、实施货币政策时必须认真考虑的。

基于这样的汇率偏好及货币政策取向，新加坡自1981年起开始实行动态稳定新元的汇率制度。此种汇率安排的特质有四：①新元名义有效汇率参考一货币篮子，篮子货币包括主要贸易伙伴和竞争对手国家的货币，货币篮子组成不对外公布，各货币所占权重取决于新加坡与该国的贸易依赖度或竞争强度。②为新元名义有效汇率设定窄幅且不公开的目标区间，这既为新元提供具有承担短期汇率波动的灵活性，又为难以准确测定的新元均衡汇率提供一定的评估缓冲区间（Yip、Paul，2003）。③金管局对货币篮子、目标区间实行"周期管理"，周期性地调整篮子货币组成及权重，以适应本国贸易模式的变化。周期性地调整新元目标区间，以与本国经济基本面保持一致，调整"周期"通常为3个月左右。④金管局对新元汇率变动实行"相机管理"。当新元汇价变动超出货币当局的目标区间，金管局一般会"逆风干预"，让新元汇率重回目标区间（中国新加坡投资公司，2002）；但情况并非总是如此，有时出于某种目的，金管局可能对新元偏离目标区间采取"善意的忽视"（Benign Neglect）态度，以抵消外部冲击对新元汇率产生不利的影响。一言以蔽之，所谓的"管理"常常是一种相机干预。

由此可见，新加坡旨在稳定本国货币的汇率安排，实际上是为金管局动态调整新元汇率特别是在新元出现异常波动时提供"便利"，它内生出灵活调整新元汇率的动态稳定机制。就汇率制度的选择而言，比较流行的观点是将新加坡的汇率安排归为管理浮动汇率制。为什么新加坡选择管理浮动汇率制，而没有像其他小型开放经济体那样选择钉住汇率制或让新元自由浮动呢？这是因为，长期以来，新加坡有着良好的低通胀记录和严格的财经纪律，尚不需借助"名义锚"（Nominal Anchor）来维持公众对本币的信心。如果让新元严格钉住锚币，则新金管局将承担维持汇率的巨大压力，也会因与锚币国家经济周期和经济结构不同而产生较大的政策成本。倘若如此，自由浮动汇率制是否是新加坡的最优选择？笔者认为，自由浮动汇率制也不适合新加坡。汇率自由浮动增大了实体经济中的不确定性,可能引发汇率短期过度波动,甚至造成与经济基本面的背离,从而导致资源的错配。

实际上,新加坡汇率制度的设计给予金管局较大程度的灵活性,它具有三个明显的优点:①货币当局没有捍卫新元目标区间的义务,对于市场引起的货币需求变化,金管局可用外汇干预来吸收其中的一半,另一半则让它反映在新元的汇率变动中。②周期管理的动态性可以避免本国与他国经济基本面因长期偏离而引致的新元累计性高估或低估,换句话说,即使金管局在设定新元初始汇率及目标区间时出现判断失误,周期性地小幅微调亦可减少由此付出的高昂代价,对错误的纠偏也变得相对容易。③"善意的忽视"并不表明金管局对新元的汇率波动完全置之不理,相反,金管局持有的高达数千亿美元的外汇储备及其"相机干预"汇率政策,向市场投资者传递了新加坡货币当局具有运用某些工具在未来某个时刻将新元汇率控制在目标区间的信号。

二、新元汇率保持动态稳定的政策成因

随着国际金融一体化的发展,新加坡资本与金融账户渐进走向开放,具有基准性质的银行同业拆借利率日益受到国外利率水平的影响,表现出很强的外生性。同时,资本与金融账户的开放加速了新元国际化进程,新元资产与其他货币资产之间的替代性增强,大量、快速的资本流动削弱了金管局对货币供应量指标的控制。因此,新加坡货币当局选择以汇率而不是传统的利率、货币供应量作为宏观调控政策的中介变量,并把维持新元汇率的动态稳定作为货币政策的首要目标。显然,在当今世界汇率制度日趋"浮动"以及东盟国家货币汇率弹性不断增强的背景下,新加坡的汇率安排似乎并不符合"集体的选择"。那么,新加坡为何以及如何实现新元汇率的动态稳定?笔者认为,这主要是新加坡适时制定、实施一系列与保持汇率稳定目标相协调的配套政策。

(1)新加坡货币发行的完全准备制及对新元的"谨慎的国际化策略"是新元长期保持动态稳定的主要原因。

为了避免新元大幅波动以维持区域国际竞争力的平衡,金管局在新元发行方面实行完全准备制,即新元发行的先决条件是必须以相应数额的外汇储备基金为准备,且至少有30%以上的准备金是流动性较高的短期资产(唐欣、纬恩,2005)。实际上,这一比例在操作中已高达80%。新元发行

完全准备制与准备金流动性比例的"硬"约束对金融管理局滥发货币形成较强的牵制，制约了新元的超经济发行和货币政策的随意性，后危机时期，新加坡狭义货币 M1 的平均增长率约为 6.46%（ASEAN，2006），远低于东盟其他国家货币的增长率。较低的货币增长率限制了国际金融市场上新元的过度供给，从而使新元在当今信用货币制度中仍能维稳，获得较高的信用等级。

在新元国际化进程中，金管局"谨慎的策略"客观上巩固和强化了货币发行完全准备制在稳定新元汇率方面取得的成果。短期内，金管局不鼓励新元成为一种国际货币，限制新元在新加坡之外的国家和地区使用以及新元离岸市场的发展；在长期，金管局也已看到国际化是国际货币体系发展的趋势，故在制定新元国际化策略上，金管局表现得相当"谨慎"。尽管近些年已逐步放松新元管制，修改了对本国货币控制的 757 条例，但仍保留对新元管制的一些关键性限制。例如，禁止非本地居民使用从新加坡贷得的新元购买不动产；以向海外投资为目的的贷款必须兑换成其他货币，防止新元离岸市场的扩大（华论，2001）。无疑，货币当局"谨慎的国际化策略"显然加大了对新元的控制力度，保证在未来出现的新元超调升贬中金管局能实行"相机干预"。

（2）稳步实施动态平衡财政政策，积极推行中央公积金计划，保证了新元汇价的相对稳定。

20 世纪 80 年代以来，新加坡政府以后凯恩斯经济理论为指导，实行收支基本平衡的财政政策。除 1986~1988 年因经济衰退出现小额赤字外，其余年份的财政收支均保持盈余，盈余占 GDP 的比重为 2%~4%。2001 年，在世界经济陷入"增长性衰退"之后，新加坡开始调整财政政策取向，转而推行赤字财政之扩张性经济政策，力争获得足够的经济发展动力。即便如此，新财政赤字仍显"温和"，在赤字额最大的 2003 年，其财政赤字仅占 GDP 的 1.58%（ASEAN，2006）。综观新加坡的财政政策，盈余财政显然占主流地位，大量的财政盈余既减轻了金管局为财政融资的压力，又增强了政府干预汇市的能力。

此外，新加坡政府还积极推行中央公积金计划，要求雇员和雇主每月必须将雇员基本薪金的 30%~40% 缴存中央公积金局。这一颇具"强制"色彩的公积金计划使近年来新加坡私人部门储蓄急速扩张，到 2004 年，私人部门储蓄与本国 GDP 占比已超过 50%。"强制性"中央公积金计划的实施降低了居民对外需求，导致新加坡国际收支呈现顺差，为新元汇率稳定及日后上扬提供了坚实的基础。

从货币政策效力看，新加坡平衡的财政政策与公积金储蓄的迅速扩张意味着政府、公共部门在金融体系拥有净资产，不需依赖银行为其提供信贷，这降低了商业银行创造货币的能力，减少了货币供应总量，其结果导致新元短缺，产生潜在的升值压力。面对这一升值压力，金管局可有两种应对策略：①如果新元升幅较小，对以出口导向为特征的新加坡是十分有利的，金管局不会对此过多干预，通常默许甚至"善意的忽视"，因为新元的适度升值能降低新企业进口成本，抑制国内物价水平的上涨。况且，作为一种市场行为的新元汇率升值，应该也必须由市场消化和吸收，金管局"忽视"新元升值可避免因外汇干预而产生"以邻为壑"之嫌。②如果新元升值被认为是经济面的非理性波动所致，金管局将采取在外汇市场抛售新元的干预措施，这既可增加货币当局持有的外汇储备，又向市场重新注入经济发展所需的货币，有利于减少新元非理性升值产生的负面影响。金管局相机干预新元汇价所体现的灵活性本身也表明货币当局意欲动态稳定新元币值，并借此向外界证明它是一个"好管家"（迈克尔·穆萨等，2003）。

（3）改革收入分配模式，实行弹性工资制度，形成新元汇率贬值"刚性"，促使新元汇率呈动态稳定的运行态势。

早在新加坡经济刚刚显露衰退迹象的 1986 年，为了实施经济重振计划，新加坡率先改革收入分配制度，将居民可支配收入分为固定薪金和可变薪金两个部分。实行收入分配弹性化管理，政府可根据本国经济实际情况调整居民可变薪金比重。弹性工资制的实施使政府在面临经济危机时劝说居民接受"减薪"的建议变得容易，大多数新加坡国民都有数额不小的公积金储蓄，如国民不愿减薪则需承担新元贬值风险，而新元贬值造成的储蓄资产损失可能比薪金减少带来的损失更大（丁志杰，2005）。所以，从最大化自身利益的角度看，新加坡国民通常在发生经济或货币危机时"乐意"接受政府的减薪建议，抵制新元汇率贬值。事实证明，这一旨在重振经济的改革举措很快取得了成效，它不仅促使新加坡经济快速发展，也使新加坡在 1997 年的金融危机中幸免于难。然而，令人吃惊的远不止这些，进入 21 世纪，弹性工资制并没有因经济走出衰退而被取消，而是一直沿用至今。此后，新加坡政府又先后两次扩大可变薪金比重，持续增强居民可支配收入的弹性，不断加大政府的宏观调控力度。客观地说，新加坡弹性工资制是与中央公积金计划相互协调、配套的一种制度，在经济状况恶化时形成新元汇率趋贬"刚性"，有助于维持新元汇率稳定，起到增强新加坡真实经济灵活性的作用。值得注意的是，新元是对美元保持长期稳定且略有升值的唯一的亚洲货币。

三、新加坡动态稳定汇率机制的运行成效

自实行灵活的汇率安排以来，新元或升或贬总体呈动态稳定之势。如果从一国汇率制度的维持时间看，新加坡汇率安排的存续时间也许是世界上最长的，至今尚无明显迹象表明它正受到决意的内外冲击而面临重新抉择。经过近30年的实践，新加坡的汇率安排对本国经济发展产生了不可忽视的影响，笔者主要讨论新加坡汇率安排对促进经济增长、抑制物价水平上涨和保持金融稳定的作用。

首先，由于新加坡实行灵活的汇率安排，金管局对新元汇率升贬进行合理规制，使得新元贸易加权汇价基本趋于平稳并富有弹性。经过后危机时期短暂调整之后，新元汇率开始稳步攀升，它与美元兑换比例由2001年的1:1.85升至2006年的1:1.53，年均升值率约为2.4%（ASEAN，2007），是第二次世界大战后一直保持升值的为数不多的货币之一，新元汇率波动性也远低于除马来西亚林吉特之外的东南亚其他国家货币。显然，新元汇率的稳定有助于扩大新加坡对外贸易，进而促进经济快速增长。新加坡虽先后经历石油危机、经济衰退、通货紧缩以及经济过热和亚洲金融危机的困扰，但经济发展仍表现出良好的发展势头。例如，1997～2006年，受世界经济衰退的负面影响，新加坡经济出现"增速减缓，继而调整复苏"的波动，如图5-1所示，但新加坡在1997～2000年和2004～2007年以后的经济增长率高居东盟五国榜首。就后危机时期而言，新加坡的平均增长率仍有不俗的4.52%，在东盟中位居第一，与美国"新经济"时代的平均增长率基本持平。

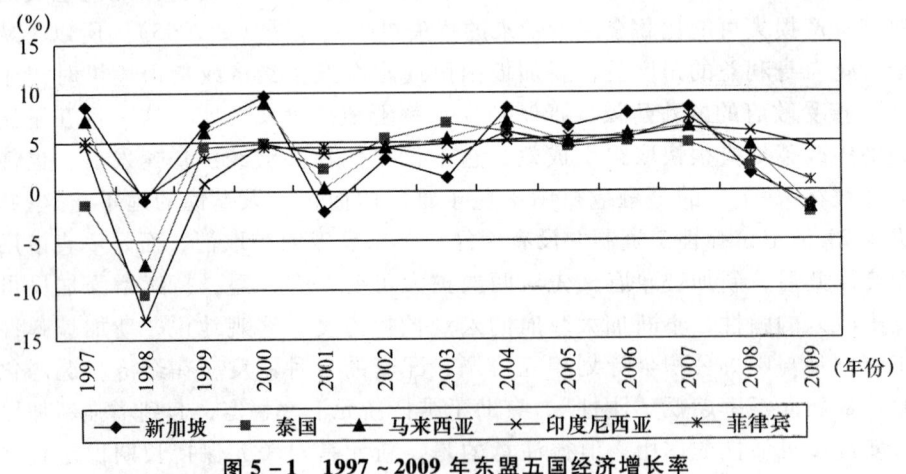

图5-1　1997～2009年东盟五国经济增长率

资料来源：ASEAN Statistics, http://www.aseansec.org.

事实上，新元稳定偏好没有妨碍金管局运用汇率政策对宏观经济的调控，不同时期内根据经济实际运行情况采取相应对策：新加坡经济的外部依赖性以及较高的加工贸易比重，导致金管局对新元汇率变动具有很强的升值倾向，长期奉行"强势新元"政策，甚至默许、容忍新元汇率在正常时期内保持3%的升值幅度，以避免输入型通胀对本国价格水平产生实质性影响。新加坡经济的迅速发展引致国内生产率、储蓄率快速增长，这对新元汇价产生"巴拉萨—萨缪尔逊效应"，新元实际汇率升值带动名义有效汇率走势坚挺。当然，新加坡货币当局的升值偏好并不表明金管局在看待新元汇率问题上总是如此，它仍保留了新元贬值的选择权，如20世纪80年代中后期新加坡陷入经济衰退时，主流观点认为加快出口增长以刺激经济是新加坡走出衰退唯一可行的办法。在金管局的外汇干预下，新元曾有过较大幅度的贬值。金融危机爆发时期，泰国、马来西亚、印度尼西亚、菲律宾等东南亚国家货币汇率大幅贬值，金管局也顺势对新元汇价进行法定贬值，以便能与主要贸易伙伴和竞争对手保持相对均衡的国际竞争力。

其次，长期以来，新加坡金管局形成"价格稳定高于一切"的独特理念，货币当局把将通胀率控制在最低水平作为重要目标，对其他任何经济目标的支持不能以价格稳定受到损害为代价。为了实现这一目标，新加坡根据国际价格水平及国内通胀预期，设定3%的通胀率为本国合理通胀率的上限。资本账户的开放使金管局对利率、货币供应量的控制能力下降，继续依托这类指标来实现本国通胀目标似乎是不合时宜的，故新加坡毅然放弃利率、货币供应量而选择汇率作为实现通胀目标的中介。有趣的是，金管局为新元名义有效汇率设定的年均升幅上限也为3%（曹勇，2005），这与3%的通胀目标上限之间似乎不应被视为彼此毫不相干的两件事，两者是巧合还是相互协调，我们不得而知。但笔者认为，新元汇率的适度升值，降低新加坡原材料的进口成本，也降低生活必需品的进口价格，的确有利于抑制通胀率，两者间存在必然的逻辑联系。

在具有动态稳定机制的汇率安排下，新加坡的价格总水平表现得极为稳定，1997~2009年，新加坡的平均通胀率仅为0.46%，趋于经济学意义上的"零通胀"。即便在面临全球性金融危机的2007年，其最高通胀率也才为温和的2.1%（ASEAN，2010）。反观其他东南亚国家，物价水平均出现程度不等的上涨，印度尼西亚甚至在1998年发生幅度接近60%的恶性通货膨胀，如图5-2所示。从汇率安排的反通胀绩效看，新加坡取得的成绩在整个东盟中无疑是最好的。欧盟在《稳定与增长公约》中将通货膨胀控制在2%以内的中期目标显然十分苛刻,如果我们把后危机时期新加坡的通货膨胀情况与之对照,新加坡竟然也已达标,其成绩甚至不逊于以反通胀著称的德国。正是由于新加坡选择了适合自身发展的汇率制度,才有了新加坡价格水平的"超级稳定"。

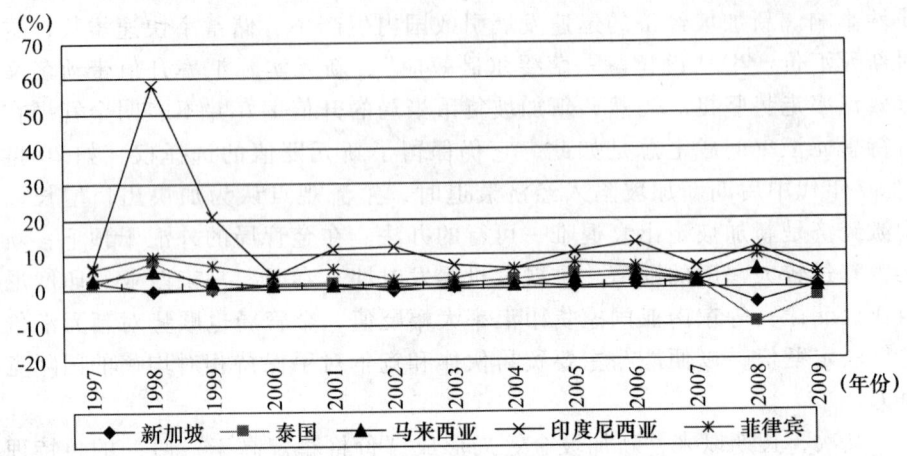

图 5 - 2　1997~2009 年东盟五国通货膨胀率

资料来源:ASEAN Statistics, http://www.aseansec.org.

最后,新加坡富有弹性的汇率安排在增强实体经济灵活性的同时,对于规避金融危机和保持金融稳定发挥了重要的作用。亚洲金融危机以前,东盟国家的经济结构基本相似,均实施出口导向型发展战略,一直保持着较高的增长速度,创造了令世界瞩目的"东亚奇迹"。然而在汇率制度安排问题上,各国走上了不同的发展道路:泰国、菲律宾选择了钉住汇率制;马来西亚崇尚自由浮动汇率制;新加坡、印度尼西亚则偏好于管理浮动汇率制(刘兴华,2005)。如果从汇率制度分类看,马来西亚、印度尼西亚、新加坡实行的是弹性较强的汇率安排,但实际上除新加坡外,这些新兴市场国家货币汇率并未真正浮动,Hernandez(2001)的检验结果发现,林吉特、印度尼西亚盾汇率的月度变化远低于工业化国家便是证明。这些国家在情况有利时不愿本币名义和实际汇率升值,其原因是害怕"荷兰病",担心竞争力下降和出口多样化受挫;当情况不利时,这些国家又强烈抵制货币大幅贬值,因为这些国家的政府和私人部门债务大部分是以硬外币定值,贬值具有紧缩效应,进而导致经济衰退。

虽然东盟国家汇率安排形式有所不同,但只有新加坡真正实行管理浮动汇率制，其他国家的汇率安排基本衍化为事实上的钉住汇率制。正是由于新加坡仍实行弹性汇率安排，允许新元升值并保留贬值选择权，才降低了国际游资对其发动投机攻击的可能，使新加坡能够安全渡过那场震撼世界的金融风暴。亚洲金融危机之后，泰国、印度尼西亚、菲律宾等"重灾国"在检讨危机的汇率制度成因后，先后保持或扩大与世界的联系，汇率安排也日趋弹性化。后危机时期东盟国家的汇率安排走向表明，为了增强自身的抗风险能力，各国都务实地选择了更为灵活的汇率安排，且汇率制度有向新加坡的"管理浮动"收敛的趋势。

四、小结

新加坡是典型的小型开放经济体，选择了参考货币篮子和实行区间"周期管理"、"相机管理"的汇率安排，它为金管局灵活调整新元汇率特别是新元出现异常波动时提供"便利"，内生对新元的动态稳定机制，后危机时期新元汇率基本保持稳定并呈小幅升值走势。货币发行完全准备制限制了新元的超经济发行；"谨慎的国际化策略"强化了金管局对新元汇率的干预；平衡财政政策与中央公积金计划降低了商业银行信用创造能力；收入改革后弹性工资制的实行形成新元贬值"刚性"，以上因素的交互作用是新元长期保持动态稳定的主要原因。在更具弹性的管理浮动汇率制下，新加坡的反通胀绩效殊为显著，物价水平表现出"超强稳定"。新元贸易加权汇价的趋稳扩大了新对外经贸往来并促使经济快速增长，对于规避金融危机和保持金融稳定起了十分重要的作用。

第三节 从金融震荡看泰国汇率安排的改革模式

20世纪90年代中后期以来，泰国实行货币弹性增强的管理浮动汇率制。在这种汇率制度下，泰国成功渡过了东南亚金融危机，保持了高速的经济发展。然而，2006年年底泰国爆发的金融震荡，使学术界再次聚焦新兴市场国家的汇率制度选择问题。本节在阐述泰国钉住汇率制向管理浮动汇率制转变的基础上，剖析后危机时期泰国汇率安排的经济绩效及局限性，进而讨论泰国未来汇率制度的改革模式和发展前景。

一、泰国中央银行对资本项目、汇率的监管

20世纪90年代,追求经济发展的泰国加快了金融账户的开放进程。1990年5月,泰国对外宣布接受IMF协议的第八条款,实现经常账户下泰铢的可自由兑换。如何开放资本账户成为货币当局在金融自由化进程中亟待考虑的问题。为了鼓励和吸引国外资本流入,提高本国金融机构的商业化水平,泰国加快资本账户开放的步伐,泰国中央银行于1990年颁布了放松资本流出入的措施,① 基本取消了对资本项目的管制。1991年,泰国又允许居民持有外汇账户,取消"居民不能从事对外投资"的限制,并进一步放宽资本流动额度的上限,② 至此居民与非居民基本享有相同的投资待遇。

随着国际市场上金融衍生品的发展和广泛运用,泰国于1993年在曼谷开设期权金融中心,放宽外国银行在泰国设立支行的限制,允许外国资本在曼谷期权金融中心进行交易,其典型例证是开通曼谷国际银行业便利(BIBF)。从事国际银行便利的商业银行,可以接受外币存款或者向外国银行进行外币借款,可以在泰国发放特定额度的外币贷款,可以提供或担保外币债务等。到1994年1月,中央银行宣布继续加大资本开放的力度,将居民对外直接投资与向国外子公司贷款额上限提高到每年1000万美元,取消商业银行对非居民贷款的金额限制。1995年,泰国又出台了大幅开放国内股票市场的措施,并对外宣布将在2000年前完全实现资本自由化。资本账户的快速开放特别是资本流入限制的取消,辅以股票市场的改革及国内的高利率政策,泰国在1990~1996年出现相当于本国GDP 9%~13%的净资本流入(羌建新,2005)。

在汇率政策方面,中央银行将泰铢兑美元汇率控制在中心汇率为1∶25的较小范围内,实行泰铢钉住美元的汇率制度,其初衷是为了便利泰国对外经贸往来,建立汇率"名义锚",营造稳定的货币金融环境,增强对国际

---

① 1990年5月,泰国出台"偿还外债一次最高额50万美元内无需批准"、"汇出出售股票所得一次50万美元内自由"、"汇入'非居民泰铢存款账户'与动用'封锁账户'的泰铢资金购买外汇,每个账户一天在500万美元内者经商业银行办理即可"、"对外贸易产生的外汇交易由商业银行办理即可"四项措施。

② 1991年4月,泰国制定"居民的外汇收入可开设外汇账户,可用以向非居民支付或兑成泰铢,账户金额限于企业500万美元,个人50万美元以内"、"居民对外直接投资、向国外公司贷款一年在500万美元内自由进行,对国内外汇贷款无限制(不能存入外汇账户)"等具体措施。

资本流入的吸引力。可是，此种汇率安排的最大不足是泰铢汇率形成机制僵化，难以根据市场供求适时调整汇率，丧失汇率作为调节经济活动杠杆的作用。倘若国内经济基本面因素发生变化，而货币当局不能及时调整本币汇率，极有可能造成泰铢汇率高估，进而引发国际短期资本的套利流动，削弱泰国的出口竞争力。显然，这种缺乏弹性的汇率安排不能与泰国宏观经济的变化相适应，为泰国未来爆发金融危机埋下了伏笔。

由此可以看出，泰国中央银行对资本账户的开放过快，采取僵化的固定汇率制，未能构筑防范金融波动的有效"防火墙"，存在一定程度的"监管缺位"，这是泰国金融体系脆弱的隐忧所在。加之，泰国许多银行在盲目乐观中进行市场投机活动，表现为直接从事证券交易和无限制地向不动产业贷款，进而产生不良连锁反应，出现泡沫化经济，直到国际"热钱"投机攻击进而导致泡沫破裂，最终引发震撼世界的亚洲金融风暴。

二、泰国钉住汇率制向管理浮动汇率制的嬗变

亚洲金融危机之前，泰国名义上实行钉住一篮子货币的汇率制度。在这一汇率安排下，美元占一篮子货币汇率的比重高达90%，外汇平准基金（EFF）公开宣布并维持每日泰铢（Thai Baht）汇率，使泰铢与美元汇价一直稳定在25:1左右。从泰铢汇率形成机制和中央银行的货币政策目标看，泰国的钉住货币篮子的汇率制度实际上异化为"单一钉住美元"的固定汇率制。这种汇率制度的设计隐含了货币当局稳定泰铢币值的承诺及由此引致的汇率弹性缺失，为公众设立清晰的和可监督的"名义锚"，国际热钱投机攻击泰铢变得几无风险，主流观点认为汇率制度的不当安排是金融危机爆发的直接诱因。正如Eichengreen（1999）等人所言："钉住汇率制对新兴的市场经济体来说具有先天的危机倾向。"经过一段时期的调整后，泰国经济于1999年出现明显复苏迹象，但对新兴市场国家汇率制度检讨的声音却从来没有停止过。

既然钉住汇率制因灵活性缺乏而成为金融危机爆发的"罪魁祸首"，那么后危机时期，重新选择汇率制度并相应调整汇率政策便成了泰国货币当局所必须认真考虑的问题。显而易见的一种思路是，采取灵活的和富有弹性的汇率安排，克服本国金融脆弱性，实现经济重振。实际上，后危机时期泰国实行了管理浮动汇率制，之所以这样是基于以下三个因素的考虑：

（1）泰国是一个经济总量并不太大的国家，2005年，泰国的国内生产总值（GDP）为1766亿美元，经济规模在东盟国家中位居第三，独特的区

位优势使其便于开展对外交流，制定"出口导向型"的经济发展战略。根据世界银行数据库的统计资料测算，2005 年，泰国对外贸易与东盟对外贸易总额占比为 19%，贸易依存度则高达 150%，堪称世界上最为"开放"的国家之一（ASEAN，2006）。从经济结构特征看，泰国是新兴市场中典型的"小型开放经济体"。按照汇率制度选择的"结构论"，采取稳定泰铢的汇率安排理应是其最优选择，但这必须以中央银行持有充足的国际储备为前提条件。然而，1999~2004 年，泰国国际收支中经常账户、资本与金融账户呈微弱的"双顺差"结构，企业、个人和金融机构每年能向中央银行结售的外汇数额均不算太大，加之自由结售汇制扩大了各类主体的持汇额度，导致近年来泰国的国际储备增长非常缓慢。2006 年，泰国货币当局持有的国际储备仅为 620 亿美元，不仅低于同期的马来西亚、印度尼西亚，也低于经济规模小于自身的新加坡。国际储备的相对不足弱化了中央银行稳定货币汇率的能力，后危机时期泰国采取弹性增强的管理浮动汇率制实际上是对不当汇率安排的纠偏。

（2）蒙代尔的"不可能三角定理"表明，一国不可能同时实现国际资本自由流动、货币政策独立性和汇率稳定三项宏观金融目标，至多只能实现其中的两项。后危机时期，泰国中央银行优先考虑了前两项目标。早在 20 世纪 90 年代初期，为了抑制日益扩张的对外贸易赤字，维持国际收支的相对平衡，弥补发展中国家经济发展中存在的储蓄和外汇的"双缺口"，泰国于 1990~1996 年几乎取消了所有对资本流入的限制，导致本国资本流动性迅速增强。在受到金融危机冲击之后，由于担心重返资本管制不利于吸纳外部援助且可能招致其他国家反对，泰国一直未对资本流动政策做出太大调整。货币政策独立性一定程度上代表着货币主权，放弃货币政策自主性意味着丧失利用货币政策来调控宏观经济运行。如果泰国与其钉住锚币国的经济结构或经济周期相似，那么货币政策独立性的放弃成本也许不会太大，但对于经济特征有别于锚币国的泰国而言，放弃货币政策独立性的代价则相当昂贵，也是具有民族主义倾向的泰国所不能接受的。根据"不可能三角定理"，唯一可以暂缓考虑的只能是汇率稳定目标。在后危机时期的汇率安排中，泰国选择增大货币弹性的汇率制度，听任泰铢自由浮动。

（3）在遭受亚洲金融危机的国家中，泰国与印度尼西亚、菲律宾先后严格依照 IMF 开出的"药方"来治理金融危机，即在获得 IMF 经济援助的同时，接受 IMF 提出的危机救助方案，而救助方案中常常带有"附加"条件。该条件一般强调受助国不仅要平衡短期国际收支，保持宏观经济稳定和可持续发展,而且必须推动贸易自由化,开放金融市场,扩大货币汇率弹性以及实施削减财政赤字等紧缩性的经济政策。显然,"附加条件"对货币汇率弹性有明确的要求,这是泰国货币当局日后选择汇率制度时不得不认真考虑的。也就是说,在某种意义上,泰国开始接受 IMF 援助以求解救危机之际,注定了后危机时期泰国的汇率安排不得不受制于附加条件。从实际情况看,泰国确实践行履约之诺,选择了增大泰铢弹性的管理浮动汇率制。

在这样的汇率制度下,泰国经济渡过 2~3 年的调整期后获得全面复苏。2000~2005 年,泰国经济的平均增长率为 4.9%,在东盟中位居前列。与此相适应,泰国对外贸易也发展迅速,呈现快速增长的趋势。根据东盟 2006 年统计年报公布的数据,2000 年,泰国对外出口 687 亿美元,进口 619 亿美元,贸易收支呈小额顺差;2004 年,泰国对外贸易额突破 1900 亿美元,到 2005 年,泰国加强了与其他国家的合作,经济迅速增长,对外贸易扩至 2283 亿美元(ASEAN,2006),比上年增长 18.5%,高于同期东盟对外贸易的增长水平。

三、从金融震荡看泰国管理浮动汇率制的局限性

如果从汇率制度的经济绩效看,后危机时期泰国实行的管理浮动汇率制的确对国内经济的恢复起了重要作用,这似乎也印证了 IMF 为东南亚国家设计的危机救助方案的合理性。有的学者甚至认为,货币汇率弹性的增大弱化了泰铢的"名义锚"功能,有效地规避了外部投机攻击,泰国经济已经驶上"快车道"。然而,2006 年年底爆发的金融震荡无疑对这种一厢情愿的判断和臆测是一个沉重打击,人们开始重新审视泰国管理浮动汇率制的局限性。

新近的金融震荡源于泰国货币当局出台的一项"新政"。2006 年 12 月 18 日,在无任何征兆的情况下,泰国中央银行对外宣布,从 12 月 19 日起,对金融机构新汇入的外资征缴 30% 的特别准备金,为期一年且不计利息;对于未满一年就提前取款的资金,特别准备金的 1/3 即相当于总额的 10% 被当做罚税扣除。这项颇具激进色彩的强制性规定,实际上以征收"托宾税"的方式提高了外资流入的成本,极大地限制了国际资本的自由流动,进而引发连续性的市场恐慌。没有丝毫的犹豫,泰国股市 SET 指数 19 日开盘一路跳水,一度封至 10% 的跌停板,恢复交易后股指继续走低,至收盘时下跌 14.8%,为 16 年来泰国股市最大的单日跌幅,而股市龙头——国家

石油公司 DTT 的市场价格则狂跌 17%。同日，外汇市场净出售市值约 250 亿泰铢的股票，这是自 1999 年以来的最高记录（韩骏、韩继云，2007），泰国爆发了令东南亚地区乃至世界关注的"金融震荡"。

面对股市狂跌的市场表现，货币当局不得不进行紧急磋商，重新评价激进"新政"的不当之处。12 月 19 日，就在新政推出一天后，泰国中央银行对该规定做了补充解释，宣布对外国投资者不适用 30% 的特别准备金的规定，但投资地产基金的海外资本、本国公司与海外母公司的货款仍适用此规定。至此，中央银行推出的"新政"以仓促出台和草草收场而告一段落，它所引发的这场金融震荡习惯上又被称作"一日货币战争"。"新政"不但削弱了中央银行的金融调控能力，而且也使其长期形成的政策公信力大受影响。综观泰国"新政"出台始末，它绝不是金融震荡爆发的主要原因，充其量只是一个导火线罢了。由于此项规定过于严厉，致使其推出伊始便遭到强烈反对，泰国资本市场协会主席孔猜特称："这一外汇管制措施对经济的破坏甚至超过第二次世界大战带来的损失"（韩骏、韩继云，2007）。可以肯定，孔猜特的言论确实言过其实，却是对此次金融震荡影响之深的另一种表述。

既然如此，那么引发泰国金融震荡的真正原因是什么呢？笔者认为，后危机时期泰国实行的管理浮动汇率制度是导致金融震荡发生的主要原因。在世界经济陷入"增长性衰退"之后，美国经济的快速发展势头已经受到遏制，通货紧缩风险依然隐现，美联储长期奉行的强势美元政策开始转向，暗地听任市场贬值，致使近些年亚太货币兑美元汇率呈集体走强之势。加之中央银行拥有较少的外汇储备，其干预泰铢汇价的能力较为有限，金融危机留下的钉住恐惧后遗症使货币当局对泰铢汇率的变动常常持"善意的忽视"（Benign Neglect）态度。在近年来亚太货币的"升"浪中，泰铢无疑是升值最快、升幅最大的货币。据统计，泰铢兑美元的平均汇率由 2001 年的 44.5∶1 升至 2005 年的 41.1∶1，累计升幅 11.1%（ASEAN，2005）。2006 年，泰铢汇率的升值速度进一步加快，与美元汇价由年初的 40∶1 升至年末的 35∶1，升幅高达 14.3%。

泰铢的持续大幅升值严重削弱了泰国出口产品的国际竞争力，导致泰国以实施出口导向型发展战略的经济增长受阻，延缓了泰国经济的发展进程，进而出现通货紧缩并陷入流动性陷阱的困境。我们知道，泰国经济的支柱产业是旅游业和轻工业，这两个领域均对汇率变动较为敏感，泰铢的坚挺走势必然对旅游服务以及轻工业制品特别是纺织品、服装等产品的出口产生不利影响。况且，泰国中央银行持有的国际储备多以美元计值，后危机时期美元的过度贬值使泰国货币当局本不充裕的储备存量更加显得捉襟见肘。此外，日本是泰国的第二大贸易伙伴，泰国仍有大量以日元计价的对外债务，日元汇率的坚挺走势加剧了泰国的对外债务负担，甚至可能通过企业和银行的资产负债表效应（Balance Sheet Effect）而产生债务危机（张志超，2002），为日后爆发金融震荡埋下了隐患。倘若泰国采取灵活的汇率制度，保持泰铢汇率的动态稳定，国内经济应当会保持良好的发展态势，由此看来，对于新近的这场金融动荡，不当的汇率安排难辞其咎。

泰国管理浮动汇率制的局限性不仅仅反映在泰铢升值对经济增长的抑制上，而且表现为泰铢汇率的波动助长了资本市场的投机之风，使金融体系变得更加脆弱。20世纪90年代中期，泰国基本完成了资本项目的开放，放松了对资本流入的管制，例如，取消外国直接投资的相关审查要求，证券投资除投资所获利息、股利及本金汇回母国仍保持部分管制外可以自由流入，对外借债除要求在泰国中央银行登记以外基本可以自由进行，但对资本流出限制的放松则稍现谨慎（张礼卿，2000）。这种资本流入、资本流出之间管制的不对称促使资本净流入迅速增长，后危机时期泰铢汇率的走强进一步增强了投资者的利润预期，进而吸引大量的国外资本流入。

泰国中央银行的一项数据表明，2006年前10个月，通过各种渠道流入泰国的外资高达130亿美元。由于货币当局对外资结构缺乏合理引导和有效监管，致使资本来源中有近一半的资本流入是短期资本，这必然对泰国金融市场产生巨大冲击。对于进入泰国的130亿美元外资，中央银行的估计是其中的20亿美元进入股市，30亿美元作为海外直接投资，另有5亿美元流入债券市场，剩下的75亿美元则游离于货币当局监控之外，不知流向何处。但有一点可以肯定，这笔游资仍然滞留在泰国境内，其中相当一部分可能进入非实体经济的房地产业，一有风吹草动则选择集体撤离，出现金融震荡应是预料之中的事情。后危机时期，泰国采取的扩大泰铢弹性的汇率安排与非对称管制下的国际资本流动结构是一种"错误"的搭配（麦金农，2005），一定程度上推动股市、汇市投机之风不断蔓延，给泰国当前尚待继续的金融市场改革增添了不确定性。

四、泰国未来的汇率制度改革模式及前景

泰国新近发生的金融震荡很自然地让人联想起1997年的那场金融风暴。如果说管理浮动汇率制是当时因应金融危机的无奈选择和非常举措，那么时至今日，它已变得不再合乎时宜。究竟何种类型的汇率制度适合于

这个新兴市场国家，泰国的汇率安排将走向何处，这是货币当局实现金融稳定和经济增长目标所难以回避的问题。

根据现代汇率制度选择理论及操作的可能性和可行性，笔者认为，泰国未来的汇率制度改革可以综合采取以下两种方式：一是重新选择汇率制度，建立泰铢汇率动态稳定机制，防止泰铢受外部因素影响而出现持续的、大幅的单向升贬。二是开展区域货币合作，完善区域汇率政策协调机制，配合泰国国内经济实施财政政策和货币政策，提高汇率安排的经济绩效。

第一种汇率制度改革方式强调"自我调整"，完善现行泰铢汇率形成机制，维护泰铢汇率的相对稳定，实行类似于新加坡的动态管理的汇率安排（刘兴华，2006），具体制度设计如下：①泰铢名义有效汇率参考一篮子货币，货币篮子包括主要贸易伙伴和竞争对手国家的货币，各种货币所占权重取决于泰国与该国的贸易依赖度或竞争强度，货币当局不公布货币篮子构成及其权重。②设置泰铢名义有效汇率的窄幅且不公开的目标区间，这既为泰铢内生出承担短期汇率波动的灵活性，又为难以准确测定的泰铢均衡汇率提供一定的评估缓冲区间。③对于汇率制度中的货币篮子和目标区间，泰国中央银行可实行"周期管理"。周期性地调整篮子货币组成及权重，以适应本国贸易模式的变化。周期性地调整泰铢目标区间，以与本国经济基本面保持一致，调整"周期"可设定为三个月。④货币当局对泰铢汇率的变动实施"相机管理"，当泰铢汇价超出货币当局规定的目标区间时，中央银行可对此"逆风干预"，让泰铢汇率重新回到目标区间。但情况并非总是如此，有时出于抑制投机的考虑，中央银行可对泰铢的适度偏离采取"善意的忽视"态度，以抵消外部冲击对泰铢汇率产生不利的影响。此种汇率安排是介于钉住美元汇率制与管理浮动汇率制之间的一种"'中间'汇率制"，旨在保持泰铢汇率的相对稳定。

之所以选择这样的汇率安排，是为了在货币当局动态调整泰铢汇率，特别是泰铢出现异常波动时提供"便利"，建立起灵活调整泰铢汇率的动态稳定机制，并赋予中央银行较高程度的自主性：①货币当局没有捍卫泰铢目标区间的义务，对于市场货币需求变化引发的泰铢升贬压力，中央银行可用外汇干预来吸收其中的一部分，另一部分则让它反映在泰铢的汇率变动中（Krugman，1991）。②周期管理的动态性可以避免本国与他国经济基本面长期偏离而引致的泰铢累计性高估或低估，换句话说，即使货币当局在设定泰铢初始汇率及目标区间时出现判断失误，周期性地小幅微调亦可减少由此付出的高昂代价，对错误的纠正也变得相对容易。③"善意的忽视"并不表明中央银行对泰铢的汇率波动完全置之不理，相反，泰国中央银行持有的国际储备及其"相机干预"的汇率政策,向市场投资者传递了货币当局具有运用某些工具在未来某个时刻将泰铢汇率控制在目标区间的信号。

泰国的汇率制度改革立足于自身调整,并不意味着放弃区域货币合作,第二种汇率制度改革方式恰恰重视区域内的"货币合作"。亚洲金融危机之后,泰国和其他东南亚国家认识到"团结合作和共同行动"的意义,全球经济衰退给这些国家带来的负面影响强化了这一共识。更重要的是,作为出口导向型经济体,泰国和其他东南亚国家的贸易依存度普遍较高,国内市场比较狭小,往往难以通过国内经济的自发调整来抵御决意的外部冲击。相反,这些国家在商业周期、经济结构和出口市场等方面具有"同质性"特征,未来可能面临同步或相似的外部冲击,在共同防御问题上更容易展开货币合作(何帆等,2005)。

2000年,东盟与中、日、韩共同签署的"清迈协议"是亚洲货币金融合作取得的最重要制度性成果。虽然学界对此成果褒贬不一,甚至批评为"象征意义大于实际效果",但它却是亚洲开展区域货币合作和建立区域汇率政策协调机制的一次尝试,对于泰国及其他国家的汇率制度改革具有十分重要的意义。

首先,国际资本流动规模的日益扩大已成为影响泰国金融汇率稳定的潜在威胁,"清迈协议"确立了区域性的短期资本监控机制和危机预警机制,加强了区域的汇率政策协调,泰国中央银行可以在本国货币汇率出现大幅波动时进行"边际干预"。

其次,在"清迈协议"框架下,泰国与其他国家之间签署了数百亿美元的双边货币互换协议,如果此项金融合作进一步拓展为多边货币互换,这无疑会大大增强对区域成员的短期流动性支持,进而提高其风险防范能力。在一定意义上,"清迈协议"中所提出的"亚洲货币基金"合作构想的目的是让其扮演区域中央银行的角色,履行"准最后贷款人"职能。

再次,IMF在亚洲金融危机救助过程中所表现出的无能为力和明显的政治利益倾向,使泰国在汇率安排上偏好立足于自身改革或区域货币合作(何帆等,2005)。一个显而易见的事实是,一直贯彻IMF危机救助方案的泰国、印度尼西亚、菲律宾并没有比拒绝接受IMF援助的马来西亚有更好的经济表现。

最后,如果"清迈协议"的有效性能够充分发挥,它能为东亚地区带来相对稳定的汇率水平,促进区域内的贸易和投资,加速东亚产业链的重塑。唯一值得担心的是"贷款的条件性"问题,按照"清迈协议"的规定，需要流动性支持的国家能获得双边协议中 10% 的短期资金支持，剩下的 90% 则要与 IMF 的救助项目或已经启动的临时贷款线（Contingent Credit Line）挂钩。如果这一条件逐步放松乃至被取消，那么"清迈协议"所确立的区域货币合作必定能够增强成员国的汇率稳定能力。

五、小结

泰国是典型的小型开放经济体，中央银行拥有较少的国际储备，弱化其干预能力。在宏观金融目标的选择中，泰国优先考虑了国际资本自由流动与货币政策独立性，而不得不暂时放弃汇率稳定，后危机时期泰国选择了货币弹性扩大的汇率安排。在管理浮动汇率制下，泰铢兑美元汇率呈单边持续升值之势，削弱了泰国出口产品的国际竞争力，资本管制的非对称性导致资本净流入增加，给金融市场增加了不确定性因素，引发了令世界甚为关注的金融震荡，凸显出泰国管理浮动汇率制的局限性。未来的泰国汇率制度改革可以采取"自我调整"和"货币合作"两种模式：前者旨在建立保持泰铢汇率相对稳定的动态管理机制，为中央银行灵活调整泰铢汇率提供"便利"；后者重视区域货币合作，倡导建立短期资本监控机制和区域中央银行，实现区域汇率政策的协调，保持汇率水平的相对稳定。

第六章 东盟货币汇率的走势：以菲律宾比索、印度尼西亚盾为例

理论上，一国货币当局的汇率安排应当包括两部分：货币汇率的均衡及汇率走势、汇率调整方式和汇率政策。在前一章，我们探讨了马来西亚、新加坡、泰国的汇率制度的选择问题，现在开始对东盟货币的汇率走势进行实证研究。本章主要以菲律宾比索（Philippine Peso）、印度尼西亚盾（Indonesia Rupiah）为例，分析亚洲金融危机以来这两种东南亚货币兑美元汇率的走势，从经济、政治、外部因素等多维度讨论东南亚货币汇率变化的主要原因，并对其未来的运行趋势进行预测。

第一节 菲律宾比索的汇率走势：1999~2008年

一、引言

亚洲金融危机以后，菲律宾实行贬值的汇率政策，促使对外贸易扩大，在短短的两年内经济增长率就恢复到危机之前的水平。这场危机使人们深刻地认识到，经济全球化和区域经济一体化已成为当前世界发展的必然趋势。作为连接内外世界"纽带"的汇率，对面临"内忧外患"的菲律宾以及与其关系密切的经济体来说，显得尤为重要。

"比索问题"（Peso Problem）是当今国际金融领域令人关注的问题。经济学家 Menzie Chinn、Jeffrey Frankel Source（1994）在对世界上25个国家的汇率变动进行研究时，发现实行钉住汇率制的菲律宾，其国内利率水平较高且变动频繁，经济基础欠稳，导致菲币比索月度汇率呈现剧烈变动的势头，引入备受学界重视的"比索问题"。Olivier Jeanne、Andrew K. Rose

(2002)研究了"噪音贸易"(Noise Trade)与汇率安排之间的关系,认为一国货币汇率在一定时期可能受到非基本面因素的持续影响,与固定汇率相比,浮动汇率制承受着更多的"噪音"。钉住汇率制下非抵补利率平价(UIP)的偏差较小,浮动汇率制下外汇市场的交易规模较大。Warren Bailey等(2000)拓展了研究视角,讨论了货币危机时期汇率波动对股票价格、贸易活动和流动性的影响,认为比索汇率每日变化是与东南亚地区股票收益相互关联的,菲律宾股票的买卖规模受比索汇价影响,隐含着投资者在获取有关比索重要信息时,必然重新配置其所持菲币股票资产。菲律宾中央银行行长泰谭柯(2007)认为,比索汇率由市场中外汇供求共同决定,菲律宾央行的干预旨在平滑比索汇率波动;菲经常账户与资本账户的"双顺差"将在一定时期内推动比索汇率走强。

显然,上述学者大多从对外贸易、国际收支、汇率安排等角度探讨比索汇率走势的变化,实际上,汇率本身是一个受多种因素交互作用的重要变量,分析其走势及成因需要考虑这些因素,但又不能仅仅局限于此。本节在分析后危机时期比索汇率走势的基础上,试图从菲律宾国内经济政治、美国经济波动、国际油价变动等层面,剖析这一时期比索汇率变化的主要原因,并以上述因素为基础对未来比索汇率的走势进行预测。

二、菲律宾比索汇率的走势与特征

菲律宾经济在危机之后很快得到恢复,主要得因于低级制成品出口的增长,以及美国、日本等发达国家对其进口需求的扩张,但复苏的基础却并不稳固。菲国内政局动荡、贫困加剧、自然灾害等不稳定因素,一定程度上影响人们对比索的信心。在汇率安排方面,货币当局选择了自由浮动汇率制,实际上采取了比索钉住美元的汇率制度。而且,菲对美、日外贸依存度较大,长期从两国举借外债和接受两国援助,这似乎成为菲律宾经济发展的"惯例"。在上述多种因素综合作用下,菲币比索汇价不仅要承受偶尔的"内伤",还时常要看别国的"脸色",近年来比索汇率的运行态势大致可以分为以下两个阶段:

第一阶段(1999~2005年),亚洲金融危机之后,比索开始步入长达6年的贬值通道,虽间或出现反弹,但总体呈持续、快速下跌的态势。1999~2004年,比索兑美元平均汇率从1:39.1(以下简称比索汇率并略去"1:")贬至56,跌幅达43.2%。这一时期的头两年是东南亚国家治愈创伤的关键时期,菲央行坚定地实施贬值政策以促进出口,恰逢世界经济在此期间表现出强劲增长，比索贬值效应取得了良好的效果，到2000年年底，比索贬值幅度累计超过29%（蒋细定，2004）。2001年，美国由于通胀压力放缓经济增长步伐，日本采取扩张型财政货币政策而经济仍未见起色，阿罗约总统的履任也没带来期待已久的经济转佳预期，货币当局一再调低菲经济增长目标，比索仍然延续先前的下滑势头，年底跌至51.7。2002年，受周边地区恐怖袭击事件的影响，比索汇率再度跌破53的价位大关。此后两年里，菲律宾相继遭遇厄尔尼诺、台风和洪涝等灾害，反恐、反腐运动虽提上议事日程，社会不安定因素时隐时现，市场尚未形成向好预期，菲币汇率日益趋贬，创出56的历史最低点。

2005年是菲律宾的改革年，总统阿罗约的连任对政局起了一定的稳定作用，但仍未提振投资者在菲投资的信心，加之国际油价冲击、出口放缓等因素的影响，比索汇率在贬值之势中进行微调，到12月略微升至53.6，其他月份均无明显升势。

第二阶段（2006~2008年），随着菲律宾改革成效的逐步显现，比索一改多年颓势，进入了久违的升值周期。根据菲央行公布的统计数据，2006~2008年，比索兑美元平均汇率分别为51.3、46.1和44.5，总体呈不断升值的发展态势。2006年，菲律宾在政治、经济和外交方面取得较大进展，政府果断制止动乱，提高了投资者在菲投资信心。菲日先后签署货币互换协议、自由贸易协定，菲中达成双边贸易协定和合作机制，菲律宾自金融危机以来首次实现财政盈余这一历史性突破。在如此"回暖"的经济形势下，比索汇率于8月升至50.9，10月又升至49.9，菲币开始全面"收复失地"。2007年1月2日，由于菲律宾大量海外劳工汇款涌入，比索一举突破49的价位大关，此后美国经济陷入衰退，美元开始疲软，外资不断流入菲股市，争相购买股票，助推比索强劲升值，年底汇价收于41.4，较年初升值15.5%。

进入2008年，菲国内刮起强劲的政治风暴，2月29日，逾万名菲律宾民众在马尼拉金融区集会，要求总统阿罗约辞职。3月18日，总统府附近又发生爆炸事件，这使得比索在经历强劲升势之后，首次发生小幅贬值。此外，受持续通胀担心以及由此对消费者收支的影响，菲律宾股市4月28日跌至2739点，创下2006年11月以来的新低，比索也相应出现贬值，收于42.2，年底进一步跌至47.5，贬值幅度达18.5%。

由以上分析可知，比索汇率在第一阶段基本上一路走低，呈持续贬值态势，后期则趋于稳定；在第二阶段，菲律宾经济转佳，形成良好的外部预期，比索汇率出现强劲升值，但2008年又有贬值迹象，此种跌势是否是未来比索汇价反转的信号,还有待于进一步研究。

三、比索汇率变化的主要原因

1. 菲国内经济、政治因素对比索汇率的影响

菲律宾由于效仿美国的思想体系和政治制度,被称为"东方的民主橱窗",然而,这种"复制"的民主制度与菲律宾相对落后的社会经济状况是不相适应的,导致行政效率低下,社会矛盾顽固,政治经济极不稳定。菲律宾正是在内外夹缝中"小心翼翼"地谋求发展,任何社会问题的发生都有可能改变对比索汇率走势的预期,且预期一旦形成便能"自我实现"(Self-Fulfilling)(Obstfeld Maurice、Kenneth Rogoff,1995)。因此,菲国内经济、政治因素常常是影响后危机时期比索汇率运行态势的主导因素,可以概括为以下三个方面:

(1)公共财政状况的变动影响宏观经济的稳定,进而改变人们对比索的信心。自1999年以来,为了扩大出口和刺激内需,菲政府一再延缓赋税改革,税收征管效率低下,走私和逃漏税盛行。随着政府资产出售的减少,财政支出控制力度不够,导致近年来菲律宾一直奉行财政赤字政策,且赤字额不断扩大,到2004年财政赤字增至2320亿比索,与GDP占比为4.8%。在此"利空"因素影响下,这一时期比索汇价表现出明显的走贬势头。2005年,菲律宾在国际货币基金组织的督促下开始改革税赋政策,不断提高关税,陆续制定各项税收条款,该年财政赤字骤然降至1005亿比索,宏观经济再现趋稳迹象,比索兑美元汇率维持在56价位并于年底实现小幅升值。2006年,政府继续实行财政改革,加大对逃税、漏税的惩治力度,自金融危机以来首次实现财政盈余,也比计划大大提前(佐佐木辰雄,2008),这一经济指标的改变成为比索汇价强烈反弹的重要诱因。事实上,后危机时期比索升值周期恰恰始于2006年,验证了公共财政状况对比索汇率走势的相关性。

(2)政策公信力的下降及由此引致国内政治的不稳定性,短期内可能改变比索汇率的运行轨迹。菲律宾匮乏的政策公信力主要表现为制定出的各项经济目标常常不能实现,只好一味地调整,严重打击了本国居民和外国投资者对菲经济的信心。例如,2001年阿罗约总统履任时制定了明确的经济增长目标,之后迫于压力,先后两次调低目标,使得刚刚出现转佳迹象的菲经济重拾颓势。2002年的"747经济计划"更是制定了连续7年高达7%的增速的"宏伟"目标(朱云贞,2004),这对当时的菲律宾而

言，无疑是"天方夜谭"。事实证明，7%的经济增长率目标直到2007年才首次得以实现。这种不切实际的战略选择，既稀释了菲货币当局的政策公信力，也给比索汇价带来负面影响，菲币在这一时期的"跌跌不休"即是证明。

菲律宾政治问题突出表现在腐败、裙带主义盛行。"透明国际"2004年全球最腐败国排行榜中，菲律宾名列第十一；亚洲银行2005年1月的报告则将菲律宾列为亚洲第二大腐败国。政治的不稳定性损害了菲律宾货币的信誉，民众纷纷减持比索资产，带动比索汇价一路走低。2003年7月27日，也即2004年大选前期，菲律宾国内掀起军事政变，挫伤了投资者的信心，比索汇率曾一度跌至54.6；同年11月24日，影星费尔南多·坡可能参加菲总统大选的消息一经传出，没有丝毫的犹豫，当天比索汇率迅速下挫至55.6。12月进入了总统竞选的关键时期，菲律宾国内共发生百余起暴力事件，外国投资者对菲经济环境采取观望态度，流入菲律宾的国际资本数量减少，进一步增大比索币值趋贬的压力。

（3）汇率是受多种因素影响的变量，有时其他社会因素的偶发也会波及比索汇价。后危机时期，菲律宾时常出现通胀率和失业率的"双高"现象，菲利普斯曲线在菲律宾似乎是失效的，促使人们在经济困境中苦苦挣扎，成为菲社会问题的根源。2005年的亚洲脉搏民意调查结果显示，75%的菲律宾民众认为他们自己贫穷或非常贫穷，只有10%的民众说他们很宽裕或富有，更多人（87%）认为，整体国家情况比去年糟糕。居民因基本生活得不到保障，而导致绑架、勒索、暴力事件频频发生。早在2003年，亚行的调研结果表明，菲律宾是东南亚投资环境最差的国家之一。此外，非典、口蹄疫以及反复爆发的禽流感，给菲外来投资和旅游业带来很大的负面影响，这些事件常常让投资者对菲"望而却步"，严重抑制了菲前进的动力，比索也被"拖了后腿"。

2. 美国经济波动对比索汇率的影响

在世界三大经济体中，美国是菲律宾重要的贸易伙伴，对其经济发展及货币汇率升贬产生不容忽视的作用。作为以出口导向为主的经济体，菲律宾对外部需求具有较强的依赖性。美国是菲最大的出口国，菲律宾的经济发展基本上拷贝了"美国模式"。20世纪90年代菲在高新技术方面所取得的成就很大程度上得益于美国的帮助。显然，美国与菲律宾之间紧密的经济合作，将影响包括比索汇率在内的诸多领域。

现代汇率理论认为，一国经济的快速增长会引起国民收入和支出的增加，进而刺激其社会投资和消费，这有利于促进生产发展，提高产品的国际竞争力，从而导致本币升值。也就是说，一国货币汇率的决定是以其经济状况为基础，汇率走势是经济增长率大小的真实反映（刘兴华，2005）。依此理论，比索兑美元汇率的升贬应是菲美两国经济增长率差异所致。2005~2007年，伴随"747经济计划"的稳步实施，菲律宾在财政金融方面改革成效显著，经济获得快速发展，这一阶段菲经济增速分别为5.0%、5.4%、7.2%，渐入"上升期"。同期美国经济虽已走出衰退泥潭，但国际油价的屡屡攀高以及世界贸易和直接投资的趋缓影响了美国经济的增长步伐，加之次贷危机的逐步显现，恶化了美国经济基本面，这一时期美国经济增长率仅有微弱的2.9%、2.8%、2.0%，进入"下行通道"（IMF，2009）。根据"强经济、强货币"规律，比索经历2005年的小幅升值之后，于2006年出现强烈反弹信号，兑美元汇价连创近年来的历史新高。

如果说上述理论较好地阐释了2005~2007年比索汇率的升势，为什么2000~2004年间，在菲律宾经济增速仍然高于美国的情况下，比索汇率却出现持续、大幅的贬值，难道该理论只具有部分的解释力？笔者对此不敢苟同。也许还有其他影响比索币值的因素，且这些因素是决定比索2000~2004年汇率走势的主导因素。亚洲金融危机之后，菲律宾执行贬值的汇率政策，央行数次入市干预以避免比索升值，因为"弱比索"能给菲律宾带来现实的经济利益，刺激菲对外出口，增加企业盈利，促进更多企业投资和经济增长。进入2002年，菲律宾经济发展迅速，增加了对来自美国高新技术产品的需求，同时，受国际市场价格影响，菲电子产品出口锐减，导致菲对美贸易自1999年以来首次出现6.6亿美元的赤字，2003年、2004年赤字额进一步扩大到17.2亿美元、11.8亿美元。无疑，这种持续增长的贸易逆差对比索汇率形成了潜在的贬值压力。

事实上，这一时期比索汇率的走势还与美国奉行的货币政策具有很强的相关性。2004年，美国经济迎来久违的复苏，通胀压力渐趋明显，美联储连续五次提高利息，将联邦基金利率从1%调高到2.25%的"中性水平"，其根本目的是对经济既不产生刺激作用也不产生抑制作用。然而，加息举措客观上却拉大了美菲两国利差，引发短期资本为逐利而从菲律宾抽逃，投资者大量抛售菲币资产而争相购买美国股票和债券，于是美元开始备受青睐，从而推动美元汇价频频上扬，比索趋贬是其必然结果。

3. 国际油价变动对比索汇率的影响

一般而言，一国处于经济快速增长时期，对能源具有较强的依赖性。菲律宾国内资源有限，是东南亚最大的石油进口国，因而对国际石油价格波动非常"敏感"。这种敏感性主要通过油价变动引致的成本推动效应传递给菲律宾,并反映在居高不下的通胀率上。根据相对购买力平价理论,汇率的升贬是由两国的通胀率差异决定的,如果本国通胀率高于国外通胀率,则本币将趋于贬值。

受欧佩克石油减产、世界经济增长对石油需求加大,以及石油期货市场投机等因素交互影响,2000年国际石油价格由年初的每桶26.1美元升至36.9美元,升幅达41.4%,呈现"突发性暴涨"的特征。菲律宾也因"价格输入"而使物价水平迅速攀升,12月通胀率升至6.5%,比2001年的3.9%高出2.6个百分点。美国同期消费者价格指数基本与上月持平,全年通胀率达到3.4%这个足以震撼美国人的高位,而菲全年通胀率仍"轻松"超过该点,平均值为4.0%,为当年比索走贬增大内在推动力。

无独有偶,2001年,美国经济在经历公司假账丑闻后出现衰退,欧盟经济步入低速增长周期,日本经济则依然延续低迷状态,世界经济陷入自20世纪70年代以来前所未有的"增长性衰退"阶段。显然,这意味着全球的石油需求将严重下滑,国际原油市场演绎出一幕"大涨大跌、否极泰来"的剧情,石油价格于10月跌至每桶21美元,菲通胀率也随油价下降一路走低,但因美通胀率降速更快,未能阻止比索汇率的贬值之势。此后的两年里,石油价格仍未见"起色",到2003年年底也只收于每桶29美元,而菲律宾在这两年的通胀率分别降至3.0%和3.5%的历史低位,很大程度上减缓了菲币贬值的压力,贬幅亦仅为微弱的1.2%和5.0%。

需要指出的是,2004年后,随着石油战略地位的提升及其国际政治作用的扩张,国际石油价格一路飙升,在2008年7月14日创下每桶145.9美元的历史最高收盘纪录。菲物价水平也一直居高不下,通胀率一度攀至8.5%,增速远远超过美国,但比索在此期间非但没有贬值,反而升势连连。这表明除国际政治因素影响外,菲币汇价还受到其他因素的制约,比索汇率走势是多重因素合力作用的结果。

四、对比索汇率未来走势的预测

后危机时期,在菲国内政治经济及美国经济波动、油价变化等多种因素交互作用下,比索汇率呈现出先抑后扬的运行态势。菲民众刚刚享受改革带来的成果时,新一轮的金融危机就已不期而至,菲经济也许又将重新进入衰退周期。那么,上述因素都将发生新的变化并进一步影响比索汇价,未来的比索汇率走势将何去何从呢?

首先，从菲律宾国内因素看，政治不稳定性由来已久，由于民众的不满逐渐由社会演化到经济层面，估计今后一段时期内菲政治不会发生重大变故。政府依然希望提振国内经济，带动民众形成经济向好预期，但仍有不少菲律宾人感到贫穷，社会贫富差距悬殊，投资者信心指数也不断下滑。随着全球金融危机向东南亚地区扩散，菲律宾经济增速恐将减缓。根据菲统计部门的数据显示，2008年菲律宾的经济增长率为4.6%，低于2007年的7.2%，是过去7年来的最低水平。倘若此种趋势继续延续，2009年菲失业率和贫困率等指标将大幅攀升，各种社会矛盾趋于激化，这对致力于应付危机的菲律宾而言，有"后院起火"的担忧。况且，国内经济陷入衰退将降低对外进口需求，进而大大减少关税收入，恶化菲律宾公共财政状况，2006~2007年的财政盈余一定程度上主要依靠政府变卖资产与紧缩财政支出实现的，并不能持续太久。在可预见的未来，菲律宾为复苏经济将实行扩张性财政政策，届时可能再度出现财政赤字，为比索汇率走低埋下了伏笔。

其次，由次贷危机引发的全球性金融危机给美国经济带来极大的冲击，2008年美国的经济增长率仅为1.1%，相当时期内美国经济将处于低迷状态，但金融危机亦将严重影响新兴市场国家的经济发展。IMF总裁卡恩明确表示，全球金融危机首先冲击了发达经济体，随后是新兴经济体，现在，危机的第三波正在冲击世界上最贫困和最脆弱的国家。这番表述暗示着作为社会矛盾交织的菲律宾，在经历2008年的衰退后，可能面临更大的风险。根据GDP年度增长率的数据显示，亚洲金融危机以来，菲律宾经济平均增长率高于美国，但增速的变动幅度也远远超出美国。如果上述判断是可信的话，2009年菲律宾的经济增速将面临大幅下滑。一些著名国际机构纷纷调低对菲经济增长率的预测，菲律宾政府也一再调低其GDP增长目标。当前，贸易保护主义有所抬头，区域经济合作前景不明，东盟自由贸易协定的约束力也大大减弱，在美国经济复苏充满不确定性的情况下，菲律宾不应将全部筹码押在美国身上。按照"强经济、强货币"规律，未来比索汇率极有可能出现贬值走势。

最后，由于菲律宾经济发展对石油有很强的依赖性，其国内物价水平受国际原油价格的影响较大，表现为菲通胀率和石油价格具有很高的相关性。2008年，国际石油价格上半年持续高位运行，下半年跌声不断，经历了"先涨后跌"的两个阶段，菲通胀率也随之起伏不定。在未来，受多种因素影响，国际油价变动存在不确定性，但看涨预期明显，因为市场将经历大幅下降后的石油价格回调看成是一种"价值回归"。依照前述两者之间的关系,菲未来通胀率将会变得更难控制,预计短期内不太可能下降。同时,为了加大市场流动性,菲货币当局增加了比索的投放量,这无疑是增强比索走弱的内在推动力,菲币有可能成为东南亚表现最差的货币。

五、小结

亚洲金融危机以后,比索兑美元汇率先贬后升,其运行态势出现"泾渭分明"的两个阶段。低汇率政策、由来已久的财政赤字、美国经济疲软以及高油价带来的通胀压力等,是比索汇率在第一阶段一路走低的主要原因。2005年,菲律宾进行政治经济改革,与其他经济体的经济合作、公共财政状况的改善使菲经济略显转机,美联储提高联邦基金利率诱导国际资本从菲净流出,比索顺势"升温",步入长达3年的升值周期。全球性金融危机爆发后,菲律宾经济陷入衰退可能性较大,且波幅高于重要贸易伙伴美国,国际石油价格的不确定变化促使菲通胀压力剧增,"美元走强、比索走弱"将是未来比索汇率走势的主线。当然,如果某种偶然性因素突发,也有可能使比索汇率短期内出现升值。

第二节 印度尼西亚盾的汇率走势:
2001~2010年

一、引言

印度尼西亚是东南亚最大的经济体,曾经在亚洲金融危机中遭受重创,如今又面临世界金融危机的严峻挑战。时至今日,印度尼西亚虽已基本摆脱危机的不利影响,但对危机爆发所带来的巨大冲击仍然"心有余悸",其重要表征是,在外汇市场上,印度尼西亚盾兑美元汇率走势出现预料之外的大幅波动。是什么原因导致这种情况的发生?它将对印度尼西亚盾的未来汇率走势产生怎样的影响?这都是值得我们探讨和研究的问题。

新近对印度尼西亚盾汇率的研究主要聚焦于2008年的全球性金融危机时期。日本学者增田笃、大重齐(2010)分析了金融危机特别是美国投资银行轰然倒塌对新兴市场国家金融部门造成的压力。2008年年初,在亚洲各国对美元汇率下降幅度最大的是韩国,其次是印度尼西亚和巴基斯坦。韩国刷新了亚洲金融危机时的最低价,而印度尼西亚并没有达到最低价。在雷曼兄弟破产冲击后的3个月里,印度尼西亚盾名义汇率降低了30%以上,汇率降低的速度不亚于亚洲金融危机。西泽利郎(2009)以东盟的印度尼西亚、泰国、菲律宾、越南、马来西亚为例,研究了全球性金融危机对这些国家货币汇率的影响,发现2008年9月之后,东盟五国货币兑美元比率大幅贬值,尤其是印度尼西亚盾和菲律宾比索的下跌幅度很大,进入2009年1月后虽有所提高,但3月再次下跌,一直处于不稳定的状态,4月以后所有货币都恢复了稳定。国内学者王学真、李平(2004)从汇率制度、经济联系角度剖析了东亚货币汇率波动的互动性,并用格兰杰因果分析法对其进行实证检验,发现东亚地区货币汇率波动存在一定的互动性,此种互动性在近年来得到了进一步的体现。王海全(2009)等探讨了印度尼西亚盾名义币值中的货币权重,发现2008年1~9月,在实际钉住汇率制下,印度尼西亚盾表现相对稳定,其最低位是9081,最高位是9378,成为东南亚地区最稳定的货币之一。以上研究大都以世界金融危机为背景,采用1~2年的货币汇率数据,探究这一特定时期的印度尼西亚盾汇率走势,得出了一些有意义的结论。如果运用更长时段的数据进行研究,既能研究金融危机时期的"异常"情况对印度尼西亚盾汇率的影响,又可以开阔视野,从长期把握印度尼西亚盾的运行规律与特征。

本节拟分析2001~2010年的印度尼西亚盾汇率走势和特征,从印度尼西亚国内经济政治、美国经济波动、国际油价变动等维度,剖析这一时期印度尼西亚盾汇率变化的主要原因,并以此为基础对未来印度尼西亚盾汇率的走势进行预测。

二、印度尼西亚盾汇率的走势与特征

亚洲金融危机以后,东南亚国家相继对本国汇率制度进行调整,选择了多样化的汇率安排。为了尽快复苏经济,印度尼西亚货币当局放弃了钉住美元的汇率制度,转而采取自由浮动汇率制。我们暂不讨论印度尼西亚盾是否真的摒弃"美元本位"(Dollar Standard),但印度尼西亚经济在很长时期内并未得到明显好转。由于受多种因素的交互影响,印度尼西亚盾兑美元汇率处于不断的变化之中。根据印度尼西亚中央银行的统计数据,2001年1月~2010年9月,印度尼西亚盾兑美元汇率的运行态势如图6.1所示。

第六章 东盟货币汇率的走势：以菲律宾比索、印度尼西亚盾为例

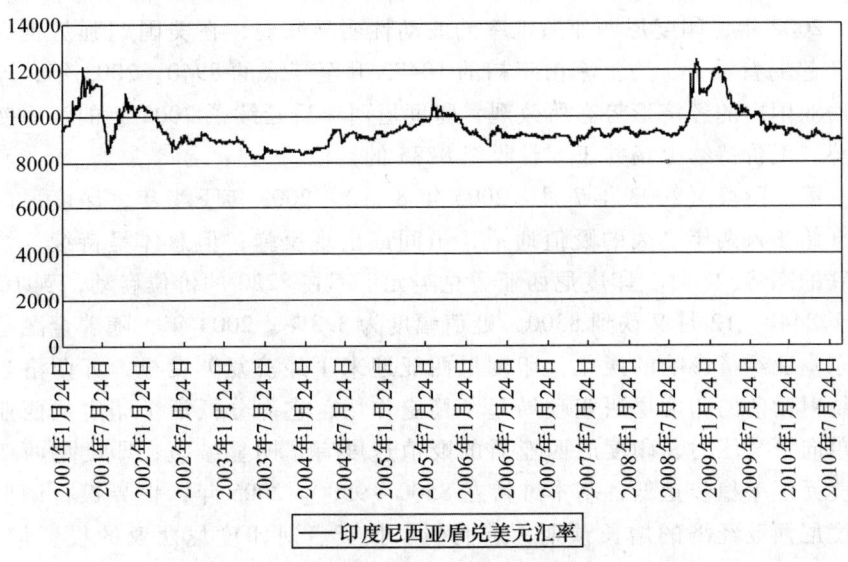

图6-1 2001~2010年印度尼西亚盾兑美元汇率走势
资料来源：Bank Indonesia, "Exchange Rates", http://www.bi.go.id/en.

由图6-1可知，印度尼西亚盾汇价走势可以大致分为四个阶段：

第一阶段（2001年1月~2003年6月）。印度尼西亚是亚洲金融危机的"重灾国"，在其他国家经济基本得以恢复的2001年，印度尼西亚似乎仍然受到金融危机"后遗症"的困扰，经济增速仅有3.6%，失业率和通货膨胀率高达8.1%、11.5%（Statistik Indonesia, 2009），经济发展前景不明，导致印度尼西亚盾与美元汇价波动剧烈，进入长达两年半之久的震荡调整阶段。

2001年年初，印度尼西亚盾兑美元汇率从1∶9393（以下简称盾汇率并略去"1∶"）迅速贬至4月的12100，① 跌幅约为22.4%。之后，印度尼西亚盾的汇率走势骤然逆转，止跌后快速升值并于8月涨到8440，涨幅达43.3%。显然，印度尼西亚盾汇率的"大起大落"让经济主体难以准确估量成本和收益，不利于印度尼西亚对外经贸往来的发展，印度尼西亚银行（Bank Indonesia）不得不再度改革现有汇率安排，选择实施管理浮动汇率制，此举旨在增强中央银行的汇市干预能力，防止印度尼西亚盾币值的过度波动。

---

① 本节中有关印度尼西亚盾兑美元汇率数据均来自：Bank Indonesia, "Exchange Rates", http://www.bi.go.id/en。

2002年，印度尼西亚盾汇率的波动性明显减弱，在美国"强势美元政策"趋弱背景下，盾汇率由年初的10473升至年底的8940。2003年，印度尼西亚国内的经济形势有所改观，印度尼西亚盾延续了2002年的汇率变动趋势，汇价持续上扬并于6月收至8285的高位。

第二阶段（2003年7月~2005年8月）。2003年下半年，印度尼西亚盾开始步入两年之久的贬值通道，虽间或出现反弹，但总体呈持续、快速下跌的态势。7月，印度尼西亚盾兑美元汇率在8220的价位启动，到10月降至8440，12月又跌到8500，贬值幅度为3.3%。2004年，随着金融危机对东南亚经济影响的淡化，印度尼西亚迎来了经济复苏良机，苏西洛当选总统对动荡的印度尼西亚政局起了稳定作用，它部分抵消了印度尼西亚盾的单向下滑压力，印度尼西亚盾的贬值速度有了明显减缓；印度尼西亚盾兑美元汇率稳步走低，基本维持在8500~9500。2005年，世界银行调低对印度尼西亚经济的增长预期，进而削弱投资者对印度尼西亚的投资信心，大量国际资本纷纷撤离，加之这一时期国际原油价格一路飙升，促使政府先后两次提高国内燃油价格，导致印度尼西亚货币贬值力度陡然增加，盾汇率从1月的9150贬到4月的9755，后又跌至8月的10800。

第三阶段（2005年9月~2008年9月）。进入2005年第四季度，印度尼西亚经济发展良好，政局相对稳定对本币的"利好"效应开始凸显，推动盾汇率运行"拐点"的出现，印度尼西亚盾在稳健运行的基础上，逐渐进入小幅升值状态。根据印度尼西亚银行公布的汇率数据，盾汇率由9月的10450升至10月的9995，再到12月的9830；2006年1~3月，印度尼西亚盾升势依旧，与美元平均汇率分别稳步涨到9400、9220、9030，累计升幅为4.1%。

2006年5月，印度尼西亚改善外部投资环境，重新赢得国际社会信任，对外债务与GDP占比呈持续下降趋势，印度尼西亚盾步入亚洲金融危机之后的平稳运行周期。在两年多的时间里，印度尼西亚盾兑美元汇率基本在8828~9486的窄幅区间波动，虽受日惹、中爪哇地震影响，但盾汇率并未出现明显"跳水"。尤其是2008年前九个月，印度尼西亚盾汇率的最高位为9486，最低位为9051，汇率波动幅度不足5%。盾汇率的优异表现使其成为东南亚国家最为稳定的货币，这一时期也被称作印度尼西亚盾的"黄金时期"。

第四阶段（2008年9月~2010年9月）。受全球性金融危机的影响，世界经济陷入"二战"以来最严重的衰退，印度尼西亚的实体经济遭受剧烈冲击，不仅出口大幅下滑，投资萎靡不振，其货币也一改多年稳定运行态势，进入单边下行通道。2008年9~12月，印度尼西亚盾对美元汇率由9200迅速跌至12300，短短三个月贬幅高达25%。这样的汇率降速丝毫不逊于20世纪90年代的亚洲金融危机，印度尼西亚盾成为仅次于韩元的降幅最大的亚太货币（增田笃、大重齐，2010）。

为了早日复苏经济，并向国内市场提供充足的流动性，印度尼西亚政府先后推出减税、增加基础设施公共投资的措施，并实施总额为73万亿盾的经济刺激计划。印度尼西亚银行则采用降低存款准备金率的货币政策工具，连续九次调低基准利率至6.5%（李皖南，2010），将存款保险上限从1亿盾提高到20亿盾等政策手段。在上述因素综合作用下，印度尼西亚盾在2009年重拾升势，盾汇率1月升至11330，3月虽有波动，但调整后继续上扬，4月涨到10700，7月突破10000大关，升到9920，12月收于9400，全年升幅达16.8%。

2010年，伴随经济振兴计划的实施，以及苏西洛总统的连任增强政策连续性的预期，大量国际资本开始流回印度尼西亚，盾汇率延续升值"惯性"，2月涨到9335，3月升至9115，4月又扬至9012，之后出现震荡于9月缓慢升到8951，较年初升值4.23%。

三、印度尼西亚盾汇率变化的主要原因

1. 印度尼西亚国内经济因素对盾汇率的影响

弹性价格货币分析法（Flexible-price Monetary Approach）认为，货币供给、国民收入和相对利率是影响汇率的主要因素。如果一国经济快速增长，将增加对本国货币需求，若货币当局未能相应增大货币供应量，则只有通过本国物价下降来实现货币市场均衡，根据相对购买力平价要求，本国物价的下降必然导致本币升值。换言之，一国货币币值的决定有着坚实的经济基础，不同货币的比价则是两国经济增长差异的真实体现。

印度尼西亚是遭受金融危机最为深重的国家，其后的经济恢复也是一波三折，头三年处于负增长状态，直至2001年才逐渐走出低谷，实现3.6%的经济增长率，低于预期的4.8%，印度尼西亚银行试图通过贬值汇率政策来提振出口，致使该年盾汇价几度出现快速下跌之势。2002年，印度尼西亚经济有了明显起色，取得了4.5%的"不俗"增长率。同期美国经济尚未摆脱恐怖袭击阴影，陷于"新经济"时代之后的低谷。依据"强经济、强货币"规律，印度尼西亚盾兑美元汇率开始走强，从年初的10473悄然升至6月的8460。2005年9月~2006年5月，印度尼西亚投资

环境得以改善，经济复苏势头强劲，政治动荡有所缓和，流入印度尼西亚的国际资本开始增加，印度尼西亚盾上演了一场汇率回升的好戏，此后就进入了币值相对平稳的状态。

2009~2010年，印度尼西亚增大基础设施投资，下调存款准备金率和银行间拆借利率，实行财政政策和货币政策的"双松"搭配，继续行驶在"快车道"上，这一阶段印度尼西亚经济飞速发展，增长率分别高达4.5%、5.7%。随着印度尼西亚对外贸易顺差的扩大，印度尼西亚银行外汇储备亦呈稳步上升的趋势，截至2010年4月，印度尼西亚外汇储备余额已增至786亿美元（Statistik Indonesia，2009），这向市场传递印度尼西亚央行具有强大汇市干预能力的信号。美国受全球性金融危机困扰，内需大幅下滑，投资萎靡不振，贝尔斯登、雷曼兄弟、美林、高盛、摩根斯坦利五大投资银行纷纷倒下，华尔街的昔日繁华景象已成往事云烟，很难期待美国经济短期内出现好转。这一时期美国的经济增长率仅有微弱的0.5%、3%，两相权衡，美元走贬似乎应是预料之事，事实证明，印度尼西亚盾兑美元汇率在度过平稳期后确实出现接近两年之久的升值。

现在的问题是，上述理论较好地解释了各个时期的印度尼西亚盾汇率走势，为什么2003~2004年，印度尼西亚经济增速仍旧高于美国的情况下，印度尼西亚盾却出现持续乃至大幅贬值，难道是"强经济、强货币"理论错了吗？其实不然。汇率是一个受经济、政治、国际关系等多种因素影响的变量，在一定时期，经济因素可能是决定该期汇率变动的主导因素；到了另一时期，它的影响力有可能弱化，对汇率走势的解释就显得相当有限，而其他因素（譬如政治因素、美国因素等）则逐渐上升为主导因素，对货币汇率的决定起着愈发重要的作用。

2. 印度尼西亚国内政治因素对盾汇率的影响

马克思主义理论认为，经济是政治的基础，政治是经济的集中体现，并反作用于经济。政治与经济的辩证关系表明，政治稳定是经济发展的重要前提之一，将其运用于印度尼西亚货币汇率走势的分析，我们可以厘清其间的逻辑关系：政局的稳定与否常常影响国内外投资者对印度尼西亚盾的预期，投资者通过资产转换改变对美元的需求与供给，进而影响印度尼西亚盾与美元的比价。

亚洲金融危机以来，印度尼西亚结束了苏哈托30余年的统治，开始进行复杂而又艰难的政治改革探索。1998~2001年，印度尼西亚政府更迭频繁，先后三位总统易主，彰显政局极大的不稳定性。2001年7月，梅加瓦蒂接掌政权，管理这个问题成堆的国家，亚齐、伊里安和马鲁古等地区分裂主义活动尚未平息，国内政治、社会、宗教、民族矛盾又纷繁杂乱，系列重大贪污案的悬而未决助长了贪污腐败与违法乱纪（范若兰，2007）；经济治理不力，复苏前景暗淡，失业增加和社会治安恶化削弱了对国际资本的吸引力；民众民主意识尚不浓厚，无政府主义倾向滋长，政治的不稳定性损害了印度尼西亚货币的信誉，投资者纷纷减持盾资产，带动印度尼西亚盾汇价一路走低。尽管梅加瓦蒂政府试图解决上述问题，也曾取得一些成绩，印度尼西亚盾兑美元汇率短期内出现走强之势，但印度尼西亚的政治经济形势并未得到根本性的好转，盾汇率在外汇市场上表现为剧烈变动、震荡的发展趋势。

2004年，印度尼西亚第一次以直选方式进行了新一轮的总统选举，苏西洛以超过60%的得票率成功当选，市场预期经济开始向好，投资者增强对印度尼西亚盾的信心，盾汇率趋贬的速度和步伐得以控制。在苏西洛执政期间，印度尼西亚政治保持相对稳定，经济复苏势头良好，国际社会逐步恢复对印度尼西亚的信任，进而加大盾资产投资，促使印度尼西亚盾汇率在这一时期走势较为平稳，一度创下连续九个月窄幅波动的历史，演绎出一幕盾汇率波澜不惊的精彩剧情。2009年，苏西洛再度连任总统，进一步加强政治稳定和社会安定的治理，国家政策的连续性也值得期待，印度尼西亚盾在渡过平稳期后升势不可阻挡，先是迅速降至10000，尔后突破9000大关，成为亚太地区最"值钱"的货币。回眸苏西洛总统执政时期的盾汇率走势，我们几乎看不到印度尼西亚货币持续贬值的情况（2008年爆发全球性金融危机时是个例外），除了国内经济及其他因素共同作用的结果外，难道不能看出政治因素对印度尼西亚盾汇价影响的些许痕迹？！

3. 美国经济波动对盾汇率的影响

亚洲金融危机之后，包括印度尼西亚在内的东南亚国家逐渐意识到团结协作的重要性，更为注重区域性的双边或多边的经济与贸易合作。在印度尼西亚对外交往中，美国是印度尼西亚最大的贸易伙伴及传统的出口市场，美国经济状况的好坏势必影响印度尼西亚的经济发展，以及印度尼西亚盾与美元的比价关系。

美国经济影响印度尼西亚盾汇率走势的途径有三：①美国经济增速放缓必然造成其对外需求下降，进而减少来自于贸易伙伴的进口；对印度尼西亚而言，对美出口的减少有可能导致其对外贸易出现逆差，催动印度尼西亚货币贬值。②为了刺激经济增长，美联储数次调整联邦基金利率，改变美国与印度尼西亚之间利差，引发国际资本流量和流向的变更，进而导致印度尼西亚盾汇价或升或贬。③美元自身价值的波动必定影响印度尼西亚盾汇率的变化。事实上，后危机时期，东南亚国家都加大了储备资产的管理，以防范亚洲金融危机事件的重演。印度尼西亚的外汇储备中，大部分是以美元存款或美元国债的形式持有，若美元出现贬值，将直接导致其外汇资产大幅度缩水。美元币值的波动必然引起东南亚国家外汇市场剧烈动荡，致使本币出现严重贬值。

作为世界上最大的经济体，美国在全球经济中的地位举足轻重，对其他经济体的影响十分明显；而美元是国际货币体系中最为重要的货币，其汇率波动令世界各国关注。2002年，美联储进入新一轮"减息周期"，连续11次下调联邦基金利率（刘兴华，2005），加之"强势美元政策"有所弱化。弱美元能给美国带来太多的好处：增强企业的出口竞争优势；缓解巨大的就业压力；减轻日益增长的贸易逆差，因而美联储暗地听任美元"贬值"。在此背景下，印度尼西亚盾兑美元汇率开始逐步走强。

2004~2006年，美联储连续17次提高联邦基金利率至5.25%，缩小了美元与印度尼西亚盾之间的利差，这一时期的前半期，美元汇价频频走高，印度尼西亚盾走贬是其必然结果。2008年，美国次贷危机迅速向国际金融市场扩散，演变为全球性金融危机，印度尼西亚盾则呈现贬值态势，印度尼西亚银行虽于10月7日提高了25个基点的基准利率（西泽利郎，2010），但还是未能挽救印度尼西亚盾的汇率"颓势"，盾汇率从9月初的9163降至10月的9555，再于11月24日跌至12400，创下印度尼西亚盾2001年以来的历史最低价位。此后，为了向市场注入流动性，印度尼西亚银行也仿效美联储和欧洲中央银行，先后数次降低国内基准利率，印度尼西亚盾才触底回升，止住狂跌势头。不难看出，由于印度尼西亚与美国的经济联系紧密，美国经济周期的变化不可避免地波及印度尼西亚经济，也成为这一时期影响印度尼西亚货币汇率走势的主导因素。

4. 国际油价变动对盾汇率的影响

在国际市场上，原油是品质差异相对较小的产品，通常采用统一的国际货币美元标价，这样可以降低信息成本，节约交易费用，并较快地向生产商、消费者传递价格信息。印度尼西亚是东南亚的石油消费大国，对国际原油价格波动非常敏感，因为油价波动将改变印度尼西亚的原油需求及对原油价格的预期，进而导致对"派生物"——美元的需求发生变化。国际油价的变动通过上述传导机制来影响印度尼西亚盾与美元之间的相对比价。

印度尼西亚是一个资源较为丰富的国家，在20世纪90年代每年对外出口大量的石油和天然气资源，曾为东南亚地区的"净出口国"。进入21

世纪,由于经济增长乏力,政府推行价格补贴,加之国内油价偏低造成对能源的"浪费式消费",印度尼西亚石油日产量从1999年的140万桶降至2004年的97万桶,而当时石油的日消费大约为120万桶(IPA,2005),由此产生的供需缺口不得不通过进口予以弥补,印度尼西亚开始沦为石油的"净进口国"。近年来,随着石油战略地位的提升,国际原油价格波动愈来愈对一国经济发展产生极为重要的影响力,没有谁可以肆意忽视油价的变动,对于力图发挥地区大国作用的印度尼西亚更是如此。

一般而言,一国处于经济快速增长时期,对能源具有较强的依赖性,如果能源需求不能通过自身补给实现,那么必然依托从国外进口来满足。印度尼西亚恰恰就处于上述这种状态,若国际原油价格上涨,又无相应的替代能源,印度尼西亚仍然需要购买国外石油满足国内市场,因而对石油的需求表现出明显的"刚性"特征。我们仅以2005年为例讨论,这一年,国际原油价格由年初的每桶42.12美元一路飙至8月29日每桶70.80美元,在刚性需求约束条件下,油价上涨并不会抑制印度尼西亚的原油需求,看涨预期反而促使印度尼西亚增大石油进口,在外汇市场上增加对美元的需求,进而助推美元汇价上扬,印度尼西亚盾走贬是其必然结果。2005年上半年,印度尼西亚盾的确一直"跌跌不休",到8月更是跌破10000大关,一定程度上验证了国际油价变动对盾汇率影响的相关性。

5. 其他偶发性因素对盾汇率的影响

汇率是受多种因素控制和影响的变量,有时其他偶然性因素的爆发也会影响盾汇率的走势,并在短期内改变印度尼西亚盾汇价的运行轨迹。众所周知,印度尼西亚位于太平洋地震带和欧亚地震带交界处,是一个地震、海啸等自然灾害频发的国家,我们无法准确预测此类自然灾害的发生,但它的确会对印度尼西亚货币币值产生不可忽视的影响。

2004年12月26日,印度尼西亚爆发了世纪性的大灾难——印度洋海啸,夺走亚齐地区20万人的宝贵生命;2005年3月28日,苏门答腊岛附近海域出现里氏8.5级的强烈地震;2006年5月27日和7月17日,日惹和中爪哇地区、爪哇岛西南海域先后发生5.9级、6.8级的地震,并引发沿岸部分地区海啸。在上述自然灾害发生的当日,印度尼西亚外汇市场上美元交易震荡,印度尼西亚盾汇率出现了不同幅度的贬值。特别值得注意的是,2008年11月17日,印度尼西亚东部苏拉威西岛科罗达罗省发生的里氏7.7级强烈地震,印度尼西亚盾兑美元汇率从11836迅速贬至11925,单日跌幅达0.75%。2009年9月2日,西爪哇省附近印度洋海域发生里氏7.3级地震;2010年4月7日,苏门答腊附近地区又出现7.8级强烈地震。不但给正处于复苏之中的印度尼西亚经济雪上加霜,造成难以估计的经济损失,而且也让当时的印度尼西亚盾汇率的运行发生了明显的改变。

如果说地震、海啸等自然灾害尚能波及汇市交易,那么,"9·11"事件后恐怖主义活动在全球的盛行对货币汇率的影响显然就"有过之而无不及"。2002年10月12日,印度尼西亚旅游度假胜地巴厘岛发生爆炸,没有丝毫的犹豫,当日盾汇率直接由9010下挫至9313,贬值幅度达3.25%,创下印度尼西亚货币历史上最大的单日跌幅;2003年8月5日,首都雅加达万豪酒店外的恐怖爆炸事件让印度尼西亚盾汇价从8493迅速降到8618,贬值约1.45%;2004年9月9日澳大利亚驻印度尼西亚使馆门前的自杀式炸弹袭击、2005年5月28日中苏拉威西省丁直那镇的两起爆炸案,以及2005年10月1日巴厘岛金巴兰海滩咖啡厅的连环爆炸事件,均使印度尼西亚盾兑美元汇率发生不同程度的走贬趋势。印度尼西亚恐怖主义活动的频发让投资者觉得印度尼西亚不再是安全的投资场所,转而在外汇市场上兑换美元、欧元、日元等"硬通货"选择撤离,印度尼西亚盾汇价趋贬应在情理之中。

可以肯定,偶然性因素对印度尼西亚盾汇率走势的影响具有短期效应。随着时间的流逝,这种效应会慢慢淡化,但无论如何,在剖析印度尼西亚盾汇率变化的成因时,我们不能完全忽视它的影响和作用。

四、对印度尼西亚盾汇率未来走势的预测

2001年以来,印度尼西亚盾兑美元汇率走势呈现出多样化和复杂性,大体经历震荡、贬值、平稳、升值四个阶段。导致印度尼西亚盾汇率运行态势的原因是多方面的,笔者仅从印度尼西亚国内经济政治、美国经济波动、国际油价变动层面,对其形成原因进行了剖析,难免挂一漏万。在未来,这些影响因素会不断变化,将对印度尼西亚货币汇率走势产生怎样的影响呢?

首先,从印度尼西亚国内因素看,近年来印度尼西亚经济发展势头甚为强劲,不但实体经济趋于改善,而且资本市场亦无太大隐忧,2009年股票综合指数突破了2500点,通胀率也维持在3%左右的低水平,与亚洲金融危机时期的境况有着天壤之别,不少经济指标甚至优于周边其他国家。根据IMF的报告,印度尼西亚2010年的经济增长率有可能实现4%,成为东南亚经济发展最快的经济体。对于喜人的经济表现,印度尼西亚财长英

德拉瓦蒂曾信心百倍地称，2011年的7%的经济增长目标是"可以实现的"。若此，印度尼西亚经济令人期待，按照总统顾问艾米尔·萨利姆的说法，印度尼西亚正向"金砖四国"的行列迈进，根据"强经济、强货币"规律，未来盾汇率走强应是可以预料的事情。

其次，印度尼西亚正处在民主改革的阵痛期，民主化改革面临多重艰难，但在经历2009年总统大选后，政局实现平稳过渡，苏西洛的连任将保持国家政局的稳定与政策的连贯，这是当下印度尼西亚民众所期待的结果。"我们不希望改变。换一个总统意味着换一种新的政策，印度尼西亚现在不需要改变，不需要从头再来。我们希望把目前的政策延续下去，包括反腐，包括对抗金融危机，改变并不意味着一切会变得更好"（骆珊珊，2009）。如果苏西洛执政能继续保持国家与社会稳定，将为本国货币创造良好的外部环境，印度尼西亚盾再度重现平稳运行态势并非毫无可能。

再次，随着经济全球化向纵深方向发展，世界各国经贸联系日益紧密，相互依存度迅速增强，不同经济体凸显同步发展特征，呈现"俱荣俱损"的发展趋势。全球性金融危机的爆发让世界经济陷入深度衰退，欧盟在低增长中苦苦挣扎，日本则面临通缩与衰退并发之困境，虽再度实施"零利率"政策也于事无补（刘兴华，2010）。等待世界经济复苏需要时间，美国也不例外。2009年，美国渡过后危机时期最艰难的一年，美联储曾于3月宣布在特定时限前大规模购买美国国债，拯救了日益脆弱的金融系统，经济呈"V"形深幅调整；2010年，美国经济呈现微弱扩张，复苏步伐可能快于其他发达经济体，预计增速在3%~3.5%，美联储甚至考虑量化宽松货币政策的"退出"，但依然受到财政、贸易"双赤字"的制约，短期内美国很难彻底摆脱危机阴影。如果这样，笔者斗胆预测美元汇价短期内继续走低，盾汇率则有可能延续上扬的势头。

最后，印度尼西亚对石油需求具有较强的依赖性，国际石油价格变动必然对一定时期的盾汇率走势产生不可忽视的影响。2010年，世界经济将在曲折中缓慢复苏，国际油价亦呈稳步上涨趋势。如果世界经济复苏前景好于预期，经济金融市场信心得到恢复，通货膨胀压力加大，美元继续大幅走软，那么，国际油价上行趋势将更加明显，印度尼西亚"刚性"石油需求将推动本币汇率升值。如果由于不确定因素而引发新的金融冲击，世界经济复苏受阻、衰退加深，为防止滞胀美元在政策主导下转为强势，那么，国际油价运行平台存在下移的可能，届时印度尼西亚盾汇率亦随之走跌。对于偶然性因素，我们无法准确预知，它的突发将为印度尼西亚盾的未来汇率走势增添不确定性。

五、小结

近 10 年来，印度尼西亚盾兑美元汇率或升或贬，不同年份的升贬幅度和速度仍有差异。概括而言，2001 年以来的盾汇率走势大体经历了震荡、贬值、平稳、升值四个阶段。印度尼西亚国内经济、政治的发展变化是导致这一时期盾汇率变动的内因，美国经济周期波动、国际油价涨跌是印度尼西亚盾汇率走势发生变化的外因，偶然性因素则让印度尼西亚盾的运行态势变得更加复杂。在未来，印度尼西亚强劲的经济发展、稳定的政治环境，以及短期内美国经济恢复乏力，将增强民众对印度尼西亚货币的信心，"美元趋弱、印度尼西亚盾走强"是相当时期内盾汇率未来走势的主线。当然，国际油价的变动或偶然性因素的突发会对印度尼西亚盾产生短期效应，一定程度上改变盾汇率已有的运行态势。

第七章 东盟对外贸易与区域货币合作

在对东盟经济体的汇率安排个案研究之后,我们转换视角,讨论东盟区域内进行金融与货币合作问题。实际上,这仍然是东盟的汇率制度安排问题。如果第六章主要基于单个经济体的层面,那么,本章着眼于从整体层面研究东盟的汇率安排问题,研究东盟的经济合作以及货币合作能不能促使东盟形成最优货币区,进而推出区域共同货币。东盟曾以亚洲金融危机为契机,就这一议题展开过热烈的讨论,全球性金融危机则加速了东盟成员在金融与货币合作上达成新的共识。

第一节 东盟对外贸易:地缘经济合作视角

经济全球化是当今世界经济发展的潮流。作为这一潮流主要推动力量的贸易自由化,无论在广度还是深度上都发生了深刻变化,集中表现在以自由贸易区为目标的区域经济合作协定不断涌现。东盟与其他国家之间的区域经济合作就是一个典型例子。近年来,东盟区内、区外经济合作不断增强,对外贸易亦取得重大进展。本节主要从经济合作视角分析近年来东盟对外贸易的地缘结构特征,并进而探讨东盟区内贸易和区外贸易的发展前景。

一、20世纪90年代中期以来的东盟对外贸易

20世纪90年代中期以来,东盟国家的经济发展经历了大起大落的颠簸,对外贸易也相应地出现一波三折,但总体呈"温和"上升的发展趋势。根据东盟金融与宏观经济监管小组公布的统计数据,1996年,东盟对外出口3347亿美元,进口3463亿美元(ASEAN,2003),贸易收支产生小额逆

差。2003 年，东盟对外贸易额突破了 7000 亿美元，到 2004 年，东盟在加强与其他国家经济合作方面取得积极进展，经济增长迅速，对外贸易额进一步扩至 8026 亿美元，年均增长率为 2.45%，与同期全球贸易的增速基本保持一致。从总体上看，这一时期东盟对外贸易低速增长，但有三个年度的贸易状况特别值得关注：

（1）1998 年，由于亚洲金融危机首先在经济表现一直良好的泰国爆发，并很快波及东南亚其他国家，致使东盟经济高速增长的势头受阻，各国普遍出现不同程度的经济衰退。受此影响，东盟对外需求和供给能力双双大幅下滑，直接导致区内贸易和区外贸易迅速萎缩，当年东盟对外贸易仅有 5072 亿美元，同比下降 17.8%。所幸的是，东盟经济从危机到复苏的这段时间并不算太长，在其后的两年中，东盟制定经济重振计划，对外贸易亦出现复苏性增长，进出口总额分别升至 6200 亿美元、7550 亿美元。

（2）2001 年，美国经济在经历"9·11"恐怖袭击和公司假账丑闻后出现衰退，欧盟经济步入低速增长周期，日本经济则依然延续低迷状态，世界三大经济体同时陷入经济困境，该年的世界经济增长率是近 10 年来最慢的一年。对于以出口导向为特征的东盟国家来说，这无疑是一个沉重打击，不但造成经济负增长，而且也使对外贸易全面滑坡，在这一年，泰国、马来西亚、印度尼西亚、菲律宾、新加坡、文莱对外进出口总额之和仅为 6754 亿美元，甚至还不及东盟 20 世纪 90 年代中期的贸易水平。

（3）2002 年，东盟多年来的区域经济一体化和实施的减税计划开始取得成效，加之金融危机和世界经济萧条给它们带来的巨大负面影响使其认识到"团结合作和共同行动"的重要性，泰国、马来西亚、印度尼西亚、菲律宾、新加坡、文莱初步建成自由贸易区。这不但改善了东盟对外贸易的环境，也降低了区内贸易的交易成本，从而催动东盟对外贸易"拐点"的出现。2002 年，东盟对外进、出口额分别达 3190 亿美元、3863 亿美元，同比增长 3.71%、5.03%，贸易收支也转而出现盈余。此后，东盟对外贸易一直在正增长和顺差的轨道上不断向前发展。

自 1996 年起，东盟对外贸易在总量上呈现显著的波动性特征，如果从贸易结构考察，可以发现东盟各国之间的贸易发展水平却是极不均衡的。新加坡是经济总量并不太大的国家，经济规模在东盟六国中位居第四，但得天独厚的区位优势使其便于开展对外交流，成为世界主要转口贸易的集散地。加之为进一步扩大与其他国家经济合作的力度，新加坡对所有进入"共同有效优惠关税协定（CEPT）"的商品实行零关税政策，从而刺激近年来新对外贸易的迅速发展。按照东盟贸易统计库的数据测算，2003 年，新对外贸易额占东盟对外贸易总额的比重高达 35.7%，无可厚非地成为东盟的"贸易大国"。马来西亚是以出口导向型为主的经济体，一向重视外部需求在经济发展中的作用，尤其在后危机时期，马来西亚将林吉特严格钉住美元，即使在周边国家普遍增大货币汇率弹性的情况下，林吉特依然钉住美元。事实上，林吉特币值的相对稳定降低了马来西亚企业经贸活动中的汇率风险，导致后危机时期马来西亚对外贸易取得了较快的增长。在东盟对外贸易中，马来西亚所占份额亦有不俗的 23%。泰国虽是金融危机的"重灾国"，经济和对外贸易均遭受不同程度的破坏，但近些年泰政府先后制订了一系列旨在促进出口增长的经济政策并取得明显成效，使得泰国对外贸易总量在东盟中名列第三位。印度尼西亚、菲律宾、文莱是东盟的贸易小国，其贸易总和还不足以影响东盟对外贸易的整体水平，如果从动态的角度看，这种状况似乎表现得更加明显，1998～2003 年，印、菲、文三国贸易占东盟对外贸易的份额已从 25.3% 减至 22.3%。不难看出，与新加坡、马来西亚、泰国三国相比，这些国家在东盟对外贸易的地位正处于不断下降的趋势之中。

二、地缘经济合作：东盟对外贸易的基础

正如前面所述，除 1998 年、2001 年出现过两次较大的波动，近年来东盟对外贸易总体上不断扩大。2003 年，东盟对外进出口总额达 8026 亿美元，比 1996 年增长 17.8%，比危机后的 1998 年增长了 40.7%。然而，从地缘经济合作角度看，东盟对外贸易发展状况具有什么样的特征呢？

东盟各成员国之间的区内贸易是东盟对外贸易最为重要的部分。早在东盟第四次首脑会议上，泰国、马来西亚、印度尼西亚、菲律宾、新加坡、文莱六国签署了"东盟加强经济合作的框架协定"，确立了自 1993 年 1 月 1 日起，用 15 年的时间逐步降低关税，最终实现成员国之间贸易免税和建成自由贸易区的发展目标。为了更好地贯彻这一目标，各成员国纷纷制订合乎自身经济发展的关税减免计划，并通过了作为东盟自由贸易区主要运行机制的"共同有效优惠关税协定"。显然，这一措施的出台客观上为东盟各国履行减让关税、降低贸易壁垒的承诺设立了可供参照的"时间表"，从而推动东盟区内贸易有了更快的发展。据统计，1997 年，东盟的区内贸易额为 1499.7 亿美元，比 1993 年的 824.2 亿美元增长了 81.9%（陈雯，2003）。然而好景不长，肇始于泰国的那场金融风暴席卷了整个东南亚，许多国家的经济增长势头受到遏制，普遍出现经济负增长，金融危机的爆发

使东盟多年来已经实现的许多利益都丧失殆尽，为了尽快重振经济，各成员国渐渐意识到，如果有充足的抵御能力就不会在经济受到打击后无力展开自救，"以更紧密的合作和强有力的团结共同行动"或许是解决这一难题的最好方式。在这一合作理念驱动下，东盟继续加快了区域经济合作的步伐，各国不但继续扩大 CEPT 的覆盖范围，还向其他成员国开放尚存争议的农产品市场，对于处于不利竞争地位而不得不实施贸易保护的"例外产品"，也做出了将在未来5年内分阶段进入 CEPT 清单的决定。截至 2003 年 7 月，东盟六国的平均关税水平降至 2.4%，新加坡基本实现区内 CEPT 清单商品贸易的零关税，马来西亚、印度尼西亚、泰国则分别有 98.2%、93.7%、92.1% 的商品关税税率在 5% 以下（陆建人，2005）。可以肯定，区域经济合作在降低东盟区内贸易成本的同时，也促使那些贸易保护度较高的国家开始加强与区域内其他国家的经贸往来活动，从而产生正向贸易效应。况且，后危机时期，东盟多数国家的货币汇率出现贬值，这使从区域内进口比区外进口变得更为便宜，也在一定程度上增进了东盟成员国之间的贸易发展。自 1997 年以来，东盟区内贸易占东盟对外贸易总额的比重一直保持在 22% 以上就是例证。

除了主要依托于区域经济合作之外，东盟也十分重视与其他贸易伙伴发展双边经贸关系，这是与东盟国家所具有的经济特征相联系的。东盟是出口导向型经济体，外部需求对东盟各国的经济发展起着十分重要的作用。从经济总量看，美国、欧盟、日本是当今世界的三大经济体，其国内巨大的市场吸引着东盟，近年来三大经济体不断开拓与它们之间的贸易领域。更为重要的是，东盟在产业结构上与美、欧、日等发达国家存在明显差异，相对于资金、技术要素而言，东盟国家的棕榈油、橡胶、木材、矿物燃料资源较为充裕，具有生产资源密集型产品的比较优势，而美、欧、日等国则在技术、资本含量较高的数码家电、信息化生产资料以及汽车等新技术产业拥有强大的竞争力。按照国际贸易中的要素禀赋理论，东盟与美、欧、日各自以具有比较优势的生产要素参与国际分工，形成一种互补型贸易格局。近年来东盟的贸易结构表明，美、欧、日一直是东盟除成员国之外的最重要的贸易伙伴，令人吃惊的是，这种相对稳定的贸易格局至今仍没有发生任何变化。由此引发一个问题：东盟对美、欧、日三大经济体的贸易依存度较高，东盟的经济冷暖很大程度上依赖于这三个国家的经济发展，甚至可能导致某些年度的东盟对外贸易状况严重受制于这些贸易伙伴所处的经济周期。例如，2001 年，受三大经济体经济增长减缓和衰退的影响，东盟对外贸易额同比减少 9.8%。2004 年，美国经济呈现强劲增长势头，日本和欧元区经济亦有不俗表现,拉动了全球信息产品需求的恢复性增长,促使东盟当年对三大经济体的贸易额有了明显的提高。需要指出的是,尽管从贸易总额看,美、欧、日是近年来东盟对外贸易中无可替代的贸易伙伴,但如果考察东盟的贸易收支结构,我们可以发现,1997年以来,东盟对美、欧贸易收支一直处于顺差,对日贸易则始终处于逆差。这从一个侧面反映出在对外贸易中,东盟所扮演的角色是不同的,对美、欧的供给角色重于需求角色,对日需求角色则远远强于供给角色。

就中国—东盟之间贸易额与东盟对外贸易占比而言,中国或许不如东盟之成员国以及欧美和日本,如果虑及双边贸易的动态发展趋势,中国无疑又是东盟最重要的贸易伙伴之一。随着近年来东盟与中国贸易关系的不断深化,双边贸易额呈现出持续快速的增长势头,据中国海关统计,2004年,东盟对中国的进出口额为1059亿美元,同比增长35.3%,远高于东盟当年对外贸易的增长幅度。即便在全球贸易增长几近为零的2001年,东盟与中国之间的贸易仍然取得较大发展,双边贸易额达416.1亿美元,比上年增长5.3%(国家统计局,2005)。那么,为什么近年来东盟对华贸易能得到迅速发展呢?笔者认为,东盟与中国之间贸易的互补性强于竞争性是近年来双边贸易发展迅速的主要原因。长期以来,东盟国家实行出口导向型经济发展战略,生产的非食用原料和资源密集型产品具有较强的国际竞争力,而中国在经济发展中劳动力丰裕且成本低廉,对东盟出口的主要是纺织品、服装、鞋帽、玩具等劳动密集型产品,东盟与中国之间贸易互补性强于竞争性的特征是显而易见的。在东盟与中国之间最大的产业内贸易——工业制品贸易中,机械及运输设备是双方产业内贸易比重最大的部分,主要是以电力机械及电气零件、办公用机械及自动数据处理设备、电信及声音的录制与重放装置设备、通用工业机械设备及零件等产品为主。然而,双方产品所具有的比较优势却是完全不同的,中国对东盟出口的机电产品主要是具有一般或特殊用途的机械和电子设备,而新加坡、马来西亚、菲律宾、泰国等东盟国家对中国输出的机电产品大多是电子元器件和电子装置等ICT产品,双方产业内贸易的互补性成分仍然多于竞争性。正是这种带有互补性质的分工格局,导致近年来东盟与中国之间贸易额呈快速增长的态势。2002年11月,东盟与中国签署了全面经济合作框架协议,确立了减让关税、消除非关税壁垒和建立中国—东盟自由贸易区的发展目标,这无疑对进一步促进双边贸易起着积极的作用。在此基础上,中泰两国签署了加速取消关税的"早期收获计划",提前实现蔬菜和水果产品的零关税,尔后这一安排又扩展到中泰新三国(陈乔之、张勇长,2005)。加速减税和自由贸易区的制度安排大大降低了东盟与中国之间的贸易成本,促使近年来双边贸易的发展速度远远高于东盟与其他贸易伙伴的发展速度。值得注意的是,近年来东盟对中国贸易一直处于出超状态,且顺差额逐年不断扩大,2004年,东盟对中国的贸易顺差高达201亿美元,占双边贸易总额的19%,这既表明东盟在对华贸易中处于有利的顺差方,同时也从一个侧面展示了中国致力于与东盟全面经济合作的积极姿态。对于这一点,印度尼西亚贸易部长玛丽·邦克斯的话也许有一定道理:"当中国成为繁荣的市场的时候,东南亚正在成为中国重要的供应商"(于津平,2003)。

三、东盟对外贸易的前瞻:基于地缘经济关系的判断

以上从地缘经济关系剖析了近年来东盟与主要贸易伙伴的贸易发展状况。事实上,影响东盟对外贸易的因素很多且相互间存在高度的不确定性,但目前尚没有明显迹象表明其他任何因素已经超越"地缘经济"而成为影响东盟对外贸易最重要的因素。在可预见的未来,我们仍从地缘层面展望东盟对外贸易的发展前景。

区内贸易是未来东盟对外贸易的主要着力点。亚洲金融危机之后,东南亚国家逐渐意识到"团结合作和共同行动"的重要意义。全球经济衰退给东盟对外贸易带来的负面影响强化了这一认识,它让东盟试图单方面寻求区域外帮助的努力受挫,激发了东盟继续加强区域经济合作的决心。在这一背景下,东盟国家进行了卓有成效的区域经济合作,东盟六国初步建成自由贸易区就是最好的证明。显然,东盟自由贸易区不仅扩大了CEPT的覆盖范围,而且为受保护的大部分"暂时例外商品"和未加工产品分批进入CEPT清单制定了颇具操作性的计划,从而大大降低了成员国之间的贸易成本,如2003年东盟六国区内贸易的平均关税比1993年下降了10.4个百分点,专家预测未来的几年内此种趋势还会进一步延续,这显然有利于扩大东盟区内贸易。不仅如此,东盟于2003年10月签署了"第二巴厘宣言",通过制定和实施经济合作以提升东南亚地区的战略地位,并准备在2020年将东盟建成以商品服务与投资自由流通为特点的单一市场和生产基地,进而向经济共同体的目标迈进。为了更好地实现这一战略目标,东盟制定了切实可行的步骤:①加强已有的经济合作,按照自由贸易区进程减让关税和降低非关税壁垒。②加速东盟橡胶业、木业、汽车业、纺织业等优势产业的市场整合,统一各国条例、程序和检查标准。③加快区内贸易争端机制建设的步伐,建立公平的区内贸易环境。④逐步减少新成员国的

特殊政策，缩小东盟各国之间的经济差距（柴瑜，2004）。倘若如此，区内贸易无论在广度还是深度上都将有较快的发展，并将在未来的东盟对外贸易中占主体地位。唯一值得担心的是，印度洋海啸可能会减少部分东南亚国家的渔业、旅游业、海运业的收入，进而对经济增长产生一定的负面作用。由于印度尼西亚是这次海啸的"重灾国"，而且爆发是近一个世纪以来最严重的地震，笔者估计，2005年印度尼西亚对外贸易收支可能出现负增长或处于逆差状态。

在对外贸易问题上，东盟虽强调内部的协调与合作，但出于"利用大国相互制衡"的目的，东盟同样愿意与其他大国建立经济或贸易联系，以获得对外贸易结构的均衡。美国是东盟的重要贸易伙伴，目前美国经济已处于复苏之中，只是速度还较为缓慢，如果伊战后伊拉克政局的不稳定性、俄罗斯政府对尤克斯公司的处理方式等没有对世界石油价格造成太大的影响，在今后几年内，美国经济的复苏速度会有所加快，但中期内难以恢复到20世纪90年代的增长率水平。美国经济增长乏力必然减少其对外需求，这在一定程度上影响东盟对美的商品和服务出口。况且，美国在亚太地区的立足点是亚太经合组织，对于与东盟的经济合作，仅有一个有名无实的"推动东盟贸易计划"。按照该计划的要求，东盟与美国进行贸易合作的先决条件是东盟成员国首先推进自身的贸易自由化进程，然后与美达成"贸易与投资框架协定"，最后与美签署双边自由贸易协定（王勤，2004）。由于这一计划是由美国单方面控制的，又未设立具有可操作性的"时间表"，因而它从一开始就受到诸多经济学家的批评和质疑。东盟—美国的经济合作进程表明，到目前为止，与美签署自由贸易协定的东盟国家仅有新加坡、泰国，印度尼西亚、菲律宾与美只是签署了"贸易与投资框架协定"，马来西亚在这一问题上的态度虽十分鲜明，但进程甚为缓慢。因此，与东盟区内贸易相比，未来东盟与美国之间贸易额的增长速度应不会太快，东盟对美贸易与东盟对外贸易占比极有可能处于不断下降的趋势。

和以往犹豫姿态不同的是，日本在与东盟经济合作的态度上有了很大的改变。2002年11月5日，就在中国与东盟签署自由贸易区框架协议的第二天，日本与东盟达成"全面经济合作伙伴联合宣言"，宣言指出双方间的伙伴关系不应仅限于关税减让和放松管制，还要在其他领域进行贸易与投资合作。目前，日本已启动与泰国、马来西亚、菲律宾缔结自由贸易协定的正式谈判，争取在2012年之前与东盟建立自由贸易区，最终实现"共同进步、共同发展"的东亚共同体目标（周小兵，2005）。显然，如果东盟与日本能够按照既定日程建成自由贸易区，无疑将极大地推动双边贸易朝更高层次发展。然而，情况并没有如此乐观，原因在于农业问题是双边贸易谈判中难以回避的问题，日本一直对此十分敏感，短期内日本农产品市场不可能对东盟完全开放，从而构成东盟与日本建立自由贸易区的主要障碍，不可避免地对东盟与日本间贸易产生消极影响。笔者认为，在可预见的未来，东盟与日本自由贸易区谈判达成具有实质性意义协议的可能性较小。虽然早在2002年年初，新加坡与日本就已达成"日新新时代经济伙伴关系协定"，双方将日本颇感棘手的农产品问题暂时排除在外，但这只是个案，因为新加坡是一个城市国家，基本上不生产也不出口农产品，加之两国服务业较为发达，双方合作的利益和潜力巨大。而其他东盟国家对日农产品出口数量较大，仍存在相当程度的比较优势，因而这些国家在与日贸易谈判中不可能绕过农产品问题，新日间的经济合作也不可能作为一种模式拷贝到这些国家与日本的经济合作上。

近年来中国经济的快速发展，使东盟渐渐意识到扩展与中国经贸活动的重要性。一方面，东盟与中国的经济合作有利于双方吸引外资、扩大市场和稳定出口，进而促进经济增长；另一方面，东盟与中国的经济合作是在发展中国家进行的，双方都希望从合作中获得更多的差别待遇、直接投资和技术转移，这决定了合作双方有着相同或相近的目标，也使双方的合作更具务实性。例如，2002年11月，中国与东盟共同签署了"全面经济合作框架协议"，双方按照协议规定的时间完成减让关税、消除非关税壁垒的目标，并在2010年建成中国—东盟自由贸易区。为了保证这一目标的顺利实现，双方协商制定了一系列有利于双边贸易往来的灵活措施，"早期收获计划"就是典型的例子。根据这一计划，中国对一些东盟对华出口较多的农林水产品先行降税，从2004年1月起，在3年内将这些产品的关税降至5%以下。同时，中国还决定对东盟经济不发达的一些成员实行"特惠关税"，如柬埔寨、老挝、缅甸等国出口至中国的部分产品享受零关税待遇（尤安山，2004）。"早期收获计划"和"特惠关税"不仅让中国与东盟间贸易的降税速度快于世贸组织规定的降税速度，而且它所体现出的灵活性也为双方在其他领域内的合作和其他经济体之间的合作提供了借鉴。此外，中、泰两国签署了"在'早期收获计划'下加速取消关税的协议"，自签署之日起，双方提前实现果蔬产品的零关税，该协议涵及中泰贸易中占有重要地位的188项产品。中国与东盟的经济合作扩大了东盟的外部市场，创造出了巨大的贸易效应，仅2005年前两个月，东盟对中国的进出口额就高达160多亿美元。按照这种趋势发展，笔者估计，在未来几年里，东盟对华贸易与东盟对外贸易间占比将处于不断上升的通道。

四、小结

自 20 世纪 90 年代以来，受亚洲金融危机冲击和世界经济衰退的影响，东盟对外贸易先后在 1998 年、2001 年出现两次较大波动，但总体处于不断增长的趋势。区内贸易是东盟各国对外需求的核心和基础，后危机时期东盟强化了对这一理念的认识。东盟对美、欧、日贸易是目前仅次于区内贸易的部分，无论在贸易额还是贸易比重上都远远超过东盟对华贸易，但中国经济近年来快速发展使两大经济体之间的合作利益和潜力巨大。从经济合作角度看，未来东盟对各主要贸易伙伴的贸易额将会呈逐年扩大的态势。由于东盟与不同国家之间的经济合作存在明显差异，在未来东盟对外贸易中，东盟对美、日贸易的增长速度可能较为缓慢，导致东盟对美、日贸易占比持续下降；相反，东盟区内贸易以及东盟对华贸易的增长速度较快，进而使东盟区内贸易和对华贸易比重不断上升。

第二节 东盟与中、日、韩的金融与货币合作

20 世纪 90 年代以来，东盟强化了区域内的金融与货币合作，同中、日、韩建立了紧密的经济联系，希冀形成区域性危机防范和救助机制。在此合作理念指引下，东盟与中、日、韩进行了卓有成效的探索与实践。短短数年内，从建成危机预警系统、安排货币互换，到推进金融市场融合、发展区域债券市场，再到建立亚洲外汇储备库、协调区域汇率政策，东亚在金融领域的合作取得令人瞩目的成就。

一、东亚区域货币合作的理论阐释

亚洲金融危机之后，东亚经济体意识到"共同合作与团结行动"的重要性，加快了区域内货币合作的步伐。1997 年，日本政府在 IMF 和 ADB 会议上提出建立亚洲货币基金的设想。2000 年，韩国学者又提出构建亚洲借款安排的建议。随着"清迈协议"（Chiang Mai Initiative）的签署，东亚的区域货币合作取得了实质性进展。如果这一阶段的合作乃因应危机之需和"危机后意识"作祟，那么近年来的东亚货币合作又是怎样的呢？在"亚

洲债券市场倡议"之后，两只规模为10亿美元、20亿美元的"亚洲债券基金"先后于2003年、2004年推出。2007年处于"计划"之中的东亚外汇储备库亦于2009年年底面世，标志着东亚区域货币合作超越"清迈协议"而迈入新阶段。这一时期，东亚经济体的货币合作更加趋于理性，参与方互补共赢，具备坚实的合作基础。

Tamer Baig（2000）从金融脆弱性的角度探究了东亚的货币合作，其研究表明，东亚经济体金融体系具有脆弱性的特征，即对银行过度依赖，形成"银行主导"的融资格局，融资形式为单一的银行间接融资；大规模短期存款支持长期项目融资形成期限错配，以外币负债支持本币融资导致货币错配。东亚各国政府正致力于推行结构改革，由于所产生的问题存在共性，危机后所倡导的政策措施也有共同之处，跨国进行货币合作可以有益于彼此。Peter J Montiel（2005）分析了东亚货币合作可行的方式，指出汇率政策的溢出效应是地区货币合作的重要原因，东亚外向型的经济模式导致其出口产品在第三市场相互竞争，钉住美元汇率制使其难以承受美国、欧盟和日本等国货币币值的相对波动，在其他经济体实行美元本位政策的情况下，彼此间的贸易依存性让单个国家不得不做出钉住美元的选择，这是纳什非合作均衡的结果，建立汇率政策协调层面的货币合作可以形成最优的合作均衡。Chalongphob Sussangkam（2005）的研究结果表明，国际流动性供给不足是东亚货币合作的主要动力，曾经遭受危机肆虐的国家也许不会忘记，在那场金融危机的救助行动中，IMF作为最后贷款人的作用十分有限，无法为受灾国提供及时和充足的流动性支持，加之贷款条件相当苛刻与明显的政治利益取向，以及在基金组织份额不足所导致受限的借款能力，使得东亚不可能在下一次危机来临时对IMF有太大的期待，把"宝"全押在IMF上具有太大的风险，"自救"应该是明智的选项。"自救"并不意味着舍弃IMF而完全依靠自身，它可以是一定区域内有共同利益的各方参与的团结行动。

上述学者分别从不同的理论视角讨论了东亚货币合作的必要性，其相同之处是货币合作能够产生合作利益并在参与方之间分配，或者说参与方可以分享合作利益而有进行货币合作的意愿。在这一点上，今天的东盟成员之间及与中、日、韩之间可否找到共同利益？答案显然是肯定的。近年来，随着市场一体化的加深，东盟逐渐发展成为一个经济利益共同体，不断扩大的贸易投资往来使成员国之间经济联系日益紧密，相互依存度迅速增强，凸显同步发展特征，呈现"俱荣俱损"的发展趋势。如果某一成员国遭遇金融危机冲击，其他成员国易受"传染"的影响，即"传染"具有明显的区域性（兰德尔·亨宁，2005）。由此看来，东盟成员间的利益取向不言自明，展开区域货币合作可为彼此提供融资便利，增强成员抵御危机的能力。同时，作为对IMF及其他多边机构的补充，能在一定程度上缓解可能出现的流动性不足问题。

中国、日本和韩国是亚洲的经济大国，东盟的货币合作正是有了以上三国的参与，才扩展为东亚货币合作并在规模和层次上不断发展和深化。严格地讲，真正意义上的东亚货币合作是以亚洲金融危机为发端，在"清迈协议"缔结之后呈现加速发展的势头，通过货币合作消除金融市场之间的分割状态，搭建利益共享资金平台是东盟与中、日、韩合作的基础。经历2008年的全球性金融危机，东亚货币合作的动力得到进一步提升，建立一个更加紧密的互助救援应急机制，以避免短期国际收支失衡和陷入流动性困境，成为东盟与中、日、韩当下的利益共同点，各方展开合作自然是符合逻辑的价值判断。

后危机时期，东亚经济体增强了各自汇率安排的灵活性，但为了获取更大的回旋空间，它们通过其经常账户顺差积累了巨额外汇储备，这些储备多以美国主权或准主权债券形式持有，收益率并不太高。如果东亚进行区域货币合作，既可以使大量储备得到充分利用，又能增强区域成员对使用安全网的信心（Park Yung Chul，2001）。从协同性的角度看，东盟与中、日、韩可能同时受到某些外生性宏观因素的冲击，由于两者在商业周期和经济结构上存在显著差异，因而宏观经济冲击对它们的影响在总体上是不对称的。换言之，东亚所有国家同时爆发危机的可能性不强，这就为危机爆发时其他国家为危机国提供援助的可行性建立了理论上的准备（Selover David D.，1999）。综观东亚的货币合作历程，大体经历了由货币互换到统一债券市场，再到区域外汇储备库三个具有代表性的发展阶段。

二、双边形式的货币互换机制

货币互换是早期东盟开展金融合作的主要形式。1977年，由印度尼西亚、马来西亚、菲律宾、新加坡、泰国五国发起设立，并由每位成员出资2000万美元，建立了总额为1亿美元的东盟货币互换安排。1998年，这一总额又扩至2亿美元。如此之小的货币互换规模并无多大实际救助意义，却对地区未来的金融合作产生积极的影响作用。真正促使东亚货币合作进程提速的是，2000年5月东盟与中日韩财长在泰国清迈共同签署的"清迈协议"。

"清迈协议"包括两项重要内容：①完善东盟货币互换协议（ASEAN

Swap Arrangement），将其覆盖所有东盟成员，并把互换协议规模扩容到10亿美元。②建立东盟与中、日、韩之间的双边互换与回购协议网络（Network of Bilateral Swaps and Repurchase Agreements），承诺在必要时向成员国提供适当规模的资金，以帮助其解决短期国际收支和流动性问题。"清迈协议"将中、日、韩三国纳入地区的双边货币互换机制，使原先东盟内的货币合作演变为整个东亚地区的货币合作。正是在"清迈协议"缔结后，东亚建立了以互援为目的的货币互换机制，截至2007年7月，东盟与中、日、韩之间共签署16个双边互换协议，累计互换总额为830亿美元，如表7-1所示。如果把2005年东盟财长会议所达成的将东盟货币互换扩至20亿美元的共识考虑进去，东亚货币互换协议的总资金规模达到850亿美元（杨权，2008）。由此看出，"清迈协议"对区域合作机制的建立和双边货币互换的发展起了至关重要的作用，有的学者称其为东亚地区在货币合作领域取得的最为重要的制度性成果。

表7-1 "清迈协议"下东亚双边货币互换协议

（单位：亿美元）

序号	协议双方	互换货币	有效期	协议金额
1	日本—中国	人民币/日元	2002.3.28~2006.3.27	30（双向）
2	日本—韩国	美元/韩元或美元/日元	2006.2.24~2009.2.23	150（单向）
		日元/韩元	2005.5.27~2007.7.3	30（双向）
3	日本—印度尼西亚	美元/印度尼西亚盾	2005.8.31~2008.8.30	60（单向）
4	日本—马来西亚	美元/林吉特	2001.10.5~2007.10.4	10（单向）
5	日本—菲律宾	美元/比索或美元/日元	2006.5.4~2009.5.3	65（单向）
6	日本—新加坡	美元/新元或美元/日元	2005.11.8~2008.11.7	40（单向）
7	日本—泰国	美元/泰铢或美元/日元	2007.7.10~	90（单向）
8	中国—韩国	人民币/韩元或韩元/人民币	2005.5.27~2007.6.23	40（双向）
9	中国—印度尼西亚	美元/印度尼西亚盾	2006.10.17~2009.10.16	40（单向）
10	中国—马来西亚	美元/林吉特	2002.10.9~2005.10.8	15（单向）
11	中国—菲律宾	人民币/比索	2007.4.30~2010.4.29	20（单向）
12	中国—泰国	美元/泰铢	2001.12.6~2004.12.5	20（单向）
13	韩国—印度尼西亚	美元/印度尼西亚盾或美元/韩元	2006.12.27~2009.12.26	20（双向）

续表

序号	协议双方	互换货币	有效期	协议金额
14	韩国—马来西亚	美元/林吉特或美元/韩元	2005.10.14~2008.10.13	15（双向）
15	韩国—菲律宾	美元/比索或美元/韩元	2005.10.17~2007.10.16	15（双向）
16	韩国—泰国	美元/泰铢或美元/韩元	2005.12.12~2007.12.11	10（双向）

注：双边互换协议包括部分本国货币，表格中数据为折合美元值。

资料来源：亚洲开发银行网站，www.aic.adb.org；杨权：《东亚区域金融深化：由金融合作走向货币合作的路径》，经济科学出版社，2008年，第105~106页。

2004年5月，缔结方开始对实施四年的"清迈协议"进行全面评估，评估内容涉及救援资金数额、形式及与 IMF 贷款的条件性问题。从理论上看，在双边货币互换框架下，东盟与中、日、韩之间总共应该有33个互换协议，30个在中、日、韩分别与东盟十国，3个在中、日、韩之间（何帆等，2005）。而目前却只签署了16个货币互换协议，东亚货币互换还存在进一步拓展的空间。由表7-1可知，如果考虑东盟的单个成员，印度尼西亚的互换协议金额为140亿美元，马来西亚为55亿美元，菲律宾为115亿美元，新加坡为40亿美元，泰国则为130亿美元，每位成员在危机时可获救助额度远远低于850亿美元的总量，区域货币互换规模的扩大无法掩盖单个成员受援资金的单薄性。

"清迈协议"下货币互换的初衷是，建立东亚区域层面的危机救援机制，以弥补全球性救援机制的不足。可是，这一救援机制却不得不与 IMF 的贷款援助计划挂钩。按照"清迈协议"规定，需要流动性支持的国家可立即获得互换协议10%的短期资金，剩下的90%必须与 IMF 的援助计划相联系。一方面其中有美国操控的因素，IMF 也不愿看到"亚洲货币基金"的出现对其发生替代的结果；另一方面也显示出东亚经济体对区域货币合作前景的担忧，以及短期内还不能完全摆脱对 IMF 的依赖。

既然"清迈协议"仍存在缺陷，对其进行改革就势在必行。2005年5月，东盟十国与中、日、韩财长在伊斯坦布尔会议上，就提高"清迈协议"有效性达成共识，具体措施包括：①将东盟互换协议规模由10亿美元扩至20亿美元，具体规模可由双方协商确定。②削弱互换资金启动与 IMF 贷款之间的联系，将联系比例由原来的90%下调至80%，这在一定程度上提高了成员获得流动性支持的强度。③改变由各成员国自行决定提供援助与否的模式，实行共同决定援助的模式，以此推动未来双边互换协议多边化。"自行决定"模式的缺点是各成员对其承诺互换资金保有支配权，任何成员的"违约"均会损害互换协议建立起来的危机救助机制。"共同决定"模式可以降低成员违约概率,如果单个成员不履行双边协议,会因"别人守诺、自己爽约"而感到羞愧,因而不愿也不能在共同决策框架内"带一个坏头"。

货币互换机制改革以后,互换资金的启动与IMF贷款的联系比例有所下降,但依然居于80%的高位,这意味着不受IMF贷款条件限制的比例仅有20%。那么,如果某个东盟成员面临危机冲击,可立即从互换协议中获得的短期流动性支持就显得非常渺小。我们以泰国为例,截至2007年,泰国签署的双边互换协议为130亿美元,如若遭受决意的外部冲击,可立即动用的资金额却仅有微不足道的26亿美元,这恐怕是货币互换协议至今仍饱受诟病的重要原因。

伊斯坦布尔会议的另一项成果是力图推动双边互换协议的多边化,这一改革举措在方向上无疑是正确的。然而,在实现多边化之前,货币互换协议都只是停留在双边阶段,不同的双边协议有不同的安排,没有一个标准的样本。如果一国要从多项协议中获取足够的资金,必须与不同的互换协议伙伴进行多轮双边谈判。这在相当程度上增添了融资安排的交易成本(张斌,2008),使得该国无法及时获得受援资金,甚至可能丧失救治危机的最佳时机。在援助决策的"自主决定"模式向"共同决定"模式转化后,虽可适度减少成员的"违约",但与之相应又衍化出"如何共同决定"的问题,即如何决定各成员投票权的比例问题。这事关每位成员在合作机制中的利益,需要经过多次磋商和艰苦的讨价还价才能达成,并对未来货币互换协议的执行效率产生影响。

三、迅速崛起的亚洲债券市场

在东亚各国相继从危机后的经济衰退中恢复后,发展亚洲债券市场逐步成为东亚货币合作的另一重要议题。东亚为什么需要培育和发展统一的债券市场?这主要源于对金融危机的反思。长期以来,东亚经济体的金融体系是建立在高度依赖银行间接融资基础上的,资本市场融资在私人部门外源融资中的比重很小,这种"银行主导"的金融体系具有脆弱性,导致银行与企业融资中存在期限和币种的双重错配问题(施建淮,2004)。发展区域债券市场,建立一个更为平衡的金融体系有助于解决双重错配问题,重塑合理的融资格局。

东亚快速增长的外汇储备内在地要求加快亚洲债券市场的发展,截至

2009年年底,被麦金农称作"美元本位"的东亚拥有4.27万亿美元的高额外汇储备,其所持的资产币种主要以美元为主,在资产结构上也以美国国债以及联邦机构债等形式存在。当美元汇率出现贬值时,东亚经济体必然对储备资产进行调整,要么转换外汇储备的币种,要么改变储备资产的结构,或两者兼而有之。如果东亚建立统一的债券市场,将有助于吸收各经济体的储备资产,回流储备需要以股票或债券等资产形式持有,即资金回流要有良好的"替代品"。亚洲债券市场的发展大体经历以下四个过程:

(1)"亚洲债券市场"倡议。2002年6月,泰国提出"亚洲合作对话"(Asian Cooperation Dialogue)的制度化,将其打造成以经济合作为重点的区域经济合作机制。翌年,亚洲合作对话第二次外长会议通过旨在发展亚洲债券市场的"清迈宣言",该宣言包括亚洲各国联合发债、推动以各国货币或一揽子亚洲货币发行债券、建立区域信用担保机制、建立外汇储备库专门用于投资亚洲债券等多项建议。2004年,泰国财政部分批发行了约300亿美元的、以泰铢计值的主权债务,并从税收方面给予适当优惠,引领ACD成员发行以本币计价的"亚洲债券"。

(2)"发展资产证券化和信用担保市场"倡议。2002年9月,中国香港提出通过成立专家小组、开展政策对话和研讨等活动,加强对发展本地区资产证券化和信用担保市场的重视。该意见得到韩国、泰国和世界银行的赞同,它们与中国共同成为该倡议的联合牵头方,按照相关约定先后成立了中国、泰国、墨西哥三个专家组,召开了两次政策对话研讨会,并对部分参与国进行了实地调研,就有关国家提出了发展资产证券化和信用担保机制的改进建议。

(3)成立"亚洲债券基金"。东亚及太平洋地区中央银行行长会议组织(EMEAP)是重要的地区性金融组织,通过成立亚洲债券基金(Asian Bond Fund)的方式,从需求方面引导私人投资者跟进,进而促进区域债券市场的发展。2003年6月,EMEAP宣布成立总额为10亿美元的ABF一期,由国际清算银行管理,全部投资于EMEAP经济体发行的投资级以上的、以美元计值的主权和准主权债券。2004年12月,EMEAP又推出规模为20亿美元、以区域货币计值的ABF二期,由各成员储备出资设立,包括泛亚债券指数基金、债券基金的基金两个平行基金。以ABF为标志的东亚货币合作,超越了建立货币互换与回购网、危机早期预警体系等直接防范货币危机措施的阶段,开始深化到对区域金融体系固本培元、从源头遏制货币危机风险的阶段。

(4)"促进亚洲债券市场发展"倡议。2003年以来,东亚从统一债券市场角度出发，对上述三项倡议进行整合，提出了"促进亚洲债券市场发展倡议"（ABMI），其内容基本涵盖上述各项倡议。8月，在马尼拉召开的东盟与中、日、韩第六次财长会议正式决定，在该倡议下分别设立"创建证券化债务工具"、"信用担保和投资机制"、"外汇交易和清算"、"多边发展银行、外国政府机构和跨国公司发债"、"信用评级机构和信息披露"、"技术援助协调"六个工作组，通过开展政策对话、举办研讨会等方式来促进亚洲债券市场的发展。

可以看出，近年来亚洲债券市场的发展迅速，各种倡议层出不穷。泰国、新加坡与日本、韩国在债券市场上的合作十分活跃，但也面临诸多瓶颈因素：①合作体内部多数国家的国内债券市场不够发达。国内市场与区域市场是亚洲债券市场的两个方面，区域市场的发展要以发达的国内市场为依托，应将国内市场纳入区域市场的发展中来，两者不可偏废。②一些低收入国家普遍存在资本管制。20世纪90年代中期，东盟"老成员"基本实现资本账户的开放，而处于转轨时期的"新成员"，其经济发展水平落后，依然实行较严格的资本管制，这必然延误亚洲债券市场乃至整个东亚货币合作的发展进程。即便对于那些"老成员"，在面临危机严峻挑战时，并非没有重返资本管制的可能。

虽然障碍重重，依然需要昂首跨越。在东京召开的"加强亚洲债券市场"会议上，日本、韩国、泰国和新加坡提出加强亚洲债券市场的若干建议，主要包括如何提高债券市场的流动性；如何鼓励跨国公司和国际金融机构到本地区发行本币债券；推动资产担保债券；在亚洲发行一揽子货币计值的债券；建立"亚洲区域担保便利"；等等。同时，积极利用亚洲开发银行和日本已有的担保机制，为亚洲债券提供信用担保，推动清算。结算、会计、信息披露等债券基础设施建设等（张斌，2008）。

四、多边色彩的东亚外汇储备库

东亚外汇储备库是由东盟十国与中、日、韩共同参与的区域货币合作机制。其最初雏形可以追溯至20世纪90年代，一些国家提出亚洲需要开展区域金融合作，建立区域货币合作机制，具体做法是借鉴IMF的运作模式，组建一个"亚洲货币基金组织"。这一设想在"清迈协议"框架下付诸实践，由双边协议的签署方以货币互换方式互相提供短期资金支持，化解流动性不足问题。

作为一项融资安排，货币互换协议拓展了参与方的融资渠道，提高了参与方的融资能力,为东亚经济体的发展与稳定发挥过重要作用。由于在救援资金数额、形式以及与 IMF 贷款条件性方面仍存在缺陷,该协议被批评为象征意义大于实际意义。因此,东亚的区域货币合作不能仅停留在缺乏效率的货币互换上,需要进行不断探索,创新出新的区域货币合作形式。

在 2008 年 5 月的亚洲开发银行年度会议上,东盟十国与中日韩财长达成一致,主张建立一个规模至少为 800 亿美元的外汇储备库,任何一个成员国在面临货币危机时都可动用。并在原则上确认中、日、韩三国将为该基金提供 80% 的资金,另外的 20% 由东盟的 10 个成员国提供。姑且不论其规模合理与否,外汇储备库的设想的确将东亚原有区域货币合作由双边扩大到多边,降低了货币合作的交易成本(Fee Wan Leong, 2006),也被形象地称为"抱团取暖",无疑,这是在"清迈协议"基础上东盟区域货币合作的又一次里程碑式的飞跃。

如果说 2008 年的亚发行会议只是孕育了外汇储备库的"雏形",那么在遭受全球性金融危机的冲击之后,于 2009 年 5 月在印度尼西亚巴厘岛举行的第 12 届东盟十国与中、日、韩财长会议,则把区域外汇储备库的操作提上具体的议事日程。与会方就有关建立亚洲区域外汇储备库的关键细节达成共识,拟定了 1200 亿美元的外汇储备库规模及推出的"时刻表",确定了区域外汇储备库的出资份额、借款方式和监督机制等要素,并一致同意尽快建立独立的区域监督机构,以监控和分析区域经济状况并支持区域外汇储备库决策(Kawai, 2007)。这标志着东盟货币合作的多边化进程取得重大实质性进展。

建立区域外汇储备库主要有两个核心目标:①解决区域内的短期资金流动困难,通过货币互换向国际收支失衡或出现流动性困难的多边化参与方提供资金支持。各参与方可根据协议规定,在其出资份额与特定借款乘数相乘所得的额度内,用其本币与美元实施互换。②强调区域货币合作,拓展已有国际融资安排,作为现有国际金融机构的补充。IMF 在金融危机时期的救助表明,IMF 虽能在中发挥一定的作用,但其危机救援的滞后性及所附带的严格条件使东盟成员希望减少对国际货币基金组织的依赖,另谋他途不失为一种过渡性的权宜之计。

2009 年 12 月,酝酿多时的区域外汇储备库的出资构成尘埃落定,在高达 1200 亿美元规模的储备库中,中国、日本和韩国分别出资 384 亿美元、384 亿美元、92 亿美元,所占份额为 32%、32%、16%,三国累计占比达到 80%,践行了 2008 年亚发行会议之诺;东盟则承担剩余的 20%。这一安排顺利实现外汇储备库的"扩容",将原先松散的双边援助网络提升为较为紧密的多边资金救助机制，对于强化东亚成员防范风险和应对挑战的能力具有积极意义。

有关外汇储备库的最优规模尚在讨论之中，已有的1200亿美元却是实实在在的，这一数额相当于除中、日、韩以及新加坡之外，其余九国外汇储备总额一半以上的额度，此笔资金将有助于缓解当下的危机情况，增强区域内单一经济体抵御金融危机的能力和信心。如果从受援额度的角度考察，中国、日本虽为储备库份额大国，但借款乘数只有0.5，韩国的借款乘数也仅为1，它们主要扮演"救助者"的角色；东盟经济体的借款乘数都大于2.5，可在遭受危机时获得至少2.5倍于自身出资额的援助资金。笔者认为，在区域外汇储备库的建设中，东盟与中、日、韩的受益程度是不对称的，中、日、韩只是参与到地区的经济与货币合作，不会从有限的库存外汇中获得实际益处，而东盟成员因区域储备远远高于自身储备，可以从其中获得最大收益。对于东盟而言，区域外汇储备库延展了多边形式的货币合作，极大地增强了成员的抗风险能力，对区域外汇储备库的建立怎么褒奖和颂扬都不为过。

当前，区域外汇储备库的发展还存在一些制约因素。①储备库库存总额相对较小，仅占参与方总外汇储备的2.8%，部分储备库是目前各方均能接受的合作形式。②区域储备库采取何种形式，到底是实行成员国央行跨国储备存款制度还是建立一个永久性储备库？如果是前者，意味着外汇储备由各国中央银行独立运作，仅在危机发生时统一使用；若为后者，则设立常设机构来管理储备、决定使用储备库的条件，并由多方共同商议决定最终资金的支付。③储备库的运作细则尚待确立和完善，在区域储备库进入实质性操作阶段时，应尽快确定管理、监督、运行、规模等机制上的细节问题，尤其是监督机制的建立。区域金融安排有效运作的一个重要前提是必须大力加强区域监督机制，并制定良好的政策条件，以避免外汇储备库带来的道德风险问题（郑海青，2008）。④制定与IMF相关的制度，东亚外汇储备库与IMF之间的关系应该定位于合作、互补，而非竞争的关系。

回眸近年来东亚的货币合作，经历了从货币互换到区域债券市场，再到外汇储备库的过程，其总体发展趋势是由浅入深，由松散到紧密，随着东盟经济一体化进程而逐步深化，其内容和形式也愈加丰富多样，取得了富有实质性意义的合作成果，也积累了许多宝贵的经验。在未来，东亚的货币合作会不会继续深化，像欧盟一样，朝着协调区域汇率政策、建立单一货币和实施共同货币政策方向迈进呢？

五、小结

近年来,东亚区域货币合作发展迅速,东盟的共同利益取向及与中、日、韩的互补性是东亚在金融领域合作的理论基础。"清迈协议"下确立的货币互换机制是具有双边性质的合作形式,在救援资金数额、形式及与IMF贷款的条件性上仍然存在不足。亚洲债券市场的建立一定程度上降低了东亚"银行主导"下的期限错配与货币错配,其功效发挥受制于经济欠发达的国内市场和部分成员实行的资本管制。外汇储备库拓展了多边形式的货币合作,增强了区域成员的抗风险能力,仍处于加强建设和不断完善的进程之中。

第三节 东亚区域货币一体化:取向与障碍

如果将东亚货币互换、亚洲债券市场、外汇储备库的建立看作初级的金融合作形式,那么在东亚诸多成员中推出统一的货币或曰实现货币一体化,无疑就是区域货币合作的高级形式。放眼世界,欧盟已经推出由17个国家共同使用的单一货币——欧元,未来可能有更多的国家加入其中,影响域面日渐宽阔,尽管目前它正面临欧洲债务危机带来的冲击。循此逻辑,由东南亚十国结成的东盟及由东盟与中、日、韩组成的东亚,可否借鉴欧洲经验而实现区域货币一体化?

一、东亚经济体对货币一体化的态度

东亚区域货币一体化是学术界讨论颇为热烈的问题,至今仍然莫衷一是,结论各不相同,概因视角与分析方法不同所致。本书中,笔者试图运用最优货币区理论的成本收益分析法对这一问题进行研讨。对于东亚而言,实现区域货币一体化或曰使用单一货币的好处是显而易见的。首先,使用单一货币消除经贸往来支付结算的汇兑成本,有效规避经济交易引发的汇率风险,促进区内贸易快速增长;其次,货币一体化可以加速东盟与中、日、韩之间的金融市场融合,有利于吸引东盟、东亚乃至世界范围内的外国直接投资,增强金融稳定性和经济发展的可持续性;最后,单一货币可

以提高统一市场的价格透明度,缩小成员国之间的商品价格差异,进而推动东亚区域价格水平趋于一致。

以上理论从总体上剖析了东亚货币一体化的积极意义,它只意味着就东亚整体而言,区域货币一体化的总收益大于总成本。然而,对于东亚单个经济体来说,货币一体化的成本和收益的配置是否是均衡的呢?如果成本收益配置结构不尽合理,必然波及东亚经济体对区域货币合作的态度。

日本是东亚最大、世界上第二大经济体,拥有较高的经济发展水平和相对完善的金融市场,货币一体化能够使其从中获得较大收益。故日本对东亚区域货币一体化的态度是较为积极的,先是提出建立"亚洲货币基金",后又抛出"亚洲货币互换协定",再就是鼓吹以日元为中心的货币篮子作为东亚区域的共同货币。如此种种货币合作构想、方案真可谓"卖力之致"。显然,日本这么做有太多的理由:货币一体化既可推进日元国际化,巩固日本与东亚地区的经济联系,又可避免国内财富因本币贬值而缩水,并以此作为解决国内通缩和衰退并发难题的突破口。

有着"亚洲货币先生"之称的黑田东彦,在任亚洲开发银行行长期间就宣布编制亚洲货币单位(ACU)指数。ACU是参照欧元前身欧洲货币单位设计的,以东盟与中、日、韩十三国货币为基础进行加权计算的"货币篮子",它常常被用作测试成员国货币稳定程度的指标。按照国际通行做法,一般以各成员对外贸易额或国内生产总值占比作为计值权重。表7-2给出了东亚国家货币在ACU的权重,无论采用对外贸易还是经济总量计算,日元在ACU所占的权重分别为20%、41%,均高于其他经济体的货币权重,仅在贸易权重低于中国是个例外。假如ACU成为东亚汇率协调机制中的核心货币,那么某种"篮子货币"在ACU的权重就变得十分重要了,因为它决定了该种货币主权国所需承担合作成本的高低。如果日元在ACU中占据100%的份额,就意味着在东亚的汇率合作机制中,其他国家货币必须围绕日元调整,而日本的调整成本为零;同样,若日元在ACU中所占的比例越高,则意味着日本的调整成本越低。由此不难理解,日本政府为什么如此积极地推进东亚区域货币一体化,无非为了争夺区域经济合作的主动权罢了。但这种基于国家利益的狭隘的合作观,对于区域整体利益而言却未必是最优的,有时不能得到其他经济体的赞同和支持。

与日本不同的是,其他东亚经济体的整体经济水平还有差距,金融市场发育还不完善,有的经济体的资本账户还未完全开放,本国货币仍然存在兑换限制,如若在现阶段就参与区域的货币一体化,势必无法从中获得太多的相对收益,而需支付的成本却可能不菲。我们以日本急欲推出的

ACU 为例,东盟十国货币权重总和仅为 12%,高于韩元,却远低于日元、人民币在货币篮子中的权重(见表 7-2),东盟成员如果现在参与更高层次的货币合作,需要承担较高的调整成本。因此,就目前而言,东盟经济体还不具备实行区域货币一体化的条件,立足于当下货币互换、债券市场、外汇储备库等形式的货币合作可能是务实的做法。

表 7-2 东亚国家货币在 ACU 的权重

国别	进出口贸易总额(亿美元)	贸易权重(%)	国内生产总值(亿美元)	GDP 权重(%)
文莱	95.682	0.17	141.47	0.1142
柬埔寨	88.867	0.16	103.68	0.0837
印度尼西亚	2133.392	3.78	5465.27	4.4131
老挝	29.621	0.05	55.79	0.0451
马来西亚	2802.214	4.97	1931.08	1.5593
缅甸	101.913	0.18	249.73	0.2017
菲律宾	838.686	1.49	1613.58	1.3029
新加坡	5156.171	9.14	1827.02	1.4753
泰国	2862.668	5.07	2643.23	2.1344
越南	1259.219	2.23	963.17	0.7777
中国	22075.350	39.11	49847.30	40.0000
日本	11310.980	20.04	50675.30	41.0000
韩国	7684.080	13.61	8325.12	7.0000

资料来源:东盟十国数据来自 ASEAN Statistics, http://www.aseansec.org;中国、日本、韩国的数据分别来自三国的国家统计局网站。

既然东盟还没做好货币一体化的"准备",其推动货币合作的动力肯定不强,我们可从东亚展望小组报告中初见端倪。东亚展望小组报告明确提出建立东亚共同体的终极目标,旨在实现地区各国之间逐步加深的合作和协调,在经济、政治、社会、文化等方面建立合作机制。而对于是否最终实现单一货币,展望小组只是提出探讨在经济、政治、社会等方面条件具备的前提下创立共同货币区的可能性。[1] 不难看出,东亚展望小组对于货币一体化的表态非常暧昧,既没有全盘否决东亚单一货币构想,又没有明确

---

[1] East Asian Vision Group: "Towards an East Asian Community: Region of Peace, Prosperity and Progress", East Asian Vision Group Report, 2001.

单一货币的具体合作进程。对于东亚而言,一谈到货币合作和规避风险令人欢呼雀跃,每当论及货币一体化则又必须小心和谨慎。笔者认为,这一现状反映出东亚对共同货币区涉及主权让渡的信心不足,也折射出不同经济体对现阶段货币一体化的认知差异。

除了区域内成员对货币一体化有着不同的认知外,作为最重要的域外主体——美国,在东亚有着重大的现实利益,对不包括它在内的地区合作模式本能地感到不适。美国关于东亚货币合作的态度和决策,极有可能影响或改变本地区货币一体化的进程。对于这一点,没有人会产生怀疑,就如同"亚洲货币基金"曾遭美国反对而迟迟未能出笼一样。在东亚货币一体化进程中,日本态度积极,但需要考虑日美关系的特殊性;东盟则要顾及美国对本区域货币联盟的反应,因为美国是吸纳东盟终端产品的最大市场,也是东盟外来投资的重要来源。所以,东亚货币一体化虽为一种区域货币合作形式,并不意味着可以告别世界第一经济强国——美国的作用,它依然或多或少地受到像美国这样的域外国家的影响。

二、东亚区域货币一体化的制约因素

诚如前面所述,东亚经济体对是否引入单一货币的态度有别,意味着其加入意愿的趋同性不强。美国在这一问题上的表态或将影响东亚的区域货币一体化进程。然而就现实性而言,东亚经济体进入共同货币区并非只有百利而无一弊,倘若各经济体同意放弃使用自己的本国货币,而采用区域内单一货币,意味着各经济体货币当局不得不向区域中央银行让渡货币主权,失去货币发行中的铸币税收益,甚至丧失运用货币政策对宏观经济调控的重要手段。区域中央银行统一的货币政策将本着东亚地区的利益制定,恐怕很难同时兼顾每位成员的利益。如上种种条件是东亚每位成员采用单一货币而不得不付出的代价,各经济体在货币一体化之前必须仔细权衡和认真掂量。

如果东亚国家为了推出单一货币而让渡货币主权,那么货币政策制定权统一交由区域中央银行。但财政政策是各国国内至关重要的政策手段,任何国家都不会对此轻言放弃。目前,东盟与中、日、韩的财政政策架构基本采取"自主"模式,成员的决策自由度较高,可根据国内经济状况,自主地决定实行扩张性或紧缩性的政策。即便在同一时期,不同成员由于经济规模、发展速度、市场化程度之别,可能实施大相径庭的财政政策。换言之,东亚的财政政策决策实际上是一个分散的决策框架,统一的货币政策与自主的财政政策是否是有效的政策搭配？

　　Kontopoulos、Perotti（2002）的研究表明，分权的财政政策架构容易引发成员国的预算赤字动机，导致其财政扩张，赤字与公共负债不断积累。① 如果成员国迫于债务压力而将本国负债货币化，可能促使通胀率上升，威胁到共同货币政策目标的实现。区域中央银行以价格维稳作为重要目标，不会对成员国的通货膨胀漠然处之，必然伸手救援助其渡过难关。可见，统一货币政策与自主财政政策的搭配存在"成本外溢"机制，某一成员国财政扩张所引发的通胀成本将由经货联盟的其他成员来共同承担，这种成本分担方式使东亚成员具有强烈的预算赤字动机，甘冒道德风险实施"以邻为壑"的财政扩张政策，损害东亚经济一体化取得的成果。

　　除了"成本外溢"之外，自主财政政策下所形成各自为政的决策会诱发东亚成员"顺周期"（Pro‐cyclical）的财政行为②，政府在繁荣时期因收入增加而肆意扩张支出，在衰退时期因收入下降而缩减支出，加剧了经济周期的波动性。显然，这与凯恩斯主义倡导的"逆风干预"训条背道而驰，弱化了公共财政的"内在稳定器"功能，威胁到财政的可维持性和经货联盟的金融稳定。

　　由此看来，对于东亚而言，统一的货币政策与自主的财政政策并非有效的搭配。能否通过对东亚成员各自为政的财政决策框架进行适度规制和约束，以协调其与统一货币政策的搭配，进而寻求到处理这一问题的"解"。对于这一问题的回答，笔者持否定态度，主要原因是财政政策的协调涉及各国利益分配，不同国家之间在经济结构、发展形势和政党利益层面存在差异，协调起来殊非易事。表7-3显示了2000~2009年东亚经济体的财政盈余/赤字与GDP的占比状况。这一时期，除新加坡、韩国两国外，其余经济体几乎全部出现财政赤字。在所有赤字经济体中，马来西亚的财政赤字占比最高，年均赤字率达4.7%，菲律宾的财政状况较不稳定，赤字率在0.2%~4.6%的范围内波动。随着全球性金融危机的爆发，东亚各国政府为应对这场危机而实施扩张性财政政策，导致2009年财政状况出现不同程度的恶化，新加坡财政盈余较同期下降7.9个百分点，印度尼西亚、马来西亚、菲律宾、泰国、中国的财政赤字占比均出现扩大之势。值

---

① Kontopoulos and Perotti: "Fragmented Fiscal Policy Rule", Journal of Public Economics, forthcoming, 2002.

② Martinez‐Mongay, eds: "The Behavior of Fiscal Authorities: Stability, Growth and Institutions", European Communities, 2003.

得关注的是,马来西亚、菲律宾、泰国三国的恶化状况尤甚,财政赤字占比分别比上年扩大了2.2个、3.0个、3.5个百分点。

表7-3 东亚经济体的财政盈余/赤字与GDP占比 (单位:%)

年份	印度尼西亚	马来西亚	菲律宾	新加坡	泰国	中国	日本	韩国
2000	-1.1	-5.5	-4.0	9.9	-2.8	-2.8	-6.4	1.1
2001	-2.5	-5.2	-4.0	5.0	-2.7	-2.5	-5.9	1.1
2002	-1.5	-5.3	-5.3	4.7	-8.1	-2.6	-6.7	3.1
2003	-1.7	-5.0	-4.6	3.0	0.1	-2.2	-6.7	1.0
2004	-1.0	-4.1	-3.8	3.9	-0.4	-1.3	-5.2	0.6
2005	-0.5	-3.6	-2.7	6.5	0.1	-1.2	-6.2	0.4
2006	-0.9	-3.3	-1.1	6.3	-0.3	-0.8	-1.0	0.4
2007	-1.3	-3.2	-0.2	11.4	-1.3	0.6	-2.6	3.5
2008	-0.1	-4.8	-0.9	7.6	-0.6	-0.4	-2.6	1.2
2009	-2.3	-7.0	-3.9	-0.3*	-4.1	-2.2	—	1.7

注:*表明该数据来源于ASEAN Statistics, http://www.aseansec.org/stat/Table15.xls。
资料来源:Asian Development Bank: "Key Indicators for Asian and the Pacific", August 2010, p.259.

显然,东亚经济体财政状况差别如此巨大,通过建立财政约束规则对其自主财政政策进行约束也将困难重重。如果东亚货币合作进入一体化阶段已使成员让渡货币政策主权的话,要想在财政政策自主权上继续与其分享变得几乎没有可能。欧盟就是一个典型的例子。众所周知,欧盟虽在启动单一货币之前,经历艰苦的讨价还价出台了有关财政的"趋同标准"[①]——成员国年度预算赤字不应超过其GDP的3%,累计公共债务总额不应超过其GDP的60%,可是自这一"标准"制定并实施至今,到底有多少成员能够始终如一地严格遵守呢?这里仅以2009年为例进行说明,在

[①] 《马斯特里赫特条约》第109条对欧盟成员加入欧元区应具备的条件做出了具体规定:候选国在进入欧元区前一年的通货膨胀率不高于欧盟内物价最稳定3国平均通胀率的1.5个百分点;长期利率不高于欧盟内物价最稳定3国平均利率水平的2个百分点;公共财政状况良好,政府年度财政赤字不超过其国内生产总值(GDP)的3%,公共债务不超过国内生产总值的60%;在进入欧元区之前的两年内,候选国货币兑欧元汇率必须保持在欧洲汇率机制(Exchange Rate Mechanism, ERM-Ⅱ)所允许的波动范围内。上述规定习惯上也被称作"名义趋同标准"。

这一年，除卢森堡、芬兰与爱沙尼亚外，① 包括德、法在内的其余14个欧元区国家均不同程度地出现"过度赤字"（Excessive Deficit），如此大面积地"集体违规"恐怕是泛欧联合先驱所没有想到的。欧盟尚且如此，东亚自不必说，正如麦金农在《世界美元本位和东亚汇率困境》一文中所言："东亚仍然没有达到像欧盟各国那样的经济一体化程度，它也没有什么地方如此亲近到具有足够的政治凝聚力，从而在成员国之间强制推行一致的财政条件——在马斯特里赫特条约模式中那样——一边引入一种像欧元那样的区域性独立货币。"②

东亚货币一体化虽是有关区域货币合作的经济问题，但作为一种高级的合作形式，它的演化发展需要依托一定的政治基础。事实上，地区性的货币金融合作从来就不可能存在于政治真空之外，它在很大程度上依赖于参与国的政治意愿。③ 倘若各经济体能取得一致性的政治意愿，无疑将对区域内的货币合作进程起强有力的助推作用。与经济一体化的发展相比，东亚经济体目前的政治意愿趋同性不强，在政治一体化方面亦无重大进展，造成政治一体化相对滞后，固然有宗教信仰和民族文化的多样性、领土争议、历史积怨等原因，但更为重要的是东亚存在的以下两个地区的特性。

（1）长期以来东亚区域合作中所形成的独特的"亚洲传统"。Lewis（1999）剖析了"亚洲传统"具有两个典型特征：强调非正式性；强调达成共识。也就是说，东亚区域的合作强调非正式性和协商一致原则。在此种规训或心理暗示的支配下，东亚国家普遍存在不愿受区域协议或区域制度的约束、希望保持主权独立的心态；地区国际关系表现会较为"含蓄"，一个国家不会对另一个国家错误的、不可持续的经济政策提出批评（杨权，2008）。这种"亚洲传统"虽然在某些区域合作领域有助于合作的实现，但对于必须让渡货币主权的货币一体化而言却是一个致命的阻碍。东亚区域货币一体化正在面临"政治难题"，如果不能摆脱"亚洲传统"的束缚，或者缺乏主权让渡的决心与气魄，东亚的货币一体化将会是遥遥无期的等待。某种程度上，东亚的货币一体化进程将在长期内考验那些致力于东亚货币合作的政治家们的智慧和勇气。

---

① 2010年6月，爱沙尼亚通过欧盟委员会的"评估验收"，于2011年1月1日正式成为欧元区的第17位成员。
② 罗纳德·I.麦金农：《世界美元本位和东亚汇率困境》，黄少卿译，载吴敬琏：《比较》，中信出版社，2002年，第88页。
③ 杨权：《东亚区域金融深化：由金融合作走向货币合作的路径》，经济科学出版社，2008年，第157页。

（2）东亚地区在政治上缺乏核心的主导国家。欧洲经济与货币一体化之所以取得成功，是由于有德国和法国这两个欧洲大国齐心协力①加以推动的结果。借鉴欧洲经验，东亚区域货币一体化亦要有在经济规模、金融实力和政治影响力等方面强劲的轴心。依此标准，只有中日两国具备担当东亚地区货币一体化的经济和政治轴心的能力。然而，囿于历史问题，中日两国政治关系始终无法得以改善，日本与东亚其他一些国家之间的关系也趋于恶化（施建淮，2004）。东亚缺乏类似于法德轴心之于欧洲的中日轴心。没有中日两国在政治上的携手合作和强有力的领导，要推进东亚地区货币和汇率合作是不可能的，至少会延误东亚货币一体化的进程，或者耽搁东亚推出共同货币和实施统一货币政策的最佳时机。

三、谁来担当东亚的单一货币

东亚货币一体化的多重制约因素昭示着，要在一个包括13个经济体、21亿人口的区域内推出一种共同货币是如此之难。退一步说，如果东亚国家能够坐在谈判桌前，以务实、灵活方式进行沟通，在必要时相互妥协，化解上述种种障碍，东亚高层次的货币合作或可重现曙光。就现实可行性而言，什么样的货币可以履行东亚单一货币的职能，或者说，在货币一体化实现以前，什么货币可以成为东亚地区的"名义锚"？

清晰界定名义锚概念似易实难，理论界至今尚未形成一个公认和权威的定义。Robert Flood、Michael Mussa（1994）认为，名义锚是指货币政策瞄准目标的名义标量，可分为固定名义锚，即将本国货币钉住一种商品或一组商品；移动名义锚，包括货币供应量目标、通货膨胀目标以及名义收入目标；基本名义锚，即根据另一国货币来管理本国货币价格水平的制度安排。Mishkin（2006）则表示，名义锚是货币政策制定者用来管理价格水平的名义变量。由上述定义可知，如果一种货币充当"名义锚"，那么其价值就应当保持相对稳定，具体来说，就是货币对内价值（价格）、对外价值（汇率）不能产生太大的波动。在此基础上，Bergsten（1997）进而研究了"锚币"的形成条件，认为一种货币只要具备五个关键因素就能充当国际货币：潜在的经济和国际贸易规模；不受外部限制的经济独立性；没有外汇管

---

① 尽管德法轴心在欧洲经济与货币一体化进程中发挥了重要作用，但并不表明德、法之间强调合作而没有纷争，它们在欧盟的共同农业政策甚至欧洲中央银行行长人选问题上也曾出现过分歧，只是在歧见发生时能寻求利益共同点，学会"妥协"以务实地解决问题。

制；该国市场的广度、深度和流动性；该国的经济实力、稳定性和国际地位。

东亚经济体中，日本经济发展水平最高，金融账户基本实现开放，同时拥有亚洲最大规模的资本市场，成为世界上最大的债权国。依照 Bergsten 的标准，似乎日元应该具有担当区域"锚币"的实力。可是，自 20 世纪 90 年代中期以来，日本经济步入衰退泥潭，深陷通货紧缩之中，日本银行不得不实施超宽松货币政策：2001 年 3 月，将无担保银行隔夜拆借利率从 0.25% 降至 0.15%，同时调整中央银行的货币政策操作目标，将其由原来的利率目标变为商业银行在中央银行的存款余额（刘兴华，2010）。这一差强人意的经济状况直至 2005 年才稍有好转，这一时期亦被称作日本"失去的十年"。图 7-1 显示了 1995～2009 年间日本的物价指数走势情况，除 2005～2008 年外，日本消费者价格指数（Consumer Price Index）、批发/生产者价格指数（Wholesale/Producer Price Index）指标的变动率基本为负值，表明日本经济一直处于通缩状态。全球性金融危机爆发后，刚刚得以喘息的日本经济再度濒临危机冲击，日本银行再次祭出降息大旗，将银行间无担保隔夜拆借利率降到 0～0.1%，[①] 重新实施扩张性货币政策。然而，这一举措未能挽狂澜于既倾，2009 年，日本实际 GDP 的增长率为 -5.2%，其 CPI、PPI 指标也分别出现 1.4%、5.2% 的历史最高的负增长。

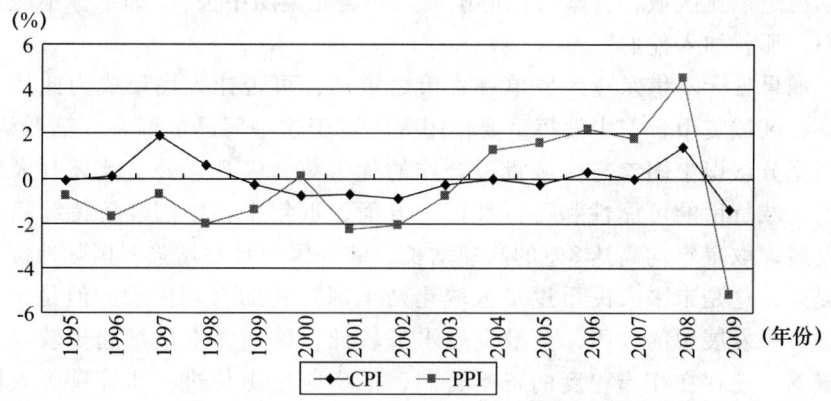

图 7-1　1995～2009 年日本的物价指数变动率

资料来源：Asian Development Bank："Key Indicators for Asian and the Pacific", August 2010, pp. 186 - 188.

---

① 2008 年 10 月 31 日，日本银行将银行间无担保隔夜拆借利率由 0.5% 调至 0.3%；12 月 19 日，日本银行再度调低同业拆借利率至 0.1%；2010 年 10 月 5 日，日本银行再一次将同业拆借利率从 0.1% 降到 0～0.1%。

理论上，被选为驻锚的经济体必须保持良好的记录，维护价格水平稳定，其货币才能堪当"锚币"重任。而日本近年来的物价指数走势表明，日元对内价值并不稳定，难以胜任区域"锚币"一职，日本自身还需要一个外部驻锚来遏制一直存在的通缩预期。首先对于其他东亚经济体而言，如果选择日元作为本国的"货币锚"，那么根据相对购买力平价，钉住日元无异于从日本"引进"通货紧缩，丧失价格水平的名义稳定器功能，这是包括东盟在内的东亚国家所不希望看到的。其次，在东亚对外贸易与国际投资中，日元计价和结算所占比例并不高，若引入日元作为"锚币"，则意味着宣告东亚"美元本位"易主并形成区域性的日元集团，即东亚国家集体性地进行货币协调，将原先钉住美元改为钉住日元，其转换成本可能是极为昂贵的。最后，由于只有驻锚国家才可能实行独立的货币政策，其他国家为了维持本币与锚币之固定比价，不得不被动地实施与驻锚国相似的货币政策，因而会出现不同国家政策之间的不对称问题。日本与周边国家政治上缺乏互信，经贸关系的"趋热"难掩政治关系发展的滞后，这也影响到日元的国际化进程，日元短期内要取得东亚"锚币"地位几乎是不可能的。与其纠缠于日元的"锚币"地位问题，不如转换我们的思维，因地制宜的政治经济学提出了一个变通路径，为了建立一个围绕日本的货币和汇率稳定东亚区域，日本自己应该加入到美元集团中去，"如果你不能忍受他们，那就加入他们"。①

如果日元不堪东亚区域单一货币之重任，可否让人民币成为此任之担当，在区域货币合作中发挥重要作用呢？对于这一问题的回答，笔者认为，应当充分认识中国参与区域货币合作的优劣势，客观、公正地评判人民币担当区域货币的可能性和可行性。一方面，近年来，中国经济持续稳定协调发展，取得年均高达8%的高速增长，综合国力日益增强，国际地位亦逐渐提升，这是未来人民币逐步区域化乃至国际化的有利因素。但是，中国仍是一个发展中的大国，金融发展水平较低，国内资本市场起步较晚且不够成熟，还存在相当程度的资本管制，汇率制度亟待进一步完善，人民币尚未实现完全自由兑换，因而人民币短期内无法成为国际储备货币，暂时不具备担当区域"锚币"的经济条件。另一方面，客观条件的局限性并不能成为否定人民币在区域货币合作中发挥作用的理由。中国可以积极参与东亚区域货币合作，提高东亚区域的金融稳定，增强人民币在东亚地区的

---

① 罗纳德·I. 麦金农：《世界美元本位和东亚汇率困境》，黄少卿译，载吴敬琏：《比较》，中信出版社，2002年，第88页。

影响力，摆脱区域内对美元的过度依赖性。这既体现了东亚区域经济与金融合作意愿，容易为大多数东亚经济体所接受，也符合中国国家利益，有利于中国在国际舞台上树立负责任大国的形象。因此，中国目前在参与东亚货币合作进程中的总体发展战略是：力主当前东亚货币合作重点集中于区域金融市场发展方面的合作，通过金融稳定与发展，尤其是共同推动区域金融市场的发展，推动人民币东亚区域化和国际化进程。当然，我们需要认识到，东亚区域货币合作牵涉各方利益，甚至可能触及货币主权之敏感问题，顺遂各方意愿并非易事，东亚金融合作取得实质性成果或突破性进展需要经历长期和漫长的过程。

四、小结

货币一体化是东亚区域经济合作的最高形式，不同经济体在参与这一过程中所获收益和成本不相匹配，使得它们对东亚货币一体化的态度不一。近年来，日本在推动东亚货币一体化进程中煞费苦心，但统一区域货币政策与自主的、差异化的财政政策组合存在难以调和的矛盾，政治上缺乏互信以致无法成为货币合作的核心国，亚洲所谓非正式性、达成共识的"传统"共同构成东亚区域货币一体化的重大障碍，东亚暂不具备实行单一货币的良机。就现实可行性而言，日本长期陷入经济衰退，物价水平处于通货紧缩状态，日元短期内不可能成为地区"锚币"。中国应积极参与东亚货币一体化进程，充分发挥地区合作核心国家的作用。

附录 2005年中国"汇政"的主要内容与人民币的汇率走势

2005年7月21日，中国人民银行果断对人民币汇率形成机制进行重大改革，这次汇率形成机制改革的主要内容包括以下四个方面：

（1）人民币兑美元汇率小幅升值，从7月21日19时起，人民币兑美元的交易价格由8.27调整为8.11，人民币升值幅度约为2%。这是自1994年以来的10余年里，中国人民银行首次对人民币汇率的"法定"升值。这一调整幅度主要是从我国贸易顺差程度和结构调整的需要来确定的，同时也考虑了国内企业的适应能力，这个幅度基本上趋近于实现商品和服务贸易的大体平衡。除了人民币升幅是否恰当问题外，学术界对目前人民币是否具备升值时机也较为关注。笔者认为，人民币升值时机实际上是一个条件论问题。目前，我国已逐步放松外汇管制，对于以直接投资为目的的FDI对外直接投发（基本完全放开），对于个人旅游、留学用汇等方面的资本流出也都趋于放松；外汇市场建设不断加强，市场工具种类、范围以及厚度都有较大程度的提高，各项金融改革也取得了实质性进展；宏观调控绩效明显，国民经济继续保持平稳较快增长势头，这都为当前推进人民币汇率形成机制改革创造了非常有利的条件。

（2）在调整人民币均衡汇率之后，人民币汇率不再单一钉住美元，而是以市场供求为基础，参考一篮子货币进行调节。美国仍是中国重要的贸易伙伴，但近年来美国对华贸易与中国对外贸易占比呈不断下降的趋势，逐步降低人民币对美元的依赖性也是合乎情理的。更为重要的是，人民币不再以某种货币作为"锚币"并转而钉住货币篮子，避免为国际游资投机设立可以进行投机攻击的锚靶。事实上，中国人民银行的此次人民币汇率形成机制改革并没有对外公布人民币所钉住篮子中的货币币种及其权重，这既有效降低了国际游资投机冲击的可能，又维护了金融体系的稳定，增强中央银行制定、实施汇率政策的灵活性和独立性。正因为如此，此次人民币汇率形成机制调整之后，人民币汇率制度改革的目标是建立"以市场供求为基础的、有管理的浮动汇率制度"，与1994年外汇管理体制改革后的人民币汇率制度相比，尽管在提法上仅仅删去了"单一"二字，但却表明经济全球化背景下人民币汇率形成机制的重大转变。

那么，中国人民银行没有公布人民币所钉住篮子中的货币币种及其权重，会不会对央行货币政策的"公信力"产生负面影响呢？对此，笔者持乐观态度，因为中国人民银行是否公布篮子货币与货币政策"公信力"之间实际上并无明显相关性。布雷顿森林体系下的可调节钉住汇率制是以其他货币与美元挂钩的，它并不具有多少公信力。德国中央银行宣布的汇率政策，一般被认为较具公信力，但外人对其篮子货币往往不得其详；美联储对美元汇率的确定是通过某种公式计算而成还是参照其他货币，外人是不知道的，但这并不妨碍多数人认为，美联储的货币政策是有公信力的。鉴此，我们有理由相信，货币篮子尚未公开不会影响中国人民银行货币政策的"公信力"。

（3）减少中央银行对汇市的过度干预，增强人民币汇率形成的市场化作用。在人民币兑各种外汇的定价上，中国人民银行遵守这样的规则：在每个工作日结束后，央行及时公布当日银行间汇市美元等交易货币兑人民币汇率的收盘价。由于银行间汇市的外汇交易数量较银企汇市更大，能更准确地反映出外汇实际供求状况，央行以此作为下一个工作日该货币兑人民币交易的中间价格，保证了人民币汇率运行态势的连贯性和一致性。

从人民币汇率浮动幅度范围看，中央银行实行将银行间汇市人民币兑美元汇率日波幅控制在交易基准价0.3%的范围内的规定，而人民币兑其他非美元货币汇率日波幅则是限定在人民币兑该货币交易基准价的一定幅度内波动。尽管人民币兑非美元货币的波幅并未公开，但笔者认为，其"幅度"必然较以往有所增大，这既表明中国人民银行仍要对关系整个宏观经济的汇率变量进行适度"管理"，又展现出央行在运用汇率政策上的灵活性。事实上，从动态角度看，人民币兑美元等交易货币汇率的幅度也不是一成不变的。随着外汇市场状况的不断完善，中国人民银行将适时调整人民币汇率浮动区间，以保持人民币汇率在合理、均衡水平上的基本稳定，促进国际收支基本平衡，维护宏观经济和金融市场的稳定。2007年5月，中国人民银行将人民币兑美元汇率的日波幅由±0.3%扩大到±0.5%，表明中央银行会根据宏观经济状况对人民币汇率进行合理调整。

（4）渐进性是人民币汇率形成机制改革的一个重要原则。从这次人民币兑美元汇率调整看，人民币只是升值2%，在幅度上甚至还不及1994年人民币政策性贬值的幅度；随着外汇市场、金融形势的不断变化，它将处于动态调整之中，但总体态势趋于逐步扩大。所以，此次人民币汇率形成机制朝更具弹性方向的演进，体现了人民币汇率制度变迁的渐进性原则。

2005年7月21日以来，人民币汇率制度改革已经走过五载春秋，从改革后的汇率走势看，由于受多种因素交互影响，人民币兑美元汇价不断变化，但总体呈现升值的运行态势。根据国家外汇管理局的统计数据，2005年7月21日~2010年12月31日，人民币兑美元汇率的运行态势见附图1。由附图1可知，人民币汇价走势可以大致分为三个阶段：

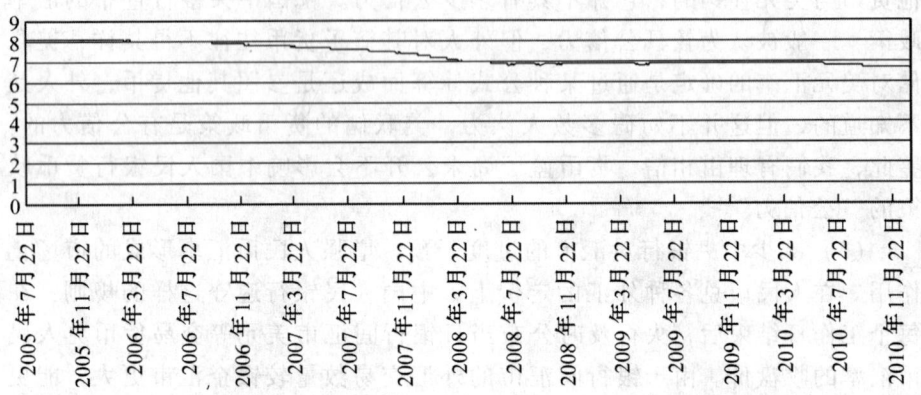

附图1　2005年7月22日以来人民币兑美元汇率走势

资料来源：人民币兑美元汇率数据来自中国国家外汇管理局网站，http://www.safe.gov.cn/model_safe/index.html。

第一阶段（2005年7月21日~2008年6月16日）"汇改"之后，人民币兑美元汇率步入长达3年的升值通道，虽间或出现反弹，但升值的总体趋势却十分明显。2005年7月21日，人民币兑美元汇率为1:8.11（以下简称人民币汇率并略去"1:"），8月人民币汇率升至8.0954，10月上扬到8.084，12月收于8.0702，升幅约为4.9%。

2006年，人民币延续"汇改"后的升值惯性，与美元汇价继续保持坚挺态势。1~4月，人民币汇率分别为8.0608、8.0415、8.0170、8.0165，5月15日，人民币兑美元汇率首度破"8"，报收7.9982；此后，外汇市场买卖双方相互角力，人民币重回"8"位之上，经历一月之余的对抗，至6月15日，人民币汇率再度破"8"，从此进入"7"位以下的运行状态。7~12月，人民币兑美元汇率分别为7.9732、7.9585、7.9087、7.8792、7.8436、7.8087，全年升幅为3.3%，呈现出缓慢升值的状态。

2007年，人民币的升值速度有所加快，几乎每月以0.02~0.05元的幅度升值。1月，人民币汇率在7.7776的价位启动，尔后升至2月的7.7409、

3月的7.7342、再到4月的7.7055、5月的7.6505、6月的7.6155；下半年，人民币快速升值的势头并未受到遏制，7~12月，人民币汇率分别为7.5735、7.5607、7.5108、7.4692、7.3997、7.3046，全年升幅高达6.9%。2008年，人民币兑美元汇价依然处于持续升值的状态，市场中形成强烈的人民币升值预期。在此预期下，人民币与美元比价顺势上扬，并很快于4月14日破"7"，至6月16日，人民币汇率升至6.9028。

第二阶段（2008年6月17日~2010年6月18日）为人民币汇率运行平稳的阶段。在这两年时间里，人民币兑美元汇率基本保持在6.8129~6.8919的区间窄幅运行。从图7-2可知，这一时期人民币兑美元汇率走势呈现出一条接近水平的直线，年均波动幅度不足0.5%，人民币也成为亚太地区汇价最为稳定的货币之一。

2008年6月底，人民币兑美元汇率为6.8591，7月小幅涨至6.8351，8月几乎没有什么波动，仅为6.8345，9月又稍有升值，收于6.8183的价位。此后，人民币汇率几经反复之后偶现走贬之势。10~12月，人民币对美元汇率分别为6.8258、6.8349、6.8353，贬幅甚为轻微。综观2008年下半年，人民币虽时有升贬，但汇价总体表现出趋稳的显著特征。

2009年，人民币的稳定运行趋势得到进一步强化，与美元汇率全年维持于6.825~6.838的区间。由于人民币与美元汇价的相对稳定，有的学者又将人民币汇率界定为钉住美元，国际上再次出现要求人民币升值的论调。2010年，美国贸易逆差继续扩大，失业率高居不下，同时面临中期选举的压力。为了转移国内矛盾，美国又故伎重演，拿人民币汇率"说事"，妄图以"操纵汇率"之名力压中国。① 虽则如此，人民币仍然在平稳的轨道上稳健运行，在6.825~6.828的价位上小幅震荡，到6月18日，人民币兑美元汇率报收于6.8275。

第三阶段（2010年6月19日~2010年12月31日）。2010年6月19日，中国人民银行宣布重启汇改，增强人民币汇率弹性，并继续按照已公布的外汇市场汇率浮动区间，对人民币汇率浮动进行动态管理和调节。中国人民银行还声称，当前人民币汇率不存在大幅波动和变化的基础。这是2005年7月以来中国在汇率安排上的又一次重大改革，向市场传递人民币

---

① 2010年3月15日，美国130名两党议员组成的团体敦促奥巴马政府高层官员立即采取行动，解决中国"操纵汇率"的问题，并要求财政部在4月15日的报告中将中国列为汇率操控国。3月16日，查尔斯·舒默、林赛·格雷厄姆等10余名两党议员在国会参议院举行新闻发布会，宣布一项有关汇率问题的新议案，建议修改目前的货币操纵行为认定标准，要求财政部使用新的"客观标准"对中国作出有关认定，并授权商务部采取相应的惩罚性措施。

汇率由市场决定、中央银行进行动态管理的信号。

有趣的是，这次"汇改"拉开了人民币重新升值的帷幕，人民币汇率在沉寂了两年之后，又再次进入径直升值的通道，从6月18日的6.8275的价位开始，人民币汇价一路上扬，6月、7月升到6.7909、6.775，9月、10月攀至6.7011、6.6908，11月、12月又涨于6.6762、6.6227，这一阶段人民币的涨幅和涨速均高于第一阶段。

参考文献

[1] [美] 爱德华·肖:《经济发展中的金融深化》,邵伏军等译,上海三联书店、上海人民出版社,1988 年。

[2] 柴瑜:《东亚经济合作的进展及其思考》,《世界经济》2004 年第 3 期。

[3] 曹勇:《小型开放经济体的汇率制度选择:以新加坡为例》,《国际金融研究》2005 年第 3 期。

[4] [美] 查尔斯·P. 金德尔伯格:《世界经济霸权(1500~1990)》,高祖贵译,商务印书馆,2003 年。

[5] 陈乔之、张勇长:《东盟经济共同体发展前景展望》,《亚太经济》2005 年第 3 期。

[6] 陈绍方:《马来西亚因应金融危机的措施及其前景预测》,《东南亚研究》1998 年第 5 期。

[7] 陈雯:《中国与东盟双边贸易关系评析》,《当代亚太》2003 年第 8 期。

[8] 陈衍德:《金融危机与马来西亚政治风波》,《当代亚太》2000 年第 5 期。

[9] 储幼阳:《论汇率制度转换——从固定汇率走向浮动汇率》,社会科学文献出版社,2006 年。

[10] 丁剑平:《人民币汇率制度的选择与调整空间的思考》,《国际金融研究》2002 年第 2 期。

[11] 丁志杰、邵小倩:《新加坡汇率安排:参考一篮子货币的有管理浮动》,《中国金融》2005 年第 16 期。

[12] 方华:《IMF 新金融监管机制及其局限性》,《国际资料信息》2007 年第 8 期。

[13] 方霞:《东亚区域货币锚之研究》,经济科学出版社,2009 年。

[14] 冯用富:《中国金融进一步开放与汇率制度选择的方向》,《金融研究》2000 年第 7 期。

[15] [美] 弗里德里克·S. 米什金：《货币金融学》（第8版），钱炜青、高峰译，清华大学出版社，2009年。

[16] 高海红、陈晓莉：《汇率与经济增长：对亚洲经济体的检验》，《世界经济》2005年第10期。

[17] 国家统计局：《中国统计年鉴》（2009），中国统计出版社，2010年。

[18] 韩骏、韩继云：《泰国新金融震荡：分析与启示》，《财经科学》2007年第3期。

[19] 何帆、张斌、张明：《对〈清迈协议〉的评估及改革建议》，《国际金融研究》2005年第7期。

[20] 华论：《新加坡放松货币管制》，《东南亚信息》2001年第2期。

[21] 黄朗辉：《近期国际石油市场价格走势不容乐观》，《统计研究》2005年第12期。

[22] 姜波克：《国际金融》，高等教育出版社，1999年。

[23] 姜波克、罗得志：《最优货币区理论综述兼述欧元、亚元问题》，《世界经济文汇》2002年第1期。

[24] 蒋细定：《2003年菲律宾经济述评》，《南洋问题研究》2004年第2期。

[25] [英] 卡拉姆·亨德林：《亚洲在衰落?》，朱宝宪等译，机械工业出版社，1998年。

[26] [美] 兰德尔·亨宁：《东亚金融合作》，陈敏强译，中国金融出版社，2005年。

[27] 李皖南：《印度尼西亚经济：2009年回顾与2010年展望》，《东南亚研究》2010年第2期。

[28] [美] 利夫·罗德里克·罗林伯格：《东南亚的金融危机：诊断与处方》，谧谷译，《南洋资料译丛》1998年第2期。

[29] 廖小健：《"九一一事件"对马来西亚政局的影响》，《东南亚研究》2001年第6期。

[30] 刘洪：《IMF总裁卡恩：没有一个国家可以独自复苏》，《瞭望东方周刊》2009年5月20日，http://finance.sina.com.cn/world/ggjj/20090520/13266250804.shtml。

[31] 刘江永：《国际政治与原油期货——真相与规律的探究》，《现代国家关系》2009年第6期。

[32] 刘凯：《菲律宾比索兑美元汇率24日创两年内新低》，《环球资

讯》，http：//online.cri.com.cn/2822/2003-11-24/114@355131.htm。

[33] 刘晓辉、范从来：《汇率制度的选择及其标准的演变》，《世界经济》2007年第3期。

[34] 刘兴华：《汇率制度的选择》，经济管理出版社，2005年。

[35] 刘兴华：《从地缘经济合作看近年来的东盟对外贸易》，《当代财经》2006年第1期。

[36] 刘兴华：《新加坡汇率安排的动态稳定机制及其绩效》，《东南亚》2006年第4期。

[37] 刘兴华：《后危机时期泰国的汇率安排及其改革模式》，《亚太经济》2007年第6期。

[38] 刘兴华：《日本的"零利率"政策：缘起、效果与趋势》，《现代日本经济》2010年第4期。

[39] 陆建人：《2004年东南亚经济回顾与展望》，《世界经济》2005年第3期。

[40] ［澳］罗宾·艾尔代尔等：《亚洲移民的社会性别研究——以菲律宾、印度尼西亚和中国为例》，吴凤玲译，《思想战线》2007年第2期。

[41] ［美］罗纳德·I.麦金农：《经济市场化的次序——向市场经济过渡时期的金融控制》，周庭煜等译，上海三联书店，1997年。

[42] ［美］罗纳德·I.麦金农：《美元本位下的汇率——东亚高储蓄两难》，王信、何为译，中国金融出版社，2005年。

[43] 骆珊珊：《苏西洛连任，印度尼西亚走向"金砖"第五国》，《时代周报》2009年7月30日，http：//weektime.banzhu.net/article/weektime-5-733626.html。

[44] 马超：《马来西亚资本管制的效果分析》，《国际金融研究》2000年第2期。

[45] 马君潞、吕剑：《人民币汇率制度与金融危机发生概率——基于Probit和Logit模型的实证分析》，《国际金融研究》2007年第9期。

[46] ［美］迈克尔·穆萨等：《世界经济一体化进程中的汇率制度》，孙青等译，中国金融出版社，2003年。

[47] 羌建新：《发展中国家资本项目开放的经验教训——以泰国、智利为例》，《新疆社会科学》2005年第3期。

[48] 沈国兵：《汇率制度的选择：理论综述及一个假说》，《世界经济文汇》2002年第3期。

[49] 沈红芳：《东亚经济发展模式比较研究》，厦门大学出版社，

2002年。

[50] 沈守传:《马来西亚90年代国际收支述评》,《东南亚研究》1998年第5期。

[51] 沈晓晖:《发展中国家汇率制度选择——基于国际货币体系不对称性的视角》,中国金融出版社,2008年。

[52] 施建淮:《东亚金融货币合作:短期、中期和长期》,《国际经济评论》2004年第5期。

[53] 宋国友:《中国对外金融战略:从美元中心到货币制衡》,《现代国际关系》2010年第8期。

[54] 宿景祥:《2007世界经济:全面增长发展中世界加快追赶步伐》,中国网,http://www.china.com.cn/international/txt/2007-12/29/content_9455096.htm。

[55] 泰谭柯、大卫·亨德里克森:《强势比索下的金融市场改革——访菲律宾中央银行行长泰谭柯》,《中国货币市场》2007年第12期。

[56] 谭小芬:《通货膨胀目标制:货币政策规则与汇率》,中国财政经济出版社,2008年。

[57] 唐欣、纬恩:《东亚外汇储备管理体制的国际比较及借鉴》,《中国外汇管理》2005年第6期。

[58] 汪洋:《国际金融学》,武汉大学出版社,2009年。

[59] 王海全、毕家新、谢进:《印度尼西亚汇率制度变迁研究》,《区域金融研究》2009年第12期。

[60] 王勤:《中国—东盟自由贸易区的进程及其前景》,《厦门大学学报》(哲学社会科学版)2004年第1期。

[61] 王晓春:《资本流动程度估算方法及其在发展中国家的应用》,《世界经济》2001年第7期。

[62] 王学真、李平:《东亚地区货币汇率波动的互动性分析》,《当代亚太》2004年第7期。

[63] [日]西泽利郎:《东盟各国能否摆脱经济衰退?》,柳弘译,《南洋资料译丛》2009年第4期。

[64] 肖魏:《从东南亚国家金融风波看资本项下的外汇管理》,《国际金融研究》1997年第10期。

[65] 许少强、庄后响:《东亚五国的管理浮动汇率制研究——从汇率的制度性浮动出发》,《国际金融研究》2007年第6期。

[66] 亚洲开发银行:《东亚货币与金融一体化发展前景》,财政部国

际司译，经济科学出版社，2005年。

[67] 严武：《开放条件下中国金融安全与监管研究》，经济科学出版社，2010年。

[68] 杨柳勇：《中国国际收支的超前结构：特征、形成原因、变动趋势和调整方向》，《世界经济》2002年第11期。

[69] 杨权：《东亚区域金融深化：由金融合作走向货币合作的路径》，经济科学出版社，2008年。

[70] 杨权：《全球金融动荡背景下东亚地区双边货币互换的发展——东亚金融合作走向及人民币角色调整》，《国际金融研究》2010年第6期。

[71] 杨武：《浅析菲律宾2005年"政治风暴"》，《东南亚纵横》2005年第12期。

[72] 姚斌：《国家规模、对外开放度与汇率制度的选择——基于福利的数量分析》，《数量经济技术经济研究》2006年第9期。

[73] 易纲、汤弦：《汇率制度"角点解假设"的一个理论基础》，《金融研究》2001年第8期。

[74] 尤安山：《东亚经济多边合作的发展趋势及对中国的影响》，《世界经济研究》2004年第4期。

[75] 于津平：《中国与东亚主要国家和地区间的比较优势与贸易互补性》，《世界经济》2003年第5期。

[76] 俞乔：《亚洲金融危机与我国汇率政策》，《经济研究》1998年第10期。

[77] 余永定：《全球经济不平衡、中国汇率政策和双顺差》，《国际金融研究》2006年第1期。

[78] [英] 约翰·梅纳德·凯恩斯：《就业、利息和货币通论》，徐毓枬译，商务印书馆，1983年。

[79] [日] 增田笃、大重齐：《印度尼西亚经济：世界金融危机的波及其对策》，柳弘译，《南洋资料译丛》2010年第2期。

[80] 张斌：《东亚区域货币合作回顾》，《世界经济与政治》2008年第10期。

[81] 张礼卿：《发展中国家的资本账户开放：理论·政策与经验》，经济科学出版社，2000年。

[82] 张礼卿：《评IMF"新决定"及其对人民币汇率政策的影响》，《国际金融研究》2008年第1期。

[83] 张明：《全球国际收支失衡的调整及对中国经济的影响》，《世界

经济与政治》2007年第7期。

[84] 张萍:《利率平价理论及其在中国的表现》,《经济研究》1996年第10期。

[85] 张宇燕、张静春:《货币的性质与人民币的未来选择——兼论亚洲货币合作》,《当代亚太》2008年第2期。

[86] 张志超:《汇率制度理论的新发展:文献综述》,《世界经济》2002年第1期。

[87] 张志超:《汇率政策新共识与"中间制度消失论"》,《世界经济》2002年第12期。

[88] 郑海青:《东亚外汇储备库的收益:理论和实证分析》,《国际金融研究》2008年第5期。

[89] 中国(新加坡)投资公司:《有管理的浮动汇率政策的成功经验》,《中国外汇管理》2002年第5期。

[90] 周小兵:《东亚经济的结构性矛盾与解决》,《当代亚太》2005年第4期。

[91] 朱云贞:《菲律宾的"747经济计划"及其前景》,《亚太经济》2004年第2期。

[92] [日] 佐佐木辰雄:《阿罗约政权的财政改革能否成功?》,乔云译,《南洋资料译丛》2008年第3期。

[93] Asian Development Bank: "Key Indicators for Asian and the Pacific", August, 2010.

[94] Bank Indonesia, "Statistical Yearbook of Indonesia 2009", 2009. http://dds.bps.go.id/eng/aboutus.php?pub=1&pubs=40.

[95] Baumol, W. J., "Speculation, Profitability and Stability", Review of Economics and Statistics 39, 1957.

[96] Black, S., "Exchange Policies for Less Developed Countries in a World of Floating Rates", Princeton Studies in International Finance, No. 119, 1976.

[97] Calvo, G. and C. Reinhart, "Fear of Floating", NBER Working Paper, No. 7993, 2000.

[98] Chalongphob Sussangkarn, "East Asian Financial Cooperation: An Assessment of the Rationales", International Conference Paper on East Asian Cooperation: Progress & Future Agenda, Hosted by Institute of Asian - Pacific Studies (IAPS), CASS and Center for APEC & East Asian Cooperation (CAEAC),

CASS, 22 - 23 August, 2002, BeiJing.

[99] Coudert, Virginie and Dubert, Marc "Does Exchange Rate Regime Exp lain Differences in Economic Results for Asian Countries?", CEP Ⅱ Working Paper, No. 2003, 2004.

[100] Edwards, S. , "The Determinants of the Choice between Fixed and Flexible Exchange Rate Regimes", NBER Working Paper, No. 5756, 1996.

[101] Eichengreen, Barry, "International Monetary Arrangements for the 21th Century", Washington D. C. : Brookings Institution, 1994.

[102] Eichengreen Barry and Ricardo Hausmann, "Exchange Rates and Financial Fragility", National Bureau of Economic Research Working Paper, No. 7418, 1999.

[103] Eichengreen Barry, Paul Masson, Miguel Savastano and Sunil Sharma, "Transition Strategies and Nominal Anchors on the Road to Greater Exchange Rate Flexibility", Essays in International Finance, No. 213, Princeton, Princeton University Press, 1999.

[104] Fee Wan Leong, "International Reserve Accumulation in East Asian", International Review of Business Research Papers, Vol. 2, No. 2, 2006.

[105] Fischer, S. , "Exchange Rate Regimes: Is the Bipolar View Correct?", Delivered at the Meetings of the American Economic Association, New Orleans, 2001.

[106] Frankel, J. , "No Single Currency Regime is Right for All Countries or At All Times", NBER Working Paper, No. 7338, 1999.

[107] Frankel Jeffrey A. , "Experience of and Lessons from Exchange Rate Regime in Emerging Economics", NBER Working Paper, No. 10032, 2003.

[108] Frankel, Jeffery A. , Eduardo Fajnzyler, Sergio Schmukler and Luis Serven, "Verifying Exchange Rate Regimes", World Bank Working Paper, No. 2397, 2000.

[109] Friedman, M. , "The Case for Flexible Exchange Rates", Essays in Positive Economics, Chicago University Press, 1953.

[110] Ghosh Atish, Anneo Marie Gulde, Jonathan Ostry, Holger Wolf, "Does the nominal exchange rate regime matter?", NBER Working Paper, No. 1 5874, 1997.

[111] Haberler, G. , "Reflections on the Economics of International Monetary Integration", in W. Bickel (ed.), Verstehen und Gestalten der Wirtschaft,

Tübingen, 1971.

[112] Hakura Dalin S., "Are Emerging Market Countries Learning to Float?", IMF Working Paper, WP05/98, 2005.

[113] Hernandez, Leonardo and Peter J. Montiel, "Post – Crisis Exchange Rate Policy in Five Asian Countries: Filling in the Hollow Middle", Paper Prepared for the High Lend Seminar "Exchange Rate Regime: Hard Peg or Free Floating", Washington D. C., March, 2001.

[114] Huang, Haizhou and Malhotra, Priyanka, "Exchange Rate Regimes and Economic Growth: Evidence from Developing Asian and Advanced European Economies", 2004, http://www.cgu.edu/include/huang.pdf.

[115] IMF, "Executive Board Adopts New Decision on Bilateral Surveillance over Members' Policies", Public Information Notice (PIN) No. 07/69, June 21, 2007.

[116] IMF, "International Financial Statistics Yearbook", 2002.

[117] IMF, "World Economic Outlook Database", April, 2009.

[118] Jeffrey D. Sachs, "Economic Transition and the Exchange Rate Regime", American Economic Review 86, 1996.

[119] John Kiff and Paul Mills, "Money for Nothing and Checks for Free: Recent Development in U.S. Subprime Mortgage Markets", IMF Working Paper 07/188, July 1, 2007.

[120] Johnston, Barry B, "Sequencing Capital Account Liberalizations and Financial Sector Reform", IMF Paper on Policy Anaiysis and Assessment, 1998.

[121] Kawai M., "Evolving Economic Architecture in East Asian", ADB Institute Discussion Paper, No. 84, 2007.

[122] Kenen, P., "The Theory of Optimum Currency Areas: An Electric View", in Monetary Problems of the International Economy, ed. By Robert Mundell and Alexander Swobowa, University of Chicago Press, 1969.

[123] Kindleberger, C., "The World in Depression: 1929～1939", Allen Lane, Penguin Books Ltd, 1973.

[124] Krishna Guha and Richard McGregor, "U.S. – China Currency Spat Risks Leaving IMF Badly Bruised", Financial Times, June 25, 2007.

[125] Krugman, Paul., "Target Zones and Exchange Rate Dynamics", The Quarterly Journal of Economics, CVI, 1991.

[126] Kwan, C. H., "Yen Bloc: Toward Economic Integration in Asian",

Washington D. C. : Brookings Instition, 2003.

[127] LeBaron, B. and R. McCulloch, "Floating, Fixed or Super - Fixed? Dollarization Joins the Menu of Exchange Rate Option", American Economic Review, Vol. 90, 2000.

[128] Levy - Yeyati, Eduardo, and Federico Sturzenegger, "Exchange Rate Regime and Economic Performance, mimeo", Universidad Torcuato Di Tella, 2001.

[129] Levy - Yeyati, Eduardo, and Federico Sturzenegger, "Classifying Exchange Rate Regimes: Deeds Versus Words", European Economic Review, Vol. 49, 2005.

[130] Lewis J., "Asian & International: Stucturing an Asian Monetary Fund", Harward Asian Quartiy, Vol. 3, No. 4, 1999.

[131] McKinnon, R., "Optimum Currency Areas", American Economic Review, Vol. 53, 1963.

[132] McKinnon, R., "After the Crisis, the East Asian Dollar Standard Resurrected: An Interpretation of High - Frequency Exchange - Rate Pegging", in J. Stiglitz and S. Yusuf (eds.), Rethinking the East Asian Miracle, World Bank and Oxford University Press, 2001.

[133] McPherson, Malcolm F, "The Sequencing of Economic Reforms: Lessons from Zambia", Harvard Institute for International Development, 1996.

[134] Menzie Chinn and Jeffrey Frankel Source, "Patterns in Exchange Rate Forecasts for Twenty - Five Currencies", Journal of Money, Credit and Banking, Vol. 26, No. 4, 1994.

[135] Mike Mussa, "IMF Surveillance over China's Exchange Rate Policy", Paper Presented at the Conference on China's Exchange Rate Policy, Peterson International Economics. Oct. 19, 2007.

[136] Mishkin, F., "Lesson from the Asian Crisis", Journal of International Money and Finance, Vol. 18, 1999.

[137] Mundell R., "A Theory of Optimum Currency Areas", American Economic Review, Vol. 51, 1961.

[138] Obstfeld, Maurice and Kenneth Rogoff, "The Mirage of Fixed Exchange Rate, Journal of Economic Perspectives", Vol. 9, No. 4, 1995.

[139] Olivier Jeanne and Andrew K. Rose, "Noise Trading and Exchange Rate Regimes Source", The Quarterly Journal of Economics, Vol. 117, No. 2,

May, 2002.

　　[140] Park Yung Chul, "Beyond the Chiang Mai Initiative: Rationale and Need for a Regional Monetary Arrangement in East Asian", Paper presented to the seminar on "Regional Cooperation: The Way Forward" at the annual Asian Development Bank Meetings, 2001.

　　[141] Poirson, H., "How do Countries Choose Their Exchange Rate Regimes?", IMF Working Paper, No. 46, 2001.

　　[142] Reinhart C., "The Mirage of Floating Exchange Rates", American Economic Review, Vol. 90, No. 2, 2000.

　　[143] Reinhart Carmen, Kenneth Rogoff, "The modern history of exchange rate arrangements: A reinterpretation", Quarterly Journal of Economics, Vol. 119, 2004.

　　[144] Robert Flood and Michael Mussa, "Issues Concerning Nominal Anchor for Monetary Policy", National Bureau of Economic Research Working Paper, No. 4850, 1994.

　　[145] Roubini, N. and P. Wachtel, "Current Account Sustainability in Transition Economies", NBER Working Paper, Vol. 6468, 1998.

　　[146] Sato Kiyotaka, "The International Use of the Japanese Yen: The Case of Jpan's Trade with East Asian", The World Economy, Vol. 22, 2003.

　　[147] Seiichi Masuyama, "Introduction: The Evolution of Financial Systems in East Asia and Their Responses to Financial and Economic Crisis", In Seiichi Masuyama, Donna Vandenbrink and Chia Siow Yue edited, East Asian's Financial Systems: Evolution and Crisis, Published jointly by Insititute of Southeast Asian Studies and Nomura Research Insititute, 1999.

　　[148] Selover David D., "International Interdependence and Business Cycle Transmission in ASEAN", Journal of the Japanese and International Economics, 1999.

　　[149] Summers L., "International Financial Crises: Causes, Prevention and Cures", American Economic Review, Vol. 90, No. 2, 2000.

　　[150] Tamer Baig, "Characterizing Post-Crisis Exchange Rate Regimes in East Asian Economics", International Monetary Fund, September, 2000.

　　[151] The ASEAN Secretariat, "ASEAN Statistical Yearbook", 2006, www. aseansec. org.

　　[152] The ASEAN Secretariat, "ASEAN Statistical Pocketbook 2007",

www. aseansec. org.

[153] The World Bank, "World Development Report", 2003.

[154] Warren Bailey, Kalok Chan, Y. Peter Chung, "Depositary Receipts, Country Funds, and the Peso Crash: The Intraday Evidence", The Journal of Finance, Vol. 55, No. 6, 2000.

[155] Wolf, H., "Exchange Rate Regime Choice and Consequence", NBER Working Paper, 2001.

[156] Yip, Paul S. L, "A Re-Statement of Singapore's Exchange Rate and Monetary Policies", The Singapore Economic Review, Vol. 17, No. 4, 2003.

后　记

　　本书是江西省社会科学研究"十一五"（2010年）规划项目"当前世界经济周期波动的特点及其变动趋势研究"（10JL03）的研究成果。

　　1997年，许多东南亚国家遭受亚洲金融危机的肆虐，表现为经济增长大幅下滑，金融市场急剧动荡，社会民众惊恐不安。导致东南亚地区爆发这场声势浩大的金融危机的原因是多方面的，既有经济发展模式层面的，也有金融体系脆弱层面的，但汇率安排不当却与此摆脱不了干系。我一直从事国际金融问题的教学和研究，近些年加强了对东南亚金融问题的研究，尤为关注东南亚国家的货币汇率走势与汇率制度改革，并先后发表了一系列有关东南亚国家汇率安排的研究成果。

　　2008年，全球爆发了百年一遇的金融危机，它首先在世界第一经济强国——美国爆发，并迅速向欧洲、拉美和亚太地区扩散开来。就危机的总体影响而言，全球性金融危机远甚于10年前的那场金融危机；就对东南亚地区的影响来论，全球性金融危机也许还不如亚洲金融危机。虽则如此，我们必须清醒地正视，在经济全球化日益加强的今天，任何的决策失误都有可能引发金融动荡，而每一次的金融动荡都会对国际金融市场产生影响。全球性金融危机也不例外，它依然给东南亚地区带来巨大的冲击，例如，2008年9月美国雷曼兄弟倒闭之际，东南亚国家货币汇率纷纷出现大幅波动；10月全球协同降息之后，东南亚地区进入了"频频减息"的时期。在此背景下，东南亚国家的汇率安排会不会进行调整，会出台什么样的改革措施，其政策效果又会如何，这是值得我们仔细思考和深入研究的问题。

　　本书是我近年来对东南亚金融问题研究的心得和总结。虽为一己之作，然却参阅了大量国内外文献，在此谨向相关文献作者顺致深深谢忱。回眸撰著历程，本书从酝酿、构思到具体写作，耗我三年光阴，个中艰辛、困惑、迷惘以至兴奋之情犹如陈仓百味，难以一一言尽。可是，在艰难的创作过程中，我也时常得到众多师长、同事和亲友的眷顾，深深感谢他们长期以来所给予的支持和帮助。

　　感谢江西财经大学金融与统计学院的吕江林教授、严武教授、胡援成教授，他们是我尊敬的师长，在专业知识领域给予我指点和提携，慷慨允我参与其主持的国家社会科学基金项目、江西省高校人文社科重点研究基地招标项目，使我能在与其直面交流中了解专业领域的理论前沿动态，与其共同合作中学习从事科学研究的方法和技能。感谢汪洋教授、杨玉凤教授及我的所有同事，他们一直关心着我的工作和学习，给予我诸多支持和帮助，与他们时常进行金融学问题的讨论和交流，让我至今受益匪浅。

无言感激我那年迈的父母，他们含辛茹苦地养育我，用最朴实和最无私的方式教育我，一直默默为我付出，我却无以回报，唯有踏实、勤恳工作与刻苦、努力学习才能聊以慰藉。感谢我的妻子胡芳女士，她的理解和支持是我未来继续安心从事科研的不可或缺的重要因素，本书撰写期间，她承担了所有家务和照顾儿子的重任，免去了我的后顾之忧，使我能集中全部精力进行科学研究。由于忙于写作，对儿子的学习和生活的关心有所减弱，与儿子沟通和交流的机会大为减少，每念及此，心中甚是愧疚。

由于作者才疏学浅，本书可能存在欠妥、不当乃至错误之处。我仍不揣简陋，虚心求教，敬请各位专家、学者和读者批评指正。

刘兴华

2010 年 12 月于南昌